Peter Strohschneider

Wahrheiten und Mehrheiten

EDITION
MERCATOR
C·H·Beck

Peter Strohschneider

Wahrheiten und Mehrheiten

Kritik des autoritären Szientismus

C.H.Beck

EDITION
MERCATOR
C·H·Beck

1. Auflage. 2024

www.chbeck.de
Umschlagkonzept: Hanna Kronberg, GROOTHUIS Gesellschaft der Ideen und Passionen mbH
Umschlagabbildungen: Berliner Reichstag © yuRomanovich/Shutterstock, Hintergrund © Sergey Nivens/Shutterstock
Satz: C.H.Beck.Media.Solutions, Nördlingen
Druck und Bindung: Pustet, Regensburg
Gedruckt auf säurefreiem und alterungsbeständigem Papier
Printed in Germany
ISBN 978 3 406 81568 3

myclimate

verantwortungsbewusst produziert
www.chbeck.de/nachhaltig

Inhaltsverzeichnis

Eine Einleitung

> Kurz, die Bürger meiner liberalen Utopie wären Menschen [...], die Engagement mit dem Sinn für die Kontingenz ihres Engagements verbänden.
>
> (Rorty 1991, S. 111)

Physik und Politik: «You cannot make deals with physics.» Diese Behauptung erlangte in den zurückliegenden Jahren große Bekanntheit. Man hat sie so vielfach wiederholt, dass sie nachgerade zu einem Topos der Klima- und Umweltpolitik wurde: zu einer stehenden Formel, deren Formelhaftigkeit die Sachaussage als unbezweifelbare Selbstverständlichkeit zur Geltung bringt.

Mit besonderer Resonanz wurde diese Selbstverständlichkeit am 4. März 2020 in Brüssel von der schwedischen Schülerin Greta Thunberg formuliert[1], die mit ihrem *Skolstrijk för klimatet* seit dem Herbst 2018 die weltumspannende Jugendklimabewegung *Fridays for Future* angestoßen hatte. Thunberg richtete den Satz an die Präsidentin der *Europäischen Kommission* und bezog ihn auf die Initiative für ein Klimagesetz als Teil des *European Green Deal*. Indessen teilt auch diese Kommunikation die Welt nicht nur mit, wie ein Bonmot weiß, sondern sie teilt sie zugleich ein, und so kommentiert Thunbergs Satz die europäische Klima- und Umweltpolitik vor allem, indem er eine Trennlinie zieht. Er unterscheidet zwei Weltausschnitte: *deals* und *physics*.

Physik, das sind die zweifelsfreien Fakten ewiger Kausalgesetze. Es handelt sich um eine Domäne des Eindeutigen und Unverhandelbaren, als deren Botin Thunberg hier auftritt. Diese

Domäne wird unterschieden von der Welt politischer *deals*, für welche die Kommissionspräsidentin steht. Politik ist verstanden als ein Raum des Interessenausgleichs, von Kompromissen und Beschlüssen, die so sind, wie sie sind, die aber auch anders hätten ausfallen können. Die Formel unterscheidet demnach einen Bezirk alternativloser Notwendigkeit von einem Bezirk der Kontingenz. Es gebe Nicht-Politisches, so wird bedeutet, und dem werde Politik sich beugen müssen. Nicht alles sei verhandelbar, nicht alles politisch verfügbar, nicht überall gebe es Alternativen.

Der Satz, mag er auch rhetorisch als triviale Selbstverständlichkeit daherkommen, hat es in sich. Gehörte für die Jugendbewegung der Großelterngeneration von *Fridays for Future* in den späten sechziger Jahren schlechthin alles, auch noch das Intimste, zum Politischen, so wird diesem hier gerade eine Grenze gezogen. Sie ist folgenreich und ihr Verlauf umstritten. Thunbergs Angriff auf den *European Green Deal* nimmt mit dem Wort «deals» dessen Leitmetapher auf und wendet sie gegen ihn. Hört man die Metapher zudem im Resonanzraum des dröhnendsten *deal-makers* und Klimawandelleugners jener Jahre[2], dann wird man sagen, Thunberg verwerfe den *European Green Deal* als untaugliche trumpistische Geschäftemacherei.

In der Sache ist das vielleicht nicht weiter überraschend. Auch die Brüsseler Klimapolitik ist selbstverständlich Kompromissbildung. Und die kommt in der Logik von Protestbewegungen wie *Fridays for Future* immer zu spät, stets ist sie faul oder bloß kompromisslerisch. Allerdings ist Thunbergs Attacke, wie die Jugendklimabewegung überhaupt, ihrerseits ein Moment politischen Streits. Es geht um die Umsetzung des Pariser Klimaabkommens von 2015. Die Abgrenzung und Zurückweisung des Politischen gegenüber dem, was nicht verhandelbar sei, ist selbst politisch. Sie macht die Physik zum Instrument einer Politik der Politik-

Verdeckung, wie sie für die Klimaprotestbewegung charakteristisch ist. Ihr Motto lautet *Follow the Science!*

Nun versteht sich von selbst, dass Naturgesetze nicht verhandelt werden können. Doch Selbstverständlichkeiten sind sozial konstitutiv. Sie reduzieren Begründungsdruck, verknappen Alternativität, begrenzen Entscheidungsbedarf und erfüllen so eine in vielerlei Hinsicht notwendige Entlastungsfunktion. Eben weil sie zwar reproduziert, aber nicht weiter diskutiert oder begründet werden, können sie weiteren Diskussionen und Begründungen vielmehr vorausgesetzt werden.[3] Dies gilt auch für die Binse, dass es Grenzen des Politisierbaren gebe und dass Physik eine solche Grenze ziehe. Man weiß, was gemeint ist. Unwichtig scheint daher der Kategorienfehler in Thunbergs Machtwort, das die wissenschaftliche Institution der Physik mit ihrem Objekt, der physischen Natur, identifiziert. Die Tatsachen der Natur und der Wahrheitsanspruch von Naturforschung fallen zusammen. Erkenntnistheoretisch ist das indes so wenig trivial wie in Hinblick auf die Bestimmung einer außerpolitischen Sphäre der Alternativlosigkeit.

Solche kategorialen Unschärfen gehören zur Apodiktik von Thunbergs Formel wie überhaupt zu den Selbstverständlichkeiten öffentlichen Redens über Politik und Wissenschaft. Da macht es keinen Unterschied, ob die Gegebenheiten der Natur, also ihre ‹Data›, oder ob die Fakten der Physiker die politische Welt der *deals* begrenzen. Entscheidend ist allein, dass es selbstverständlich diese Grenze gibt. Thunberg hat sie so formuliert, dass es zur Binsenweisheit geworden ist. Allein um den Preis der eigenen Lächerlichkeit könnte man öffentlich widersprechen. Auch im demokratischen Spektrum von progressiv bis konservativ, von rechts bis links, von jungen Demonstranten bis zu erfahrenen Berufspolitikerinnen ist der politische Gebrauch des Gemeinplatzes keineswegs eingeschränkt. Dies kann zum Beispiel eine beiläufige Bemerkung Reiner Haseloffs illustrieren, der durchaus nicht als Freund der *Fridays for Future* ausgewiesen ist.

Als Ministerpräsident des Bundeslandes Sachsen-Anhalt schlug der katholische Diplomphysiker auf dem Berliner *Forschungsgipfel 2023* vor, wie Natur und Wissenschaft ganz praktisch die Spielräume des Politischen definieren könnten. Auf die Frage, was es brauche, um «auch politisch, auch im demokratischen System» die «Energiewende 2.0» zu verwirklichen, nannte Haseloff unter beifälliger Zustimmung der versammelten Spitzen des deutschen Innovationssystems das Folgende. Neben technologischem Fortschritt benötige man einerseits «Demut», andererseits aber «mindestens zwei, drei Physiker oder Naturwissenschaftler im Bundeskabinett mit Sperrminorität», so dass «die Mitzeichnung» von Kabinettsvorlagen «immer an diesen drei Kollegen hängt.»[4] Wie schon Thunberg, begrenzt Haseloff Politik durch Physik. Überdies verknüpft er diese Sachdimension mit einer Machtdimension. Parlamentarisch verantwortliches Regierungshandeln würde unter die Kuratel der Wissenschaft gestellt. Selbst gegenüber demokratischen Mehrheitsentscheidungen besäße die Faktenwahrheit der Physik ein Vetorecht.

Noch deutlich weiter geht es, wenn Physik, ja überhaupt Wissenschaft nicht allein als Limitation politischer *deals* oder als Vetoinstanz ins Spiel gebracht ist, sondern wenn sie Politik geradezu ersetzen soll. Dieser Schritt wird in meinem dritten Eingangsbeispiel getan: «Wir brauchen jetzt keinen politischen Streit und keine Rechthaberei, sondern wir brauchen eine fachliche Antwort auf die Frage, wie wir stabile und bezahlbare Energieversorgung sicherstellen können und gleichzeitig unsere Klimaschutzziele erreichen», erklärte zu Anfang des Jahres 2023 der FDP-Minister Volker Wissing in einem Presseinterview.[5] Begriffsschema und Jargon machen auch diese Äußerung beispielhaft für beliebige andere. Und wie Thunbergs Machtwort ist sie performativ selbstwidersprüchlich: Sie setzt jenen politischen Streit fort, den sie beenden will. Demokratische Auseinandersetzungen werden einerseits als blanke Rechthaberei negiert. Andererseits bringt der Fachminister das Fachliche gegenüber dem Politischen dichotomisch in Stellung als wären Macht- und Sachfragen jederzeit klar zu trennen: «Wenn wir es politisch nicht diskutieren wollen, dann müssen wir es wissenschaftlich klären.»

Es ist eine irritierende Auffassung, dass demokratische Meinungsbildung bloß Rechthaberei sei und dass dieser durch wissenschaftliche ‹Klärung› ein Ende gemacht werden könne. Sie unterwirft das Politische der überlegenen Macht einer vermeintlich streitenthobenen Wahrheitsinstanz. Wiederum handelt es sich um den politischen Versuch einer Ent-Politisierung der politischen Auseinandersetzung. Die Wissenschaft ist hier Streitschlichterin und Politikersatz. Und dabei liegen fragwürdige Annahmen über demokratische Politik und wissenschaftliche Erkenntnis zugrunde. Sie gehen dahin, dass die unbedingten ‹Fakten› einer Einheitswissenschaft die offenen Prozesse demokratischer Meinungsbildung und Entscheidungsfindung nicht lediglich informieren, sondern vielmehr deterministisch schließen können und sollen. Wenn aber wissenschaftlich zu ‹klären› wäre, was ansonsten politisch ‹diskutiert› werden müsste, dann würde das Mehrheitsprinzip als Legitimitätsgrund demokratischen Entscheidens letztlich durch die Wahrheit der Wissenschaft ersetzt.

Demokratie und Wissenschaft: In den drei beispielhaft an den Anfang gestellten Zitaten geht es jeweils darum, wie sich Daten und *deals* oder Physik und Politik, wie sich also wissenschaftliche Wahrheiten und demokratische Mehrheiten zueinander verhalten. Dabei artikuliert sich ein Verständnis von Politik und

Wissenschaft, das in den Öffentlichkeiten der Gegenwartsgesellschaft erhebliche Diskursmacht besitzt. Thunberg, Haseloff oder Wissing repräsentieren dieses Verständnis und stecken insofern jenen Problemkomplex ab, für den dieser Essay sich interessiert und der im Folgenden ‹autoritärer Szientismus› heißen soll. Das ist zugegebenermaßen ein scharfer und polemisch klingender Ausdruck. Ich hoffe indes, dass er sich als brauchbare Kategorie für eine Denkungsart erweisen lässt, die in gesellschaftlichen Kontroversen sehr geläufig und allermeist ganz unauffällig ist. Heftig gestritten wird über Klima- und Umweltpolitik oder die Energieversorgung, über Gesundheitsschutz, Mobilitätssysteme oder Ernährungsstile. Doch die szientistischen Prämissen und die tendenziell autoritären Implikationen mancher einschlägigen Stellungnahme bleiben unbeachtet. Anlass für gesellschaftliche Kritik bieten sie selten. Man kommt mit ihnen, so scheint es, ohne weiteres durch. Einiges Anschauungsmaterial dafür bietet zum Beispiel die öffentliche Verarbeitung des Sonderfalls der Corona-Pandemie, auf die ich wiederholt zurückkommen werde, weil sie charakteristische Aspekte des Zusammenwirkens von Wissenschaft und Politik deutlich hervortreten ließ.

Hier liegen Anstoß und Anlass des Buches. Mit dem Szientismus meine ich ein charakteristisches Diskursmuster entwickelter Wissensgesellschaften zu erfassen. Zu zeigen ist, dass das Wissenschaftskonzept dieses Musters wirklichkeitsfremd und seine autoritären Implikationen für die liberale Demokratie problematisch sind. Denn es gehen in dieses Diskursmuster unausgesprochene Annahmen über Wissenschaft und Politik ein, die näherer Nachfrage kaum standhalten. Um nur drei solcher kritischen Fragen schon einmal anzudeuten: Wird politisch etwa ausschließlich über wissenschaftlich beantwortbare Sachfragen gestritten, nicht auch über Interessengegensätze, Machtkonflikte und Sinnorientierungen? Oder: Lässt sich denn daraus, wie die

Dinge sind, darauf schließen, wie sie sein sollen, so dass wissenschaftliche Fakten ohne weiteres allgemein handlungsleitend sein könnten? Und was bedeutet es dann, dass die Wissenschaften Erkenntnisfortschritte beanspruchen und deswegen Faktenerkenntnis grundsätzlich als revidierbar ansehen müssen?

Solcherart kann man auf die Prämissen des autoritären Szientismus zurückgehen und sie in Frage stellen. Und dabei mag sich erweisen, dass er im Zeichen moderner Sachrationalität eine im Kern vormoderne Vorstellung von Wissenschaft sowie eine vordemokratische Konzeption von Politik zusammenführt. Und dies zwar in der Weise, dass wissenschaftliches Wissen, wie wenn es sich um altes Weisheitswissen handelte, ohne demokratische Zwischenschritte politisch scheinbar bloß noch angewendet werden muss. Das ist die These dieses Buches. Um sie entwickeln zu können, werden im Folgenden zwei komplementäre Perspektiven auf den autoritären Szientismus eingenommen. Er wird mit den Maßstäben sowohl moderner Wissenschaftlichkeit als auch liberaler Demokratie vermessen. Auch dabei ist selbstverständlich eine ganze Reihe von Prämissen unterstellt, von denen ich lediglich zwei vorab bereits erwähne, weil sie für alles Folgende von grundsätzlicher Bedeutung sind.

Einerseits verfolge ich einen im weiteren Sinne differenzierungstheoretischen Ansatz. Wissenschaft und Politik sind als Teilsysteme hochkomplexer moderner Gesellschaften aufgefasst, die intern in verschiedenen Dimensionen nach unterschiedlichen Logiken differenziert sind. Die Gesellschaftsglieder sehen sich daher einer ebenso dynamischen wie irreduziblen Vielfalt von Sozial- und Machtlagen, von Codes, Wissensordnungen und Sinnwelten, von Geltungsquellen und Geltungsansprüchen gegenüber. In dieser pluralistischen Unübersichtlichkeit müssen sie sich orientieren, obwohl so etwas wie Gesamtschau, Orientiertheit oder Erwartungssicherheit in vielerlei Hinsicht unwahrscheinlich sind, erst recht in einer allgemeinverbindlichen Form. Denn die Untereinheiten solcher Gesellschaften folgen je spezifischen Funktionsprimaten und entwickeln dabei in der Weise Eigengeltung und Eigensinn, dass an der Komplexität und Kontingenz der Verhältnisse scheitert, wer Strukturen, Operationsformen oder Funktionen einfach von hier nach da übertragen wollte. In derartigen Gesellschaften liegt die Funktion des Wissenschaftssystems darin, methodisch stets neues Wissen zu produzieren, von dem zugleich mit Gründen gesagt werden kann, dass es nicht unwahr, sondern vielmehr wahr sei. Im Unterschied dazu geht es im Politiksystem um die Macht oder Ohnmacht, gesellschaftlich allgemein bindende Entscheidungen zu treffen.

Diese Differenzierung der gesellschaftlichen Funktionen von Wissenschaft und Politik ist grundsätzlich und eindeutig. Gleichwohl teilen Wissenschaften und Politik der offenen Gesellschaft ein Prinzip. Es besagt, dass die Erkenntnisse moderner Wissenschaften und ebenso die Entscheidungen demokratischer Politik unter dem prinzipiellen Vorbehalt stehen, im Verlauf zukünftiger Entwicklungen eventuell revidiert werden zu müssen. Das ist die zweite vorab zu betonende Voraussetzung der folgenden Argumentationen. Die Offenheit der Zeithorizonte ist als unabschließbare Prozessualität in alle wissenschaftliche Erkenntnis und politische Entscheidung eingebaut. Verkürzt lässt sich sagen, dass unter anderem in dieser Zukunfts- und Revisionsoffenheit die weltumgestaltende Erkenntnisdynamik moderner Forschung auf der einen und auf der anderen Seite die politische Freiheitlichkeit der pluralistischen Gesellschaft[6] grundgelegt sei.

Problemhorizonte: Diese Strukturgemeinsamkeit einer grundsätzlichen Vorbehaltlichkeit von moderner Wissenschaft und demokratischer Politik bildet in gewisser Weise ein Gravitationsfeld der folgenden Überlegungen. Mit ihr verbindet sich unter anderem die Frage, ob diese beiden Funktionssysteme, die sich vor rund 250 Jahren in Europa und Nordamerika entwickelten, nicht nur historisch gleichzeitig seien, sondern überdies auch systematisch zusammenhängen. Bedingen Demokratie und Wissenschaft einander? Stabilisieren oder stören sie sich gegenseitig?

Auf diese Frage gibt es in der Wissenschafts- wie in der Demokratieforschung eine Reihe unterschiedlicher Antworten mit je eigenem historischem Index.[7] Einerseits wird argumentiert, dass die Werte der liberalen Demokratie konstitutiv seien für gute Wissenschaft. Diesen ‹liberalen Konsens›[8] vertraten unter dem Eindruck des ‹Zeitalters der Extreme› und dann der entstehenden Systemkonkurrenz des Kalten Kriegs besonders prominent der Soziologe Richard K. Merton oder der Philosoph Karl R. Popper.[9] Auf der anderen Seite hat man auch gegenläufige Stabilisierungsleistungen namhaft gemacht: Nicht allein brauche gute Wissenschaft die Demokratie, sondern diese sei umgekehrt selbst auf Wissenschaft angewiesen; etwa, weil in hochtechnologischen Gesellschaften politische Entscheidungen sachlich wie legitimatorisch der Informierung durch die Wissenschaft bedürften, weil die «moderne Demokratie» sich als «ein Wahrheitsregime» verstehe[10] oder weil die Schlüsseleinrichtungen der Wissenschaft, die Universitäten, «Orte [seien], an denen Demokratie eingeübt wird.»[11]

Selbstverständlich existieren auch entsprechende Gegenpositionen. Nicht als Stabilisierung, sondern als Störung von Wissenschaft kann demokratische Politik zum Beispiel dort erscheinen, wo man Forschungsfreiheit, Hochschulautonomie und akademische Selbstverwaltung staatlichen Durchgriffen ausgesetzt sieht. Regulatorische Grenzen für Forschung mit Tieren oder im Bereich von Genetik und Informatik werden dann als

Beleg angeführt oder, je nach Sichtweise, auch Demokratisierungsbestrebungen, die sich etwa auf das Arbeitsrecht im Wissenschaftssystem, bürgerschaftliche Partizipationsansprüche oder Gremienparitäten akademischer Statusgruppen richten. Solche Standpunkte sind in wissenschaftspolitischen Diskursen ebenso verbreitet wie die gegenläufige Problemanzeige, dass Wissenschaft weniger als Stabilitätsfaktor, denn als Gefährdung von Demokratie zu sehen sei. So hat Dwight D. Eisenhower in seiner berühmte *Farewell Address* zum Abschied aus dem Präsidentenamt vor der Gefahr gewarnt, demokratische Politik «could itself become the captive of a scientific-technological elite.»[12]

Das war 1961 und es bezeugt ein politisches Ambivalenz- und Problembewusstsein, welches die Geschichte der modernen Planungs- und Steuerungsutopien, der technologischen Fortschrittserwartungen und technizistischen (Er-)Lösungsphantasien seither, mehr oder weniger ausgeprägt, begleitet. Erneuerte Aktualität gewinnt dieses Ambivalenzbewusstsein einerseits durch die technische Revolution, wie sie sich mit rasanter Geschwindigkeit derzeit insbesondere bei Gentechnologie und sogenannter Künstlicher Intelligenz ereignet. Andererseits wird es im Zeichen von ökologischen und pandemischen Krisenerfahrungen neuerlich virulent.

Diesen Problemkomplex einer Herrschaft von Technologien, Experten oder Wissenschaft fassen die folgenden Kapitel von der Spannung zwischen wissenschaftlichen Wahrheitsansprüchen und demokratischer Entscheidungslegitimität her ins Auge. Und sie tun dies mit einem gewissen zeitdiagnostischen Interesse. Damit will ich sagen, dass sich der folgende Essay in einem Zwischenbereich von «wissenschaftlicher Beobachtung» und «prinzipienorientierter Betrachtung» bewegt.[13] Weder geht es um die historische oder systematische Entfaltung grundlegender Theorieprobleme noch um eine übergreifende Erörterung von Zustand oder Zukunft demokratisch verfasster Gesellschaften und ihrer Wissenschaften. Stattdessen suche ich, wiederholt vom einzelnen Kasus ausgehend, ein bis zur Unauffälligkeit verbreitetes Diskursmuster exemplarisch in seiner Problemstruktur freizulegen. Wenige Anmerkungen mögen diese Gesichtspunkte erläutern.

Zum ersten stellt das vorliegende Buch seinen Fokus sehr selektiv ein. Immer wieder werden Fragen aufgeworfen, die sich in einem weiten Horizont auf Grundprobleme allen Nachdenkens über Welterkenntnis und gute Regierung beziehen lassen würden. Schon Platon hatte ja Wissen und Macht in der Figur des Philosophenkönigs verbunden, Machiavelli bezog sie als Beratung und Entscheidung aufeinander und Hobbes fragte danach, ob *veritas* oder *auctoritas* das Gesetz begründe. Und es versteht sich, dass auch in den modernen Gesellschaftswissenschaften die Verhältnisbestimmung von Epistemischem und Politischem in neuen Perspektiven weiter diskutiert wird – sei es als Grundlagenproblem zum Beispiel von «Erkenntnis und Interesse», «Wahrheit und Politik» oder einer ‹politischen Epistemologie›[14], sei es in Technokratie- oder Expertokratiediskursen, als Spannung von alternativlosem Sachzwang und politischer Entscheidungsfreiheit[15], als Kritik der ‹Postdemokratie› oder einer postpolitischen ‹Epistemisierung› des Politischen.[16] Insofern setzt dieses Buch verzweigte Denktraditionen, theoretische Diskurse und empirische Beobachtungen in einem Maße voraus, das dem Autor gewiss nicht hinreichend durchsichtig ist.

Zum zweiten ist unverkennbar, dass die Themen der nachfolgenden Kapitel einen aktuellen Problemraum aufspannen, der weiter ist, als dieser Essay zu zeigen vermag. Er geht nämlich von der Prämisse aus, dass die Formen der liberalen Demokratie und der modernen Wissenschaften, wie sie seit den Jahrzehnten um 1800 entstanden, sich in ihren Grundlinien bestandsfest halten lassen und dass dies auch normativ wünschenswert sei. Diese Voraussetzung birgt das Risiko, als Apologie herrschender Verhältnisse missverstanden zu werden, Verhältnisse, deren Dysfunktionen auf Seiten der Wissenschaften wie auf Seiten demokratischer Herrschaft jedoch ganz unübersehbar sind.[17] Andererseits ist die Prämisse, dass liberale Demokratie und moderne Wissenschaft rechtfertigungsfähig seien, auch in sachlicher Hinsicht alles andere als trivial. Was die Zukünfte der liberalen Demokratie anbelangt, so sind die optimistischen Verheißungen global fortschreitender Demokratisierung angesichts intern-populistischer wie extern-autokratischer Alternativen längst düstereren Prognosen gewichen.[18] Nicht weniger offen scheint auf der anderen Seite, ob und wie lange der hier verwendete, historisch kontingente Begriff von Wissenschaft[19] jene durchgreifenden Veränderungsdynamiken noch plausibel erfassen kann, die sich zum Beispiel aus der digitalen Automatisierung von Forschungsprozessen, aus der Vergesellschaftung von Wissenschaft[20] oder aus der Verwissenschaftlichung der Gesellschaft ergeben.

Über derlei wird hier nicht spekuliert, wo es um Gegenwartsbeobachtung gehen soll. Zumal diese, so die dritte Anmerkung vorab, entschieden exemplarisch verfährt. Sie entwickelt sich immer wieder vom konkreten Beispiel einer mehr oder weniger aktuellen öffentlichen Stellungnahme her. Offene Briefe, *websites* von Klimaaktivisten, Politikerstatements oder politische Sachbücher, mündliche Diskussions- und schriftliche Zeitungsbeiträge sichte ich unter der Frage, welches Verständnis von wissenschaftlichem Wissen und demokratischen Entscheidungen sie implizieren.

Die meisten dieser Stellungnahmen thematisieren mit der Klima-, Umwelt- und Gesundheitspolitik Felder, auf denen die Interaktion von Politik und Wissenschaften besonders verhandlungsbedürftig ist. Und das liegt vermutlich nicht allein am außergewöhnlichen Problem- und Zeitdruck, sondern auch daran, dass die Gesellschaft vom Klimawandel, dem Artensterben und der Corona-Pandemie allererst durch die Wissenschaft Kenntnis bekommen hat. Eine gewisse Konzentration auf gegenwärtige ökologische und pandemische Krisenerfahrungen resultiert also mehr aus der Sache als aus einem Auswahlkriterium der Darstellung. Jedenfalls hoffe ich, dass die Beispiele weniger als gezielt ausgesuchte Sonderfälle erscheinen, sondern eher als beliebig aufgegriffene Kasus.

Die Paradoxie des Exemplarischen ist dabei freilich nicht zu vermeiden. Beispiele können Beispielhaftigkeit lediglich unterstellen, nicht nachweisen. Zuversichtlich gehe ich gleichwohl davon aus, dass empirische Inhaltsanalysen größerer Corpora von wissenschaftsadministrativen *policy papers*, von politischen Stellungnahmen oder journalistischen Kommentaren den Symptomwert der im Folgenden diskutierten Exempel bestätigen würden. Wie schon die obigen Eröffnungsbeispiele sind diese Exempel oftmals unspektakulär, manchmal banal. Auch das Beiläufige oder Ephemere kann jedoch genau und hermeneutisch ernst genommen werden. Es mag dabei zuweilen über Gebühr belastet scheinen, doch kann es nicht allein jenes hintergründige Muster zu erkennen geben, das ich autoritären Szientismus nenne. Das Beiläufige indiziert auch die Unauffälligkeit, mit welcher dieser Szientismus in durch und durch wissenschaftlich geprägten Gesellschaften erhebliche Diskursmacht entfaltet. Dies mag sich auch schon in dem anschließenden Prospekt abzeichnen, der einen ersten Überblick über den Gang der Darstellung gibt.

Prospekt: Der Text gliedert sich zunächst in zwei Dreiergruppen: Kapitel 1–3 beleuchten die wissenschaftsbegrifflichen, Kapitel 4–6 die demokratietheoretischen Aspekte des autoritären

Szientismus. Ich verfahre dabei jeweils so, dass einem überwiegend kasuistisch gehaltenen Eingangskapitel zur aktivistischen Wissenschaft beziehungsweise zur szientistischen Politik ein grundsätzlicher argumentierendes Mittelstück folgt. Mit den in ihm gewonnenen Einsichten kehrt dann das jeweils dritte Kapitel wieder zum Einzelfall zurück, um ihn noch einmal schärfer zu fassen und einzuordnen.

Kapitel 1–3: Unübersehbar versteht sich die moderne Welt als ebenso wissenschaftsförmig wie wissenschaftsabhängig. Unentwegt wird daher gefordert, die Wissenschaften sollten ihr Gehäuse verlassen und sich in anderen Bereichen nützlich machen. Eine vor diesem Hintergrund eigene und relativ rezente Form öffentlichen Engagements ist als *science activism* bekannt geworden. Davon handelt das erste Kapitel am Beispiel der Kämpfe um den nordrhein-westfälischen Braunkohleabbau im Winter 2022/2023. Insbesondere anhand eines Textes der *Scientists for Future* werfe ich die Frage auf, wie Wissenschaft jenes komplexe Gemenge unterschiedlichster Konfliktdimensionen soll auflösen können, welches große gesellschaftliche Auseinandersetzungen strukturell prägt und sich immer wieder in Protestereignissen verdichtet. Der *science activism,* so wird sich dabei zeigen, will dies auf Grundlage der eingangs vorgestellten Entgegensetzung von ‹bloß› Politischem und ‹Physik› tun. Das führt zu der These, im Grunde attackiere er die Routinen der demokratischen Kompromissbildung selbst, denen er einen kompromisslosen Anspruch auf unbedingte Wahrheit entgegenstellt.

Im Kern dieses aktuellen Beispiels wird die Funktion von Wissenschaft so umakzentuiert, wie es das Motto von *Scientists for Future* prägnant formuliert: «Vom Wissen zum Handeln». Die Bedeutung dieser Verschiebung hängt nicht zuletzt davon ab, wie Wissenschaft verstanden wird. Deswegen skizziert das 2. Kapitel zunächst Grundzüge des meinem Essay zugrundeliegenden

Wissenschaftsverständnisses. Ich gehe davon aus, dass die Wissensordnungen und die Sozialordnungen der Wissenschaften weder identisch noch gänzlich unabhängig voneinander sind, sondern komplex interferieren. Daraus ergibt sich ein epistemischer Pluralismus der Wissenschaften selbst. Was sie wissen, besitzt in der Vielfalt gesellschaftlicher Formen und Hierarchien des Wissens zwar einen Sonderstatus. Das bedeutet aber nicht, dass Wissenschaft im Stande sei, sämtliche Wissensfragen zu beantworten und alle Wissenskonflikte verbindlich zu entscheiden. Jener Sonderstatus folgt nämlich weniger aus der methodischen Rationalität wissenschaftlichen Wissens, als vielmehr daraus, dass die Erkenntnisse der modernen Wissenschaften prinzipiell revisionsoffen sind.

Diese Revisionsoffenheit steht allerdings quer zu den politischen Erfolgserwartungen des Wissenschafts-Aktivismus, der sie daher außer Acht lassen muss. Das 3. Kapitel zeichnet das zunächst bis zu einem Umschlagspunkt nach, da wissenschaftliche Erkenntnisproduktion nicht mehr als Begründungsinstanz gesellschaftlichen Handelns erscheint, sondern vielmehr als dessen Störung. Ausdrücklich wird deswegen auch dazu aufgerufen, sie einzustellen: Das Motto lautete dann nicht mehr «Vom Wissen zum Handeln», sondern ‹Handeln statt Wissenwollen›. Für Auffassungen wie diese, die Wissenschaft nicht von der Erkenntnisproduktion her denken, verwende ich den Ausdruck Szientismus. Seine Elemente – Faktizismus, Einheitswissenschaft, Solutionismus und Normativismus – werden im letzten Abschnitt des Kapitels systematisch zusammengefasst werden.

Kapitel 4–6: Damit ist am Beginn des 4. Kapitels eine gewisse Zäsur erreicht. Die Beobachtungseinstellung verschiebt sich von den bisherigen wissenschaftssystematischen nun auf demokratietheoretische Aspekte. Es geht um die autoritäre Tendenz des Szientismus. Dazu wechselt die Darstellung von der Kritik einer politisierten Wissenschaft auf die Seite einer verwissenschaftlichten Politik. Mein Leitbeispiel ist das jüngste Sachbuch eines einflussreichen deutschen Politikers, Karl Lauterbach. Es deutet die ökologische Krise der Gegenwart als Beweis eines politischen Systemversagens, das allein durch eine Neuordnung des Verhältnisses von Wissenschaft und Politik behoben werden könne. Diese konzipiert der Politiker in der Autorenrolle als eine Schwächung von Politik, die er systematisch unter die Vormundschaft von Wissenschaft gestellt sehen will.

Exklusiver Gesichtspunkt ist dabei die Sachrichtigkeit und Effektivität staatlicher Entscheidungen. Dieser radikalen Vereinseitigung stellt das 5. Kapitel die Frage nach der Rechtfertigungsfähigkeit politischen Handelns entgegen. Es umreißt die liberale Demokratie als politische Ordnungsform pluralistischer Gesellschaften, die Wissensansprüche wie legitime Entscheidungen – kurzum: Wahrheiten und Mehrheiten – als grundsätzlich revidierbar ansetzt und daher gerade nicht auseinander ableitet. Vielmehr werden wahrheitsbezogene Diskurse und Mehrheitsentscheidungen derart in zukunftsoffenen Prozessen arrangiert, dass die politische Integration der Gesellschaft freiheitliche Legitimität und zugleich vernünftige Effektivität staatlichen Handelns zusichern kann.

Mit den Überlegungen dieses demokratietheoretischen Zwischenschritts setzt das 6. Kapitel die Rekonstruktion von Lauterbachs politischem Szientismus fort. Dabei zeigt sich, wie Wissenschaft unter der Hand aus einem Erkenntnisverfahren zu einer politischen Machttechnik wird. Mit ihr soll sich nämlich neben der dem Mehrheitsprinzip folgenden politischen Ordnung die szientistische Parallelordnung eines autoritären Wahrheitsregimes etablieren, das als Leitinstanz, im Ausnahmezustand der ökologischen Krise gar als Letztinstanz des Politischen fungiert. Der zweite Teil dieses Kapitels rückt diese Machttechnik in den Kontext aktueller gesellschaftlicher Diskurslagen. Etwa in der Jugendklimabewegung und mit einer gewissen Folgerichtigkeit überhaupt in apokalyptischen Diskursen liegt es nicht fern, die Leistungsversprechen einer überpolitischen Herrschaft der Wissenschaft wichtiger zu nehmen als demokratische Legitimationsaspekte.

Die beiden abschließenden Kapitel 7 und 8 wollen die bis hierher entwickelten Überlegungen noch einmal öffnen. Sie sprechen zwei Gegenentwürfe zum autoritären Szientismus an, deren einer in der epistemischen Nivellierung wissenschaftlicher Entscheidungsgrundlagen von Politik besteht. Eine diametral entgegengesetzte Alternative konzipiert wissenschaftliche Politikberatung hingegen so, dass das Verhältnis von Wahrheiten und Mehrheiten zugleich wissenschaftsfreundlich und demokratieadäquat sein kann.

Wissenschaften als mächtige Einflussgröße moderner Gesellschaften sind und werden immer wieder in Machtkonkurrenzen verstrickt. In einer prägnanten Konstellation zeigt sich dies dort, wo Politik Entscheidungen mit Verweis auf deren Wissenschaftsbasierung als alternativlos vorstellt. Das 7. Kapitel fragt, wie man unter solchen Gegebenheiten noch politisch dissentieren könne, und kommt zu der Antwort, dass es dann naheliege, statt solcher Politik sogleich die szientistische Grundlage ihrer Alternativlosigkeit zu attackieren. Modellhaft waren solche Konstellationen während der COVID-19-Krise zu beobachten: Ein autoritärer Szientismus, wie er in der Pandemiepolitik sich zuweilen zeigte, sowie der selbstermächtigte Subjektivismus der querdenkerischen Pandemieleugner und Impfverweigerer erwiesen sich da immer wieder aufeinander bezogen. Nämlich in der strukturellen Gemeinsamkeit, Rechtfertigungsfragen jeweils abzuwehren – sei es mit szientistischer Faktenwahrheit, sei es mit subjektivistischem Meinen und Misstrauen.

Das 8. und letzte Kapitel des Buches endlich skizziert Umrisse einer wissenschaftlichen Beratung von Politik, die sich nicht in die Widersprüche des autoritären Szientismus verstrickt. Aktivistische Wissenschaft und szientistische Politik wie auch der wissenschaftsaverse Populismus oder das Querdenkertum deuten wissenschaftliche Politikberatung als Anlieferung einer dann politisch lediglich umzusetzenden Wahrheit. Mein Gegenargument lautet, dass damit allenfalls ein voraussetzungsreicher Spezialfall erfasst werde, den ich instrumentelle Expertise nenne. Im Grundsatz ist Expertise vielmehr selbst strukturell pluralistisch. Das soll der Kollektivsingular ‹Gegenexpertise› zum Ausdruck bringen. Wie die Wahrheiten der Wissenschaften und wie demokratische Herrschaft ist auch die sie verkoppelnde Expertise ein Anspruch, der gegenüber anderen Ansprüchen gerechtfertigt sein will und aus wissenschaftlichen wie politischen Gründen praktisch jederzeit bestritten werden kann. Die wissenschaftliche Beratung demokratischer Politik unterscheidet sich darin systematisch von autoritären Wahrheitsregimen. Und übrigens tut sie es auch historisch, denn es waren gerade theokratische und absolutistische Wahrheitsregime, gegenüber denen sich die moderne Wissenschaft wie die liberale Demokratie über Jahrhunderte hinweg herausgebildet haben.

1. Aktivistische Wissenschaft

Sollen sich Wissenschaftlerinnen und Wissenschaftler öffentlich engagieren? Die Frage in dieser höchst allgemeinen Form zu stellen heißt, sie zu bejahen. Dass es die Wissenschaften nicht um ihrer selbst willen gebe, sondern zum Besten der Gesellschaft, dies gehört zu jenen modernen Gewissheiten, die man schwerlich in Abrede stellen kann. Denn das Wissen, die Daten und Informationen, Entdeckungen und Erkenntnisse, Interpretationen oder Prognosen der Wissenschaften sind in praktisch jeder Hinsicht eine der wichtigsten Ressourcen moderner Gesellschaften und für die wissenschaftlich-technische Zivilisation konstitutiv. Wissensökonomien gewinnen für ihre Prosperität in wachsendem Maße an Bedeutung. Gesellschaftliche Reproduktion beruht überhaupt auf wissenschaftlicher Welt- und Selbstbeschreibung und den daraus entwickelten Interventionsmöglichkeiten. Auch staatliches Handeln nimmt unentwegt die epistemischen Funktionen wie das symbolische und legitimatorische Kapital von Wissenschaft für sich in Anspruch.

Moderne Gesellschaften sind auf die Wissenschaften angewiesen, ja von ihnen abhängig. Auch die Bildungs- und Wissenschaftspolitik, die Wirtschafts-, Innovations- oder Umwelt- und Energiepolitik bringen dies mit großem Nachdruck öffentlich zum Ausdruck. Sie betonen Bildung als Bindemittel gesellschaftlicher Kohäsion und Wissen als den wichtigsten ‹Rohstoff› eines an natürlichen Ressourcen vergleichsweise armen Landes. Im Rahmen ihrer Möglichkeiten suchen sie daher auch die Wissenschaften auf ökonomischen und gesellschaftlichen Nutzen zu programmieren.[1] Zudem wird das vor allem quantitativ-empirische Wissen von Natur- und Sozialwissenschaften als direkte Entscheidungsgrundlage einer modernen Politik reklamiert, die ihre Rechtfertigung zumal in einem effektiven Output sieht.

Angesichts der umfassenden Wissenschaftsabhängigkeit der modernen Welt ist es nicht erstaunlich, dass diejenigen vielfältig gefragt sind, die Wissenschaft als Beruf betreiben. Gesellschaft und Wirtschaft, Öffentlichkeit und Politik bedürfen im Allgemeinen des Engagements von Wissenschaftlern, so dass sich diesen verschiedenste Möglichkeiten eröffnen, ihr Wissen zu vermitteln. Wissenschaftsextern treten Professorinnen und Forscher, akademische Lehrerinnen oder Gelehrte etwa als Ratgeber, Expertinnen, Gutachter, öffentliche Intellektuelle oder Fachbeiräte auf. Sie kommunizieren jene ‹wahren› und ‹neuen› Beschreibungen von Weltausschnitten samt den daraus sich ergebenden Möglichkeiten der technischen Weltgestaltung, welche in der Forschung produziert und in der akademischen Lehre reproduziert werden. Damit bedienen sie die nicht selten von ihnen auch selbst induzierte Nachfrage der Öffentlichkeit und ihrer Medien nach wissenschaftlicher Deutung und Erklärung ebenso wie den enormen Bedarf an spezialisierter Information und Sachkunde, der Politik praktisch jederzeit zu eigen ist. Die staatlichen Gewalten ebenso wie die öffentliche Verwaltung, wie politische Parteien oder Interessenvertretungen in sämtlichen Politikfeldern und Gesellschaftsbereichen befragen Sachverständige und beauftragen Gutachten, sie richten Expertenrunden, wissenschaftliche Beiräte, Kommissionen und Think Tanks ein oder suchen informell, zuweilen persönlich, wissenschaftlichen Rat. Und auch die Medien nehmen nach Maßgabe ihrer spezifischen Systemlogik Funktionen und Personal der Wissenschaften in Dienst – als Informationsquelle, Expertin, Unterhaltungskünstler (wie der Arzt und Entertainer Eckhart von Hirschhausen) oder Volkspädagogin (von Bernhard Grzimek über Harald Lesch bis Maja Göpel).[2] So spannt sich ein vielschichtiges Kommunikationsnetz zwischen den Wissenschaften einerseits, Gesellschaft, Medien und Politik andererseits, das keineswegs stets übersichtlich, klar strukturiert und scharf abgegrenzt ist.

Engagement als Protest

Neben wissenschaftlicher Politik- und Gesellschaftsberatung, Wissenschaftskommunikation oder auch Lobbying zeichnet sich in der Bundesrepublik, wie anderweit auch, für Wissenschaftlerinnen und Wissenschaftler in jüngerer Zeit indes noch eine weitere Möglichkeit öffentlichen Hervortretens ab. Ich spreche davon, dass sie ihre Arbeit niederlegen, jedoch nicht, um als Angestellte für bessere Gehälter oder Arbeitsbedingungen zu streiten, sondern um gegen politische Verhältnisse und Verantwortliche zu rebellieren, denen sie vorwerfen, ‹die› Wissenschaft zu ignorieren. Demonstranten gehen in Laborkitteln oder mit umgehängtem Stethoskop auf die Straße, um die gesellschaftliche Autorität ihrer Erkenntnisse einzuklagen. Professorinnen und ihre Mitarbeiter blockieren das Gebäude eines Ministeriums, indem sie sich selbst im Eingangsbereich mit Sekundenkleber fixieren, rote Farbe vergießen und klimawissenschaftliche Fachartikel an die Fassade pinnen.[3]

Für diese Formen der gesellschaftlichen Auseinandersetzung hat sich *scholarly* oder *science activism* als Kennzeichnung eingebürgert. Um ihn geht es in diesem Kapitel. Am Beispiel der *Scientists for Future* und ihrer Interventionen in die jüngsten Kämpfe um den Braunkohleabbau in Nordwestdeutschland beschreibe ich, wie solche Protestgruppen Wissenschaft und Politik ins Verhältnis setzen. Dabei wird zu beobachten sein, wie dieser wissenschaftliche Aktivismus die Komplexität ökologischer, ökonomischer, rechtlicher, soziokultureller oder politischer Interdependenzen, die sich in solchen Kämpfen verdichten, unter Berufung auf wissenschaftliches Spezialwissen deutlich reduziert. Dies führt dann zu der These, dass er eine politische Strategie der Entpolitisierung verfolge. Demokratischer Kompromisspraxis werde ein vorpolitischer Wahrheitsanspruch entgegengestellt, der seinerseits freilich weniger diskursiv als aktivistisch performativ geltend gemacht wird. Doch der Reihe nach.

Die Formel *science activism* bedient sich eines vieldeutigen Ausdrucks von schwacher Bezeichnungskraft. Ganz allgemein, soviel wird sich immerhin sagen lassen, zeigt ‹Aktivismus› jedenfalls eine gewisse Abwertung diskursiven Verhaltens als ‹bloßes› Wissen und Reden sowie eine Umorientierung auf kollektives Handeln an.[4] Der Ausdruck steht so im Horizont des alten topischen Sinnbildungsschemas: *Acta, non verba!*[5] Er spannt in der Wortgeschichte vom Expressionismus des frühen 20. Jahrhunderts über die heldenhaften Aktivisten der sozialistischen Arbeitswelt bis hin zum AIDS-Aktivismus seit den achtziger Jahren sowie zur Frauen-, Friedens-, Tierschutz- und Umweltbewegung ein beachtliches semantisches Spektrum auf. Es ist so breit, dass man unterdessen den Ausdruck ‹Aktivismus› sowohl zur positiven Selbstbezeichnung benützen mag, wie im Gegenteil – und im Übergangsbereich zum bloßen Aktionismus – auch zur Kritik oder Abwertung beispielweise von Protestaktionen.

Im wissenschaftlichen Kontext hat der *activism* zumal dort neues Profil erlangt, wo man, ausgehend vom transatlantischen College- und Universitätssystem, akademische Machtstrukturen im Zeichen einer spezifischen *diversity*-Politik (*race, class, sex/gender*) neu zu formatieren sucht.[6] Weltweite Öffentlichkeit fand er im Jahr 2017 mit den *Marches for Science*, zu denen sich Forscherinnen und Aktivisten durch die Politik des damals neu ins Amt gekommenen US-Präsidenten Donald Trump herausgefordert sahen und die man geradezu als ein Ausloten der Möglichkeiten von *science activism* interpretieren kann.[7] Heutzutage sind es Gruppen wie *Scientists for Future* oder *Scientist Rebellion,* die als Wissenschaftsaktivismus Aufmerksamkeit finden. In vor allem über digitale Medien lose organisierten Zusammenschlüssen[8] setzen Bürger die öffentliche Zurschaustellung ihrer spezifischen Berufsrolle als Wissenschaftlerinnen dazu ein, epistemische direkt mit politischen Ansprüchen und gesellschaftlichem Protest zu verknüpfen. Dabei schließen sie an die Demonstrationspraxis der Jugendklimabewegung von *Fridays for Future* über *Extinction Rebellion* und *Ende Gelände* bis zum *Aufstand der letzten Generation* an, als deren Unterstützer sie auftreten.[9]

Ganz anders als vor Jahrzehnten bei den sogenannten Neuen Sozialen Bewegungen geschieht diese wissenschaftliche Unterstützung von gesellschaftlichem Protest derzeit allerdings nicht durch den Aufbau einer kritischen Gegenexpertise.[10] Der aktuelle *science activism* sieht sich im Gegenteil als Repräsentant des herrschenden Forschungskonsenses. Die Aktivisten protestieren für die gesellschaftliche Anerkennung genuin wissenschaftlicher Erkenntnisstände. Einzelne Disziplinen oder Forschungsfelder wie die Klimaforschung werden dabei typischerweise sowohl als ‹die› Wissenschaft ausgegeben als auch mit politischen Handlungsprogrammen wie insbesondere dem Pariser Klimavertrag von 2015 in Verbindung gebracht. Dabei folgt der Protest der aktivistischen Wissenschaftsvertreterinnen nicht einer diskursiven Logik, sondern einer Logik der aktivistischen Performanz. Die Aktionen zielen, wie es überhaupt die Funktion von Protestbewegungen ist, weniger informierend und argumentierend auf direkte Überzeugung politischer Gegner, als vielmehr zunächst darauf, den alltäglichen Ablauf der Dinge zu stören, etwa durch Überrumpelung, kalkulierten Regelbruch sowie eine die Aufmerksamkeitsdynamiken der Medien nützende Bildpolitik. Damit wird in Kauf genommen, dass sich die gesellschaftlichen Reaktionen weniger an den Zielen des Wissenschaftsaktivismus abarbeiten als vielmehr zunächst einmal an seinen Formen.[11] So stellen sich politische Fragen nach den Proportionen von Mitteln und Zwecken[12]; die Routinen der parteipolitischen Einhegung des Protestpotenzials (etwa bei Bündnis 90 / Die Grünen) sind eventuell neu zu justieren; selbst die Abgrenzung von politischen und juristischen Fragen kann ihrerseits strittig werden.[13]

All dies sind ernstzunehmende Fragen des Aktivismus, auch des wissenschaftlichen. Dass der Klimaprotest ungeachtet dessen bestens gerechtfertigte Zwecke von äußerster Wichtigkeit und Dringlichkeit verfolgt, dies ist fraglos.[14] Für gesichert halte ich es überdies, dass aktivistische Protestbewegungen im Allgemeinen ein wichtiges Element sozialer Integration und gesellschaftlicher Lernprozesse sein können.[15] Indes soll es im Folgenden weder um die Ziele des *science activism* noch um seine Mittel gehen. Vielmehr ist von Interesse, wie *science* und *activism* miteinander verknüpft werden. Beachtenswert ist jenes Motiv, das in der einschlägigen Formel vom *science activism* oder auch im Motto der *Scientists for Future* zum Ausdruck kommt: «Vom Wissen zum Handeln».[16] Wie also kommt aktivistische Wissenschaft vom Argumentieren zum Protestieren? Oder anders gefragt: Was wird von der Verbindung bürgerschaftlichen Engagements mit einem spezifisch wissenschaftlichen Autoritätsanspruch erwartet? Und welches Verständnis von Wissenschaft und Demokratie artikuliert sich darin?

Lützerath, Januar 2023

Um solche etwas abstrakten Fragen konkreter diskutieren zu können, greife ich ein aktuelles Beispiel für die aktivistische Verknüpfung von Wissen und Handeln heraus. Es entstammt den bundesrepublikanischen Auseinandersetzungen um die Kohleverstromung, die wegen ihrer Treibhausgasemissionen beendet werden muss. Einem entsprechenden Kommissionsvorschlag[17] folgten Bund und Länder mit dem sogenannten ‹Kohlekompromiss› vom Januar 2020. Er sieht das Ende der Energiegewinnung durch Kohleverbrennung bis zum Jahr 2038 vor und wurde mit dem sogenannten Kohleausstiegsgesetz (KAusG) am 14.8.2020 geltendes Recht. Zwei Jahre später haben allerdings rapide Änderungen der Versorgungslage sowie Energieverteuerungen im Gefolge des russischen Angriffskriegs gegen die Ukraine eine Neuverhandlung der Kohleverstromung in dem zwischen Aachen und Köln gelegenen Rheinischen Revier angestoßen. Ergebnis war eine *Politische Verständigung* zwischen den zuständigen Ministerien von Bund und Land sowie dem Energieversorgungsunternehmen RWE.[18] Diesem Interessenausgleich zufolge, der unterdessen ebenfalls Gesetzeskraft besitzt, wird einerseits die Laufzeit zweier RWE-Kraftwerksblöcke um zwei Jahre bis 2024 verlängert, das Laufzeitende von drei anderen Anlagen dafür von 2038 auf 2030 vorgezogen. So sollen sich die Gesamtemissionen in diesem Bereich um 230 Millionen Tonnen CO_2 reduzieren. Zugleich bleiben die im sogenannten ‹3. Umsiedlungsabschnitt› des Tagebaus Garzweiler liegenden Ortschaften und Gehöfte erhalten, während das ganz der RWE gehörende unbewohnte Dorf Lützerath dem Braunkohlenabbau noch zum Opfer fallen soll.

Damit war der Weiler prädestiniert, zum Symbolort politischer Kämpfe zu werden. Klimaaktivisten besetzten über Monate hin Bäume und Gebäude in Lützerath, der zuständige Landkreis Heinsberg verfügte die Räumung des Ortes. Dagegen kam es dann Mitte Januar 2023 zu großen Demonstrationen. Die zunächst friedliche polizeiliche Räumung Lützeraths eskalierte zu gewaltsamen Konfrontationen. Und es war gewiss nicht allein die Prominenz mancher Beteiligter, an vorderster Stelle Greta Thunberg, die tagelang die Aufmerksamkeit nationaler und internationaler Medien auf den Weiler im Rheinischen zog.

Selbstverständlich beteiligten sich an den Protesten rund um Lützerath auch aktivistische Wissenschaftler. So hat unter anderem die Gruppe *Scientist Rebellion* kurz vor Weihnachten 2022 das Düsseldorfer *Ministerium für Wirtschaft, Industrie, Klimaschutz und Energie* und knapp vier Wochen später den Zugang zur Nordrhein-Westfälischen Landesvertretung in Berlin mit einem Kohlehaufen blockiert. Ein *Offener Brief* von *Scientist Rebellion* agitierte für zivilen Ungehorsam.[19] Gleichzeitig rief *Scientists for Future* Mitglieder des Landeskabinetts in einem weiteren *Offenen Brief* zu einem «Moratorium für die Räumung von Lützerath» auf. Ein solches Moratorium biete «die Chance für einen transparenten Dialogprozess mit allen Betroffenen zur Entwicklung von zukunftsfähigen Pfaden der gesellschaftlichen Transformation und Zeit für die Überprüfung der zugrunde liegenden Entscheidungsprämissen.»[20]

Dieser Text soll im Folgenden etwas näher betrachtet werden. Er beginnt mit der

> «Frage nach den gesellschaftlichen Kosten einer erzwungenen Räumung. Welche Wirkung hat die Räumung im Hinblick auf die Glaubhaftigkeit der deutschen Klimapolitik? Lützerath ist ein Symbol geworden. Es geht um ein aussagekräftiges Zeichen für die notwendige Abkehr vom fossilen Zeitalter. Es

gibt substanzielle wissenschaftliche Zweifel an der akuten Notwendigkeit einer Räumung.»

Schon als offener Brief ein politischer Akt, hebt das Schreiben der Wissenschaftlerinnen zunächst weniger auf Sachfragen des Klimawandels und seiner Eindämmung ab als vielmehr auf taktische Fragen klimapolitischer Auseinandersetzungen. In diesen Kämpfen will er ‹ein Zeichen setzen›. Aber für wen und wofür ist Lützerath ein «Symbol»? Das Zeichen ist schließlich in unterschiedlichen Richtungen aussagekräftig. Zum einen trifft die Besetzung ein Dorf, dessen Auflassung Teil der vorhin referierten, rechtswirksamen *Politischen Verständigung* ist, die die Menge der Treibhausgasemissionen gegenüber vorangegangenen Einigungen weiter zu reduzieren verspricht. Zum andern kann man selbstverständlich in Frage stellen, dass sich dieses Versprechen halten lassen wird oder dass die *Politische Verständigung* den Anforderungen des Klimaschutzes genügt, wie sie vom Pariser Klimavertrag 2015 bis zum Klimaurteil des *Bundesverfassungsgerichts* vom März 2021 rechtsverbindlich gemacht wurden.[21] Zum dritten ist die Räumung des Dorfes nicht allein eine sachliche Möglichkeitsbedingung der Erweiterung des Tagebaus, sondern sie folgt zugleich dem Rechtsstaatsprinzip und schützt die Eigentumsrechte des Dorfbesitzers RWE.

Das lässt sich kritisieren. Man kann «ein aussagekräftiges Zeichen für die notwendige Abkehr vom fossilen Zeitalter» für vordringlicher halten. Wie immer man aber diese Aspekte im Einzelnen beurteilen mag: Festzuhalten ist, dass tatsächlich eine Mehrzahl unabgestimmter, ja widersprüchlicher Gesichtspunkte existiert und dass sich in ihnen Zielkonflikte, Machtkämpfe und Deutungskonkurrenzen manifestieren. Legalität, Legitimität, politische Opportunität, Privatinteressen und Klimaschutz konfligieren in einer uneindeutigen Gemengelage. Und unterschiedliche Perspektiven zeigen verschiedene Konfigurationen ihrer Verhältnisse.

Keineswegs muss man eine solche Konfliktlage dramatisieren. Strittige Interessen- und Deutungskonkurrenzen sind der Normalfall komplexer politischer Entscheidungen in pluralistischen Gesellschaften. Und dass Bürgerinnen dann Stellung beziehen und dies auch in zivilem Protest ausdrücken, ist vollständig legitim. Wohl aber stellt sich die Frage, was dabei ein genuines Mandat ‹der› Wissenschaft begründen könnte, für welche die *Scientists for Future* zu sprechen beanspruchen?[22] Für die «gesellschaftlichen Kosten einer erzwungenen Räumung» sind die Klimawissenschaften wenig informativ. Wie also sollte der politische Konflikt um das Dorf mit wissenschaftlichen Mitteln entschieden werden können?

Mit dem zweiten Absatz wechselt der *Offene Brief* die Argumentationsebene. Er spricht nicht mehr von Klimapolitik und klimapolitischem Aktivismus. Jetzt geht es um Sachfragen des Zielkonflikts von Kohleausstieg und Energieversorgungssicherheit:

> «Mehrere wissenschaftliche Gutachten kommen zu dem Schluss, dass ein Abbau der Braunkohle unter Lützerath für eine technische Versorgungssicherheit und Netzstabilität nicht nötig, sondern politisch bestimmt ist. Vielmehr steht die Förderung und Verstromung dieser Kohle einer am Pariser Klimaabkommen und dem europäischen Klimagesetz ausgerichteten Energiepolitik entgegen. Die Verschärfung des europäischen Emissionshandels vom 18.12.2022 auf minus 62 Prozent THG [Treibhausgas]-Emissionen im Stromsektor bis 2030 (bezogen auf 1990) lässt mindestens fraglich erscheinen, ob Kohleverstromung in Deutschland bis 2030 noch wirtschaftlich sein wird.»

Wiederum lässt sich darüber streiten, ob die weitere Förderung rheinischer Braunkohle aus Gründen von Versorgungssicherheit erforderlich ist und ob sie profitabel bleiben wird. Doch konkurrieren dabei nicht nur die politischen, ökonomischen oder gesellschaftlichen Positionen, sondern auch die jeweils beigebrachten wissenschaftlichen Expertisen. Der Text von *Scientists for Future* suggeriert einen wissenschaftlichen Konsens nicht allein in Bezug auf den Klimawandel allgemein, sondern vielmehr auch hinsichtlich der Einzelfrage des Kohleabbaus unter Lützerath, den es keineswegs gibt, nicht einmal bezüglich der juristischen Frage, ob die *Politische Verständigung* mit dem Pariser Klimaabkommen vereinbar sei oder nicht.[23] Im Grunde ist das auch nicht überraschend: Der breite klimawissenschaftliche Konsens schließt wissenschaftliche Dissense bei Einzelmaßnahmen nicht aus. Schon allein deswegen leuchtet es kaum ein, wenn der *Offene Brief* den Konflikt gemäß dem bereits eingangs dieses Essays aufgezeigten Schema deutet, wonach das ‹bloß› Politische einem Primat transpolitischer wissenschaftlicher ‹Notwendigkeiten› unterzuordnen sei. Die Wahrheit über den Klimawandel entscheidet den politischen Kampf um Lützerath ebenso wenig wie die Konflikte um Atomenergienutzung, Geoengineering oder Fracking. Wie anders als ‹bloß› politisch sollten allgemein bindende Entscheidungen getroffen werden können?

Aktivismus, Politik und Wahrheit

Die zügige Sichtung des *Offenen Briefes* zeigt: Selbst dort, wo er auf energiewissenschaftliche Fragen von Versorgungssicherheit, auf wirtschaftswissenschaftliche Fragen der Rentabilität oder auf juristische Fragen der Rechtskonformität des Abbaus der

Lützerather Braunkohle zu sprechen kommt, ist der Text von *Scientists for Future* keine wissenschaftliche Stellungnahme. Im Gegenteil ist er eben das, was er kritisiert: ein Akt des Politischen, dessen Legitimität insofern unbestritten bleibt.

Dieser Akt des Politischen ist aktivistisch. Anders als jede politische Opposition, die damit rechnet, selbst Regierungsverantwortung übernehmen zu müssen, ist Aktivismus nicht Teil des institutionalisierten Politiksystems. Er attackiert es vielmehr von außen. Er macht von der Möglichkeit liberaler Gesellschaften Gebrauch, politisch sein zu können, ohne sich den Formzwängen von Parteipolitik, Parlamentarismus und Exekutive fügen zu müssen. Ja, er attackiert eben diese Formzwänge. In erster Linie protestiert der *science activism* nämlich weniger gegen die Kohlegewinnung selbst. Er nimmt die Abbaggerung von Lützerath vielmehr als Symbol des fossilen Industrialismus insgesamt und deutet die institutionalisierte Politik mit der *Politischen Verständigung* als Proliferation einer klimaschädlichen Wirtschaftsweise. Erst so gesehen werden die Aktionen des Aktivismus stimmig. Denn zu den Sachfolgen der *Politischen Verständigung* gehört nicht allein die Räumung des unbewohnten Weilers, sondern gleichermaßen das Vorziehen des Endes der Braunkohleverstromung im Rheinischen Revier und mit ihm eine merkliche Verringerung der Gesamtemission von Treibhausgasen gegenüber dem *status quo*. Und dagegen kann die Klimaschutzbewegung wenig einwenden.

Meine These ist demnach, dass das eigentliche Ziel dieser aktivistischen Intervention weniger eine konkrete Sachfrage des Klimaschutzes sei, als vielmehr jener zeitraubende, kontingente Prozess politischer Aushandlungen, in dem zwischen Bund und Land, Exekutive und Industrie, politischen Parteien, Experten, Verbänden, lokalen Verwaltungsinstanzen usw. eine *Politische Verständigung* erzielt wurde. Die politische Anti-Politik des Aktivismus greift «die Routinen gesellschaftlicher Problembearbeitung und ihrer etablierten Formen» selbst an.[24] So gesehen protestiert der *Offene Brief* indes zugleich auch gegen die Prämisse, die sich in diesen Routinen manifestiert: Selbst bei extremen Gefährdungen, also auch angesichts der drohenden Klimakatastrophe – gerade dann! – gibt es Interessenkonkurrenzen und Deutungspluralismus, und deswegen kommt es auf gesellschaftliche Kompromisse und demokratische Legitimierung an. Diese Prämisse besagt auch, dass die entsprechenden Verfahren aus grundsätzlichen Erwägungen keinesfalls ausgesetzt oder übersprungen werden dürften durch die Geltendmachung vorpolitischer Wahrheit – und sei es auch die Wahrheit breitesten wissenschaftlichen Konsenses. Dies ist zugleich einer der Grundsätze des demokratischen Verfassungsstaates. Er gilt für alle Fälle. Ausnahmen, die dieses Prinzip außer Kraft setzen, kennt die liberale Demokratie nicht. Demgegenüber will der Aktivismus in Lützerath die Wucht des Faktums des menschengemachten Klimawandels wie seiner zivilisationsgefährdenden Risiken auch auf der Ebene von Einzelmaßnahmen in Stellung bringen gegen die zeitraubende Umständlichkeit des demokratischen Ausgleichs von divergierenden Macht- und Deutungslagen. Im Zentrum seines Diskurses folgt das Moratorium «für einen transparenten Dialogprozess» jenem Topos, der bereits am Eingang dieses Buches stand: Greta Thunbergs apodiktischem Wort «You cannot make deals with physics.» Insofern prätendiert der *Offene Brief* bloß, eine *wissenschaftliche* Äußerung, gar eine Äußerung ‹der› Wissenschaft zu sein. Vielmehr ist er eine aktivistische Intervention, und das Politische dieser Intervention ist ihre Anti-Politik.

Mit der *politischen* Intervention des *Offenen Briefes* ermächtigen sich die *Scientists for Future* als *außer*politische Akteure. Ein demokratisches Mandat dafür besitzen sie weder, noch fehlt es ihnen; die liberale Demokratie gewährleistet Freiheiten zur Stellungnahme und Intervention. Andererseits wird anstatt eines Mandats indes ein alternativer Geltungsanspruch bemüht. Er stützt sich zunächst auf die außerordentlichen Gefahren des Klimawandels sowie auf individuelle Betroffenheit und intergenerationelle Gerechtigkeit.[25] Das scheinbar Wissenschaftliche am *science activism* liegt indes darin, dass dieser Geltungsanspruch zugleich auf eine verabsolutierte Faktenwahrheit rekurriert, die nicht allein klima- und energiepolitische Grundsatzfragen beantwortet, sondern auch gesellschaftliche Einzelkonflikte entscheiden können soll.

Diese Faktenwahrheit wird allerdings von der Anti-Politik des Aktivismus nicht eigentlich epistemisch in Anspruch genommen, sondern ohne weiteres als Sozialkapital. Wissenschaft kommt weniger als Bearbeitungsform von Erkenntnisproblemen ins Spiel, denn als eine soziale Größe. Auch insofern ist der *Offene Brief* für den Wissenschaftsaktivismus repräsentativ. Wie Laborkittel und Stethoskope weisen die immergleiche Markierung der Sprecherposition («Als Wissenschaftlerinnen und Wissenschaftler») oder formgerechte bibliographische Referenzen auf «wissenschaftliche Gutachten» die Autorinnen als Repräsentanten einer gesellschaftlich unangefochtenen Sozialordnung aus. Requisiten, Sprachgesten und Sozialrollen der Wissenschaften werden von *Scientists for Future* eingesetzt, um einer politischen Position symbolisches Gewicht zu verleihen.

Darin liegt indessen eine Art von Selbstwiderspruch. Das Gewicht der Gründe für diese politische Position soll an jener Wissenschaftlichkeit hängen, die der aktivistische Protest gerade nicht diskursiv zur Geltung bringt, sondern performativ. Man könnte sagen, es handele sich um eine Pose[26]: Die epistemische Dimension wird durch symbolische Verweise auf eine vermeintlich überlegene gesellschaftliche Position ‹der› Wissenschaft übersprungen. Anders gesagt: Öffentliches Vertrauen in Wissenschaft wird instrumentalisiert und damit zugleich riskiert. Letztlich läuft es nämlich darauf hinaus, die Begründetheit eines Wissensanspruchs gerade nicht epistemisch, sondern aus der gesellschaftlichen Geltung einer Sozialordnung abzuleiten. Der *science activism* operiert mit einem *argumentum ex auctoritate.* Wahrheit erscheint in diesem Autoritätsargument als Funktion der gesellschaftlichen Macht von Wissenschaft; so ähnlich, wie sie in der europäischen Vormoderne eine Funktion jener kirchlichen Macht war, welcher die frühneuzeitliche Wissenschaft ihre empirische Welterkenntnis entgegenhielt. Ein sozialer Durchsetzungsanspruch wird in der Weise als ein epistemischer inszeniert, dass für legitime Alternativen wenig Raum bleibt. Damit verbinden sich allerdings wissenschafts- wie demokratietheoretische Probleme, von denen in diesem Buch noch ausführlicher die Rede sein wird.

Das Motto der *Scientists for Future,* um diese Beobachtungen zusammenzufassen, stellt sich dem Wissenschaftsaktivismus gar nicht als Problem. Der Nexus von *science* und *activism* wird nicht diskursiv hergestellt, sondern performativ. «Vom Wissen zum Handeln» enthält den Imperativ, auf weitere Begründungen zu verzichten. Verlangt wird aktives Handeln statt bloßen Wissens. Wie die verbreitete politische Plattitüde bedient der Wissenschaftsaktivismus jenes Sinnbildungsschema, dass es längst kein Erkenntnis-, sondern allein noch ein Umsetzungsproblem gebe. Bei *Scientist Rebellion* heißt es in diesem Sinne: «Verstecken wir uns nicht hinter komplizierten Modellen und Forschungsprojekten, so wichtig sie auch sind.»[27] Und dabei ist einerseits zu Recht vorausgesetzt, dass das klimawissenschaftliche Wissen genüge, um politisches Handeln zu begründen, ja notwendig und dringlich zu machen. Andererseits unterstellt der Imperativ «Vom Wissen zum Handeln» aber zu Unrecht, dass es derartiger Handlungsrechtfertigungen in Einzelfragen gar nicht mehr bedürfe, weil sie durch wissenschaftliche Wahrheit bereits abgegolten seien.

Es ist eine «Grunderfahrung der Moderne [...], dass die bloße Aufklärung über Missverhältnisse oder die bloße Erkenntnis über das, was zu tun sei, Kritik also, sich nicht einfach in Handlungen umsetzen lässt.»[28] Dieser Grunderfahrung stellt die aktivistische Parole «Vom Wissen zum Handeln» ihren Imperativ entgegen. Er sieht die spezifische Verpflichtung der Wissenschaften nicht im Wissenwollen sondern in der politischen Ermächtigung zu Protestaktionen.[29] Paradoxerweise untermauert er seinen Anspruch auf Gehör und Folgebereitschaft allerdings zugleich mit dem Gestus des Wissenschaftlichen. Das ist eine Pose, in der eine soziale wie auch eine epistemische Erwartung stecken. Sie setzt nämlich auf der epistemischen Seite zum einen voraus, dass Wissen aus sich heraus überzeuge, also gewissermaßen eine Selbst-Verständlichkeit sei; wäre das richtig, dann ließe sich die Möglichkeit epistemischen Streitens nur erklären, indem man mindestens einer der Streitparteien Dummheit, Ignoranz oder Unredlichkeit unterstellt. Zum anderen geht die Pose davon aus, Wissen sei intrinsisch wirksam, sie schließt es also mit seinen sozialen Folgen und Effekten kurz. Doch «ist hier ein fehlerhaftes Verständnis von Wissen am Werk:» Es gehört zu den elementaren Einsichten der Wissenssoziologie, dass «wissenschaftliches Wissen [...] weder unmittelbar performativ [ist], was der fälschlichen Annahme entgegensteht, Wissen wäre mit Steuerungsfähigkeit gleichzusetzen oder stellte praktische Vernunft dar; noch ist Wissen unmittelbar persuasiv, das heißt, Wissen überzeugt nicht widerstandslos.»[30] Auf der sozialen Seite hingegen sollen die Professionsrolle des Wissenschaftlers und die mit ihr symbolisierten Wissensansprüche eine Art von Anrecht auf Anerkennung, auf besonderes Gewicht auch in öffentlichen Auseinandersetzungen verbürgen: mehr Gewicht, als es dort jedem Mitglied der Gesellschaft und jeder Bürgerin des Staats zukommt; größere Überzeugungskraft, als sie die Argumente anderer haben (oder eben nicht haben). Damit aber werden sowohl die Eigenlogiken der Funktionssysteme moderner Gesellschaften als auch die Grundsätze demokratischer Politik verkannt. Denn die Auffassung einer Wissenschaftlerin ist im Prozess politischer Willensbildung in gleicher Weise begründungsbedürftig wie die eines Fußballspielers, einer Rentnerin, eines Datenanalysten oder einer Heizungsmonteurin. Und solcher Begründungspflicht kann man sich nicht generell entledigen, indem man symbolisch die Wissenschaftlichkeit der Gründe für seine Auffassung der Dinge prätendiert.

2.
Erkenntnisfortschritt und Revisionismus

Dass die Wissenschaften im Allgemeinen zum Element gesellschaftlicher Kontroversen und politischer Kämpfe werden können, ist nichts Besonderes. Überraschender mag es sein, wenn Wissenschaftlerinnen von sich aus aktiv in solche Konflikte eingreifen. Dass sie es in der Form einer sich wissenschaftlich inszenierenden Protestbewegung tun, darf als ein besonderer Fall gelten. Ein solcher Fall liegt mit den aktivistischen Interventionen in konkrete Schritte zur Transformation des fossilen Energiesystems vor, die im Mittelpunkt des ersten Kapitels standen. Er ist bezeichnend für eine durchaus nicht selbstverständliche Konstellation von Wissenschaft, gesellschaftlichen Konflikten und politischem Handeln.

An diesem Beispiel zeichnete sich bereits ab, dass dem klimapolitisch gut begründeten Imperativ des *science activism,* «Vom Wissen zum Handeln», und der damit vorgenommenen, weniger gut begründeten Umprogrammierung der Wissenschaften von der methodischen Erkenntnisproduktion auf den gesellschaftlichen Machtkampf durchaus bemerkenswerte Prämissen und Implikationen eingeschrieben sind, nicht zuletzt solche wissenschaftsbegrifflicher Art. Bevor sie weiter erörtert werden, will ich skizzieren, welche Folgerungen meines Erachtens daraus zu ziehen sind, was die Wissenschaftsforschung über die Wissenschaften weiß. Ausgangspunkt ist jene Grundstruktur von Wissenschaft, die darin besteht, dass sie eine epistemische mit einer sozialen Dimension so verkoppelt, dass beide weder aufeinander zurückgeführt noch gegeneinander isoliert werden können. Daraus ergibt sich ein irreduzibler Pluralismus wissenschaftlichen Wissens, dem in der Vielzahl von Wissensformen und -hierarchien moderner Gesellschaften zwar eine Sonderstellung zukommt. Jedoch handelt es sich dabei nicht um einen archimedischen Punkt, von dem her diese epistemische Vielfalt in allgemeinverbindlicher Weise geordnet werden könnte. Und zwar vor allem deswegen nicht, weil dieser Sonderstatus weniger aus der methodischen Rationalität wissenschaftlichen Wissens als vielmehr daraus folgt, dass moderne Wissenschaft auf künftigen Erkenntnis*fortschritt* setzt, sodass alle erreichten Erkenntnis*stände* unter den Vorbehalt der Revidierbarkeit rücken.

Epistemik und Sozialität

Wissen, es sei wissenschaftlich oder anders begründet, liegt nicht rein als solches vor. Wir haben es allein als kommunizierte Information, die zugleich in weitere Sachzusammenhänge eingebettet und in ihnen gedeutet ist.[1] Über Wissen außerhalb jedweden Kontextes und abseits aller Kommunikation lässt sich nichts sagen. Insofern Wissen aber kommunizierte Information ist, sind auch die jeweiligen sozialen Zusammenhänge, Institutionalisierungen, Gattungen oder Medien dieses Kommunizierens belangvoll. Dies gilt auch für wissenschaftliches Wissen. In Laborgespräch oder Vorlesung, Posterpräsentation, Tweet, Formel, Gutachten, Paper oder Monographie realisieren sich mit epistemischen Ansprüchen zugleich soziale Strukturen und Prozesse. Wissenschaft ist eine Ordnung des Wissens und zugleich eine Ordnung des Sozialen.[2] Beide Ordnungen sind weder völlig identisch noch gänzlich unabhängig voneinander. Ihre lose Kopplung verstehe ich als die Einheit der Wissenschaften. Sie sind eine höchst komplexe, oft nicht einmal heuristisch sauber entwirrbare Konfiguration von epistemischen und sozio-institutionellen Sachverhalten, und dies ist für die folgende Argumentation grundlegend.

Auf der epistemischen Seite dieser Einheit, auf der Seite der Wissensordnungen, operiert Wissenschaft auf der Grundlage der Unterscheidung von Wahr und Nicht-Wahr.[3] Sie erarbeitet, erweitert, verwirft und überarbeitet Beschreibungen von Weltsachverhalten unter dem Gesichtspunkt ihrer Wahrheit und zugleich – seit sie moderne Wissenschaft ist – unter demjenigen ihrer Neuigkeit. Auf diese Seite gehört die Gesamtheit der kognitiven Prämissen und Rationalitätsformen von Wissenschaft ebenso wie ihre Konzepte, Terminologien, Theorien oder Erkenntnisse. Und insoweit die Produktion von neuen Wissensansprüchen im Vordergrund steht, geht es um die Gültigkeit sowie die unentwegte kritische Überprüfung etablierter Erkenntnis. Leitende Prinzipien sind Irritation, Neugier und die Veränderung, man könnte auch sagen die ‹Störung› von bis gerade eben noch als gut begründet angesehenen Wissensbeständen.[4] Der Wissenschaftsjargon spricht etwa auch von Erkenntnisfortschritt oder *break throughs* und meint damit, wenn er es ernst meint, die überraschende Durchbrechung epistemischer Erwartungen.

Andererseits ist Wissenschaft nicht allein eine Ordnung des Wissens, sondern zugleich auch eine der Wissensträger, eine über Institutionen, Organisationen, Kommunikationsmedien und technische Apparaturen strukturierte Ordnung der Wissenschaftlerinnen und all ihrer Helfer. In dieser Hinsicht stehen nicht Wahrheitsfragen im Vordergrund, sondern soziale Positionen und Prozesse, ihre Verhältnisse und Machtverhältnisse sowie ihre systemspezifischen Medien Reputation und Geld. Daher herrscht im Unterschied zur epistemischen auf dieser sozio-institutionellen Seite bemerkenswerterweise ein konträres

Prinzip. Hier geht es gerade nicht um Erwartungsdurchbrechungen, sondern im Gegenteil um Stabilität und Sicherheit des Erwartens. Als Sozialsystem stellen auch die Wissenschaften auf die Verlässlichkeit und Geltung sozialer Strukturbildungen ab, auf die Vorhersehbarkeit, ja Planbarkeit sozialer Prozesse. Institutionalisierung und Regulierung der sozialen Praxis von Wissenschaft auf rechtlicher, organisatorischer, ökonomischer und personeller Ebene dienen ebenso der Herstellung von Ordnungsfestigkeit, Irritationsfreiheit und Erwartungsverlässlichkeit wie die Selbstsymbolisierungen von Wissenschaft.[5] Und in diesen sozialen Kontexten spielen Wahrheitsfragen allenfalls vermittelt eine Rolle, Fragen der Mehrheit aber vielfach ganz direkt: Nicht allein in den parametrisierten Selbstbeobachtungen von Wissenschaft (Bibliometrie, Drittmittelakquise etc.), sondern auch bei ihrer Selbstverwaltung entscheidet vielfach das Kriterium der größeren Zahl. Von Berufungskommissionen über Fördergremien bis zur Nobelpreisjury werden stets Wahrheitsfragen diskutiert, aber Mehrheitsentscheidungen getroffen.

Diese Spannungskonfiguration von Epistemischem und Sozialem fasse ich als eine Grundstruktur der Wissenschaften auf. Sie macht epistemische Erwartungsdurchbrechungen sozial möglich, ja wahrscheinlich und erwartbar. Ihr Eigensinn, so könnte man zuspitzen, liegt in der Paradoxie, dass Wissenschaft ein Sozialsystem zur verlässlichen Produktion epistemischer Überraschungen ist. Aus dieser Zwei-Seiten-Form ergeben sich für das Verhältnis von (epistemischen) Wahrheiten und (sozialen) Mehrheiten weitreichende Folgerungen. Diese sollen in den nachfolgenden Abschnitten weiter aufgefächert werden, indem ich zunächst auf den Pluralismus der Wissensformen, sodann auf die Frage ihrer Hierarchisierbarkeit sowie schließlich auf die Zeitlichkeit moderner Wissenschaften eingehe.

Wissensformen und -hierarchien

Die Erfolgserwartungen des Wissenschaftsaktivismus, von dem oben die Rede war, setzen ganz formal zunächst zweierlei voraus. Sie unterstellen erstens einen Wissensbegriff, der eine Mehrzahl epistemischer Formen zusammenfasst. Es gibt auch anderes als allein das wissenschaftliche Wissen, sonst müsste nicht die Wissenschaftlichkeit der Wissensgrundlagen des Aktivismus symbolisch eigens betont werden. Und zweitens wird davon ausgegangen, dass sich alle diese epistemischen Formen in einer Hierarchie ordnen lassen. Deren Spitze bildet das wissenschaftliche Wissen, andernfalls könnte mit der Betonung von Wissenschaftlichkeit keine Erwartung auf Geltungsvorrang verbunden sein.

Der ersten dieser Voraussetzungen zufolge ist der Ausdruck ‹wissenschaftliches Wissen› keineswegs pleonastisch, und dies dürfte in der Tat eine vernünftige Prämisse sein. Die Pluralität epistemischer Formen ist eine wissenssoziologische Grundeinsicht.[6] Es gibt nicht-wissenschaftliches Wissen, das gleichwohl nicht einfach als bloßes Nicht-Wissen, als Unwissen, Irrtum, Wahn, Glauben, Meinen oder dergleichen abzutun ist. Dabei kann es sich etwa um lebensweltliches, alltagspraktisches oder auch um professionelles Wissen aus Wirtschaft, Recht, Politik, Religion oder Kunst handeln, das in Tradition und Erfahrung gründet und durchaus eigene Relevanz besitzt. Auch existiert Wissen, das längst nicht mehr wie ehedem als wissenschaftlich gilt, weil es mittlerweile ins Alltags- oder Allgemeinwissen eingegangen ist. Überdies sind derartige Abgrenzungen selten eindeutig, denn es gibt wissenschaftsgestützte Praxis, aber auch Pseudowissenschaft oder szientoide Mimikry, und man darf nicht übersehen, dass die jeweiligen Grenzen im Verlauf der

Wissenschaftsgeschichte wie im Feld wissenschaftlicher und politischer Kontroversen an ganz verschiedenen Stellen gezogen werden.[7]

Unterschiedliche Formen des Wissens können sich gegeneinander indifferent verhalten oder unabgestimmt koexistieren, ganz alltäglich zum Beispiel im Nebeneinander von wissenschaftlichen Erkenntnissen und *indigenous knowledge* in politischen Programmen[8] oder auch in Ikonen der *high tech*; so bauen etwa manche Fluggesellschaften Atavismen in ihre Flugzeuge ein, indem dort eine Sitzreihe 13 fehlt. Das vielleicht schönste Beispiel für entspannte Koexistenz inkommensurabler Paradigmen ist die von Werner Heisenberg mit Nils Bohr in Verbindung gebrachte Anekdote, wonach Bohr am Türsturz seines Ferienhauses ein Hufeisen angebracht habe. Denn zwar sei er natürlich Physiker, doch dem Vernehmen nach helfe ein solcher Fetisch selbst dann, wenn man nicht an ihn glaube.[9]

Solche ironische Gelassenheit fehlt dort, wo das unabgestimmte Nebeneinander diverser Wissensparadigmen sich zu Konkurrenz und Konflikt zuspitzt, weil es etwa um Fragen von anderem Gewicht geht als bei Nils Bohrs Hufeisen. Dazu gehören die Auseinandersetzungen um Nutzen und Unschädlichkeit von Impfungen während der COVID-19-Pandemie, um Homöopathie im Leistungskatalog gesetzlicher Krankenkassen sowie in der ärztlichen Weiterbildungsordnung[10] oder um die Düngeverfahren anthroposophischer Lebensmittelproduktion; um von den Rationalitätskonkurrenzen zwischen Wissenschaft, Pseudo-Wissenschaft und szientoiden Verschwörungstheorien an dieser Stelle zu schweigen.[11]

Schließlich sei dieser kleinen Typologie hinzugefügt, dass unterschiedliche epistemische Formen nicht nur konkurrieren, sondern auch kooperieren können. So war beispielsweise zu Beginn der Corona-Pandemie gut zu beobachten, wie das wissenschaftliche Wissen der Virologinnen und Epidemiologen erst im Verbund mit dem Erfahrungs- und Professionswissen der Gesundheitsverwaltung die medizinische Versorgung halbwegs zulänglich zu organisieren erlaubte. Das muss hier nicht weiter ausgeführt werden. Die wenigen Beispiele sollen lediglich verdeutlichen, dass die Formen des Wissens ein differenziertes Spektrum von epistemischen Ansprüchen unterschiedlicher Genese, Geltung und Funktion aufspannen. In diesem Spektrum nimmt das wissenschaftliche Wissen eine spezifische Position ein.

Dass dies zugleich eine exklusive Position sei, ist die zweite Prämisse jener wissenschaftskonzeptionellen Annahmen, die dem *science activism* zugrunde liegen. Er geht davon aus, dass es zwar auch anderes, gegebenenfalls konkurrierendes Wissen gibt, dass dieses aber dem wissenschaftlichen Wissen nach Qualität, Geltung oder Handlungsrelevanz unterlegen sei. So zeichnet sich weniger ein Pluralismus epistemischer Formen ab, als vielmehr eine allgemeine Hierarchie, die dem wissenschaftlichen Wissen einen Geltungsvorrang sichert.

Zugunsten dieser sehr weitgehenden Annahme ließe sich zunächst epistemologisch argumentieren. Man würde darauf abstellen, dass wissenschaftliche Wissensansprüche in Prozessen methodischer Wahrheitssuche erarbeitet werden, dass sie rational begründbar sind und intersubjektiv kommunizierbar. Man würde zudem auf den wissenschaftlichen Diskurs verweisen, der diese Wissensansprüche erhärtet, indem er sie unablässig kritisch überprüft und zu bestreiten sucht.[12] Demnach könne wissenschaftliches Wissen jedenfalls so lange als anderen epistemischen Formen und Ansprüchen überlegen behandelt werden, wie derartige Falsifikationsversuche misslingen.

Gegen diese Argumentation ist im Grundsatz wenig einzuwenden. Sie scheint nicht nur aus Sicht der Wissenschaften vernünftig, sondern sie wird auch durch außerwissenschaftliche Praxis gestützt, wo sich umfangreiche Bestände wissenschaftlichen Wissens in einer überwältigenden Zahl von Funktionszusammenhängen als tragfähig erweisen: als funktionierende Technologien oder hilfreiche Sozialtechniken, als ärztliche Therapieverfahren oder pädagogische Interventionen, als meteorologische, klimawissenschaftliche, seismographische, demoskopische oder volkswirtschaftliche Prognosen u. v. a. m. So gesehen gibt es zunächst wenig Veranlassung zu bestreiten, dass wissenschaftliches Wissen in ungezählten Fällen konkurrierendem nicht-wissenschaftlichem Wissen klar und weit überlegen ist.

Doch ist damit noch nicht gesagt, dass diese Geltungshierarchie epistemischer Formen auch universal sei, dass sie also nicht allein im Wissenschaftssystem, sondern vielmehr über alle gesellschaftlichen Teilbereiche hinweg von allen für alle Fälle anerkannt werden müsse oder akzeptiert sei. Eben dies setzen Denkungsarten wie diejenige des *science activism* indes voraus. Sie nehmen an, dass die Wissenschaft – für die ihnen die Klimaforschung als beispielhaft gilt – eine allen anderen generell überlegene und in sämtlichen gesellschaftlichen Teilbereichen primär gültige epistemische Ordnung sei. Allein unter dieser Voraussetzung nämlich ließen sich, wie die aktivistische Wissenschaft unterstellt, eindeutige wissenschaftliche ‹Lösungen› für Konflikte oder Zielspannungen in sämtlichen gesellschaftlichen Domänen direkt ableiten. Gegen diese universalistische Annahme sprechen indes einige grundsätzliche Überlegungen, deren wichtigste zunächst die Folgenden sind.

Erstens: Nicht alles, was ist, ist auch eine Frage wissenschaftlicher Erkenntnis. Weltsachverhalte sind nicht *ipso facto* Forschungsgegenstände. Sie müssen vielmehr in Forschungsgegenstände und Forschungsfragen transformiert werden, um wissenschaftlich behandelbar zu sein. Wissenschaft macht sich dabei auch solche Weltsachverhalte zum Erkenntnisproblem, die ohne sie gar keines wären; zum Beispiel, dass überhaupt etwas ist und nicht vielmehr nichts oder dass Äpfel nach unten fallen. Diese Umarbeitung von Weltsachverhalten in Forschungsprobleme kennt praktisch kaum Grenzen. Schlechthin alles kann in der einen oder anderen Weise zum Gegenstand von Forschung gemacht werden. Jedoch nicht alles gleichzeitig. Nicht sämtliche Weltsachverhalte, nicht einmal sämtliche Fragen lassen sich auf einmal in Forschungsprobleme umarbeiten. Jederzeit gibt es daher Weltsachverhalte, die – jetzt und hier und unter uns – nicht wissenschaftlich in Frage stehen, und es kann umstritten sein, welche das sind. Entsprechendes gilt für solche Fragen, die sich einer Beantwortung nach dem Wahr vs. Falsch-Schema der Wissenschaften entziehen[13]; es kann ja beispielsweise auch um Gut vs. Böse, Verboten vs. Erlaubt/Geboten, Schön vs. Hässlich gehen oder um Fragen des richtigen Lebens und Sterbens, um Interessengegensätze, Machtkonflikte und vieles mehr. Überdies gibt es eine Fülle von Fragen, die sehr wohl wissenschaftliche sind, die aber derzeit nicht – jedenfalls nicht eindeutig und einhellig – beantwortet sind; gerade auf derartige Fragen werden sich die Wissenschaften besonders konzentrieren. Mit einem Wort: Außerhalb der Wissenschaften existiert jederzeit eine beachtliche Zahl von Konstellationen, bei denen man allein mit wissenschaftlichem Wissen nicht weiterkommt und in denen dieses keineswegs, erst recht nicht wie selbstverständlich dem dort einschlägigen Wissen überlegen wäre.

Zweitens: Wie eingangs dieses Kapitels betont, interferieren Wissensordnungen vielfältig mit Sozialordnungen, auch diejenigen der Wissenschaften. Als eine Dimension sozialen Geschehens ist Wissen nicht unbedingt und universal gültig, sondern stets ein bedingter, bereichsspezifischer Wissensanspruch, der sich nicht ohne weiteres zwischen den Sozialsphären übertragen lässt. So leicht es daher fallen mag, etwa aus dem Bereich technischer Applikationen Beispiele für die überlegene Tragfähigkeit und den Geltungsvorrang wissenschaftlichen Wissens in praktisch allen gesellschaftlichen Domänen beizubringen, so sehr ist es ein Geltungsvorrang, der sich eben dort nach Maßgabe der Eigenlogik dieser Domänen erst erweisen und durchsetzen muss. Die bloße und wiederholte Behauptung von Wissen oder allein der Verweis darauf, dass es immerhin wissenschaftlich begründet sei, vermag solche bereichsspezifischen Approbationen nicht zu ersetzen. Und diese können auch scheitern oder in epistemische Konkurrenzen führen, für die eine übergeordnete Abstimmungsinstanz fehlt. Aus Gründen der Religionsfreiheit gehört Frömmigkeitswissen hierher, aus humanitären Gründen zum Beispiel das, was in internationalen Diskursen traditionales, lokales oder indigenes Wissen heißt.[14]

Es gibt also unterschiedliche, teils wissenschaftliche, teils nicht-wissenschaftliche Wissensformen. Dies war die eine, plausible Annahme des *science activism*, von der ich hier ausging. Auch gibt es Hierarchien von Wissensformen, und zwar sowohl innerhalb der Wissenschaften[15] wie auch zwischen den gesellschaftlichen Teilsystemen. So sind die Meinungen der Bürger beim Kampf um politische Mehrheiten wichtiger als wissenschaftliche Expertise; im Erziehungssystem spielt religiöses Wissen womöglich eine bedeutsamere Rolle als beim Militär; Normwissen ist im Rechtssystem folgenreicher als in den Wissenschaften. Anders als es der *science activism* mit seiner zweiten Prämisse voraussetzt, fehlt jedoch eine übergreifende, allseits und für alle Fälle anerkannte Hierarchie der epistemischen Formen. Deswegen kann wissenschaftliches Wissen auch nicht die Spitze einer solchen Wissenshierarchie einnehmen. Der dritte und wichtigste hierfür zu nennende Grund ist der distinkte epistemische Status dieses Wissens.

Modernität moderner Wissenschaften

Wissenschaftliches Wissen ist im Allgemeinen das rational begründbare, intersubjektiv kommunizierbare Resultat methodischer Wahrheitssuche, also von Forschung. Forschung ist selektiv. Sie thematisiert beispielsweise die Machstrukturen des römischen Senats oder Schwarze Löcher, Lebertumoren oder Fragen der Modallogik, die Korrosion neuer Materialien oder die psychischen Muster der Problemlösung. Forschung produziert also Spezialwissen: Wissen von *einem* Sachverhalt (und nicht von einem *anderen*), dessen Abstand zu dem, was ‹die› Wissenschaften überhaupt wissen, schwer abzuschätzen ist. Wissenschaftliches Wissen ist partikular. Wahrheitsfähige Aussagen über die Welt als solche, also über alles, was der Fall ist (Ludwig Wittgenstein), mögen zum Beispiel in mystischer Kommunikation möglich sein, in anderer Weise auch in Verschwörungstheorien, wissenschaftliche Aussagen sind es nicht.

Überdies ist wissenschaftliches Wissen nicht unabhängig von den jeweiligen Methoden der Wissensproduktion[16], also der empirischen Beobachtung, des Experiments, der Beschreibung oder Modellbildung, Interpretation oder Begriffsarbeit, sowie von den jeweiligen Formen der Wissenskommunikation. Diese basale erkenntnistheoretische Einsicht verpflichtet moderne Wissenschaft unter anderem auf das, was einer der Begründer der Wissenschaftssoziologie, Robert K. Merton, das Prinzip des ‹organisierten Skeptizismus› genannt hat[17]: Man muss berücksichtigen, dass eine Verfeinerung oder Weiterentwicklung des mathematischen, technischen oder begrifflichen Methodeninstrumentariums für die gewonnene Erkenntnis selbst folgenreich sein kann.

Zunächst liegen also vier Kriterien vor: Rationalität, Methodizität, Selektivität und Kommunizierbarkeit sind notwendige

Bestimmungen, denen wissenschaftliche Wissensansprüche genügen müssen. Allerdings sind diese Kriterien nicht auch hinreichend, und dies schon deswegen nicht, weil sie allein es nicht gestatten, wissenschaftliches von anderem Wissen zu unterscheiden. Kommunizierbar (bis hin zum Grenzfall mystischen Stammelns) sind nämlich alle, selektiv sind die allermeisten Formen des Wissens. Methodisch gehen zum Beispiel auch kriminalpolizeiliche Ermittlungen, strafgerichtliche Urteile, technische Prüfverfahren, ärztliche Diagnosen oder Wettervorhersagen vor.[18] Und sie ermitteln ein Wissen, das als rational begründbares Ergebnis von Wahrheitssuche gelten kann. Gleichwohl handelt es sich nicht um genuin wissenschaftliches Wissen, sondern allenfalls um dessen Weiterverarbeitungen in außerwissenschaftlicher Praxis.[19] Um das wissenschaftliche von anderen Formen vernünftig ermittelten und kommunizierten Wissens abzuheben, bedarf es also zusätzlicher Merkmale. Sie lassen sich etwa in dem Ausdruck ‹Vorbehaltlichkeit› zusammenfassen, der auf den epistemischen Status wissenschaftlichen Wissen verweist. Dieser Status hängt mit der genuinen Zeitstruktur moderner Wissenschaften zusammen, und um dies zu erläutern, muss ich ein klein wenig ausholen.

Mit Kopernikus und Bacon, Galilei und Kepler, Harvey, Leeuwenhoek oder Newton und vielen anderen entwickeln die neuzeitlichen Wissenschaften neue Formen der Wirklichkeitsbeobachtung. So werden seit der europäischen Renaissance Offenbarungsschrift und kirchlich autorisierte Tradition als Wissensquellen ergänzt und dann zunehmend auch ersetzt durch methodisch geregelte und standardisierte Empirie. Doch beansprucht dieses neu gewonnene Wissen zunächst einen Status, der demjenigen des theologischen Wissens der religiösen Bekenntnisse in nichts nachsteht. Auf lange hin fließt auch aus den Wissensquellen der empirischen Naturbeobachtung noch gewisses Wissen. Anders hätte es gegenüber dem autoritativen Wissen der Kirche schwerlich durchsetzungsfähig sein können.

Dies ändert sich erst, schrittweise und allmählich, in den Jahrzehnten um 1800. Jetzt gerät nämlich die neuzeitliche Erfahrungswissenschaft mit ihrer Methodizität und Empirizität zusätzlich unter das Dispositiv eines Erkenntnisfortschritts, der kein Ende mehr kennt. Wissenschaftliche Erkenntnisse gewinnen damit neben ihrem methodischen überdies auch einen Zeitindex; man könnte sagen, sie werden historisch. Im Zeichen des Fortschritts kommt es nicht mehr allein auf die Wahrheit der Erkenntnis an, sondern auch auf ihre Neuheit. Wissen, das nicht neu ist, verliert für die Wissenschaften an Interesse. Forschungsprozesse sind seither darauf angelegt, die Bestände wissenschaftlichen Wissens durch neues Wissen zu ergänzen und sie durch besseres Wissen auch zu korrigieren oder teilweise zu substituieren.[20] Erst seither ist es sinnvoll, bei einer bestimmten Frage vom aktuellen Forschungs*stand* zu sprechen. Während der Corona-Pandemie beispielsweise war das auch öffentlich gut zu beobachten. Man sah, dass Forschung ein Prozess von Versuch und Irrtum ist und wie sie durch fortschreitendes Lernen nicht bloß ‹weiße Flecken› auf der Landkarte des Wissens schließt, sondern zudem Forschungsstände präzisiert oder revidiert, die soeben noch anerkannt waren.

Die sich im Laufe der modernen Wissenschaftsgeschichte beschleunigende Dynamisierung methodischer Welterkenntnis ist nun offenkundig nicht nur eine entscheidende Möglichkeitsbedingung für die weltumgestaltende Kraft der Wissenschaften. Sie hat auch weitreichende Folgen für den epistemischen Status des wissenschaftlichen Wissens selbst. Dieses wird zu einem methodisch begründbaren – und eben deswegen auch bestreitbaren – Wissensanspruch. Seither bezieht sich die Geltung jedes solchen Anspruchs auf einen Geltungsraum, der sachlich durch das Forschungsobjekt, zeitlich durch Aktualität und sozial durch die *community* der einschlägigen Fachwissenschaftlerinnen definiert ist. Und diese Geltung steht unter dem Vorbehalt, dass der Wissensanspruch nicht bloß kumulativ durch neues Wissen ergänzt, sondern dass er durch künftiges Besserwissen auch falsifiziert oder korrigiert werden könnte. Geradezu prinzipiell muss man jetzt mit solchem Forschungsfortschritt rechnen, und das bedeutet: Was wir wissen, galt nicht schon je, es wird auch nicht immer und überall gelten, sondern andere könnten es jetzt schon und wir selbst mögen es künftig besser wissen.

Mit dem Modernwerden der Wissenschaften tritt zum methodischen also ein zeitlicher Revisionsvorbehalt hinzu. Und diese Zeitlichkeit des Wissens schließt jede überzeitliche Gewissheit aus, denn man kann hinsichtlich eines Wissensobjektes nicht unantastbar gewisses Wissen und zugleich die Möglichkeit künftigen Besserwissens behaupten. Man muss in der modernen Wissenschaft also prinzipiell revisionistisch sein. Wissenschaftliches Wissen ist jetzt zwar gegebenenfalls tragfähig und praktisch verlässlich, gleichwohl aber revisionsoffen. Dies lässt sich auch in den Satz fassen, dass *moderne* Wissenschaft *verzeitlichte* neuzeitliche Wissenschaft sei und dass die Zeitlichkeitsdimension des Fortschritts den epistemischen Status von Erkenntnis mitpräge. Richtigkeit, Wahrheit, Verlässlichkeit oder Triftigkeit wissenschaftlichen Wissens dürfen nicht mit Gewissheit verwechselt werden; und übrigens auch nicht mit der Selbstgewissheit von Wissenschaftlern. Stets sind sie ein Anspruch, der sich selbst dem Grundsatz nach für ungewiss und revidierbar halten muss. Die Gewissheit von Wissen hingegen zieht sich in andere Bereiche zurück, zum Beispiel in den religiösen.

Aus dieser Einsicht folgen nun verschiedene Weiterungen, die hier lediglich knapp angedeutet werden können. Deren wichtigste besteht darin, dass die Ausbildung eines distinkten epistemischen Status von wissenschaftlichem Wissen in der Moderne damit einhergeht, dass sich die Wissenschaften als ein eigenlogisches soziales Funktionssystem gegenüber anderen Gesellschaftsbereichen ausdifferenzieren und dabei zugleich sehr filigrane und komplexe Binnenstrukturen ausbilden. Diese folgenreiche Entwicklung lässt sich im Anschluss an die bisherigen Überlegungen etwa dadurch erläutern, dass Neuheit eine Relationskategorie ist. Eine wissenschaftliche Erkenntnis ist nicht im Verhältnis zu ihrem Gegenstand neu, sondern in Relation zum bisher einschlägigen Stand der Forschung, den sie zu verbessern oder zu erweitern behauptet. Während sich der Wahrheitsanspruch wissenschaftlichen Wissens auf ein außerwissenschaftliches Forschungsobjekt bezieht, referiert sein Neuheitsanspruch zunächst einmal auf Wissenschaft selbst. Neben dem Objektbezug ist mit dem Zeitlichkeitsaspekt von Erkenntnisfortschritt also zugleich Selbstbezüglichkeit in die modernen Wissenschaften eingebaut, und diese ist nicht weniger bedeutsam als jener. Auch vermittels dieser Selbstbezüglichkeit schließt sich das Wissenschaftssystem im Außenverhältnis nämlich gegenüber der Gesellschaft und anderen Funktionsbereichen ab und gewinnt es eine gewisse Eigengeltung und Unverfügbarkeit.

Wissenschaftliche Selbstreferenz wird im Maße der Expansion und Spezialisierung von Forschung sehr bald in der Form von Disziplinen und Teildisziplinen institutionalisiert.[21] Diese verknüpfen theoretische Problemräume, Objektbezüge, Methodiken, kognitive Orientierungskomplexe, also die Wissensordnungen einerseits mit den Sozialordnungen der Wissenschaft andererseits, also etwa mit *scholarly communities,* Instituten, Verbänden, Publikationsmedien, Kommunikationsgattungen etc. Bildung und Umbildung derartiger wissenschaftlicher Disziplinen sind fortschreitende und unabschließbare Vorgänge. Sie ordnen das Wissen ebenso wie seine sozialen Strukturen und

Prozesse kontinuierlich neu. Dabei verdecken sie allerdings ihre eigene kontingente Prozessualität und erzeugen auf solche Weise allererst jenen Eindruck von erratischer Geltung und Zeitstabilität[22] welcher das Disziplinäre von außen bloß als Verlangsamung dynamischen Fortschritts erscheinen lässt.

Tatsächlich aber werden in disziplinären Bildungs- und Umbildungsprozessen Modalitäten der kognitiven und sozialen Selbstbezüglichkeit institutionalisiert, die für die Leistungsfähigkeit moderner Wissenschaften geradezu konstitutiv sind. Nur so nämlich können Forschung und Lehre eines disziplinären Feldes gegenüber den Maßstäben anderer Disziplinen eine gewisse gerechtfertigte Eigenständigkeit ausbilden. Und dies ermöglicht aufs Ganze jenen Pluralismus wissenschaftlicher Disziplinen, Subdisziplinen, Spezialisierungsrichtungen oder Wissensdomänen[23], in dem der Erkenntniswettstreit moderner Forschung Produktivität und Tempo entfaltet.

Folgerichtig ist mit der Herausbildung moderner Wissenschaft die Position einer hierarchisch vorgeordneten, sozusagen letztinstanzlichen Disziplin verfallen, wie sie Theologie oder Philosophie in der Vormoderne besetzten oder wie sie der wissenschaftstheoretische Reduktionismus etwa für die Physik reservieren wollte. Wissenschaftlicher Pluralismus ist irreduzibel. Er kennt keine übergeordnete Instanz, die jenen «Streit der Facultäten» zu schlichten vermöchte, von dem Immanuel Kant gesprochen hatte.[24] Dieser Streit ist vielmehr unabschließbar, und eben daraus resultiert die Weltgestaltungskraft moderner Wissenschaften. Diese sind konstitutiv mehrstimmig in dem Sinne, dass «*in* der Wissenschaft [...] jede Möglichkeit *supra-disziplinärer* Kontrolle» ausscheidet. Und damit ist *für* sie zugleich auch «die Möglichkeit [entfallen], sich im Außenkontakt durch einen repräsentativen Sprecher vertreten zu lassen.»[25] Recht verstanden kann wissenschaftliches Wissen als solches allein so kommuniziert werden, dass zugleich seine disziplinären Grenzen, seine Ungewissheit und Revisionsoffenheit mitkommuniziert werden.[26] Andernfalls würde es sich, wie im anschließenden Kapitel auszuführen sein wird, nicht um einen szientifischen, sondern um einen szientistischen Wissensanspruch handeln.

Mit Blick auf diesen Pluralismus wissenschaftlicher Disziplinen sind nun allerdings die Binnenperspektiven der Wissenschaften auf sich selbst und die gesellschaftlichen Außenperspektiven auf die Wissenschaft deutlich unterschieden. In der Binnenperspektive ist im Maße ihres Modernwerdens immer weniger die Gesamtheit der Wissenschaften die primäre Orientierungsgröße der jeweiligen wissenschaftlichen Tätigkeit. Es ist wenig informativ, sich als Wissenschaftlerin zu bezeichnen. Vielmehr ist man Chemiker, Primatologin oder Informatiker, Mittelaltergermanist, Starkstromelektrotechnikerin oder Neurophysiologe. Man bewegt sich in einer *Teil*einheit des Gesamtsystems. Damit aber sind die Einzelwissenschaften wie auch die verschiedenen Wissenschaftsfelder etwa der Geistes-, Sozial-, Natur-, Lebens- oder Technikwissenschaften nicht mehr sozusagen gesellschaftsunmittelbar. Als primäre Orientierungsgrößen wissenschaftlicher Tätigkeit werden sie gegenüber anderen gesellschaftlichen Funktionssystemen wie Wirtschaft, Politik, Recht, Militär, Gesundheitswesen oder Kunst sozusagen mediatisiert durch die Wissenschaft als solche. Und eben dies ermöglicht es den Einzelwissenschaften, eine gewisse partielle Unverfügbarkeit und damit Eigengeltung durchzusetzen.[27] Die wissenschaftliche Bedeutung zum Beispiel linguistischer Erkenntnis bemisst sich nicht nach deren Relevanz für den Sprachunterricht im Bildungssystem oder nach den Maßstäben der Ozeanographie, noch folgt umgekehrt die Bedeutung der Ozeangraphie den Kriterien der Sprachwissenschaft.

Moderne Wissenschaften sind also in der Binnenperspektive

pluralistisch dezentral: ein Feld prinzipiell gleichrangiger Untereinheiten. Hingegen von der Gesellschaft her sieht man in der Regel etwas gänzlich anderes, nämlich eher ‹die› Wissenschaft als die durch sie vermittelten Untereinheiten. Andere Teilbereiche von Gesellschaft können sich gegenüber dem innerwissenschaftlichen disziplinären Pluralismus indifferent verhalten. Sie müssen sich nicht für Wissenschaft als Kollektivsingular interessieren, also weder für die Wissenschaften zum Beispiel der Geologie, der Sinologie, der Informatik, der Neuro- oder der Erziehungswissenschaft, noch auch für die Abgrenzungskämpfe zwischen ihnen, also etwa zwischen Molekularer Zellbiologie und Medizin, zwischen Angewandter Mathematik und Informatik oder zwischen Philologie und Kulturwissenschaft. Auch disziplininterne Schulstreitigkeiten oder Fraktionskämpfe können die Gesellschaft gleichgültig lassen. Epidemiologische, teilchenphysikalische oder arbeitssoziologische Erkenntnis ist für die Gesellschaft eben Erkenntnis der Wissenschaft.

Während es also einerseits keine verbindliche Außenkommunikation von Wissenschaft gibt, welche des Bezugs auf die Disziplinarität ihres Wissens und die Differenzen zwischen den Disziplinen entraten könnte, gibt es in der umgekehrten Blickrichtung, von anderen Gesellschaftsbereichen aus, die Wissenschaften weniger im Plural als überwiegend im Singular. Und diese Perspektivendifferenz hat weitreichende Konsequenzen, unter anderem für die gesellschaftliche Legitimität von Wissenschaft, für die Akzeptanz ihres Eigensinns, für das Vertrauen in sie oder auch für das Funktionieren wissenschaftlichen Wissens in der sogenannten Politik- und Gesellschaftsberatung. Folgenreich ist diese Perspektivendifferenz aber auch für den Umgang mit jenem Eigensinn moderner Wissenschaft, auf den es in diesem Abschnitt zumal ankam. Ich meine den paradoxen Modus von Wissensgeltung, dass ihre Erkenntnisansprüche allein unter dem Vorbehalt der Selbstinfragestellung geltend gemacht werden können. Auf den Fortschritt von Erkenntnis, also auf permanente Irritation und Verunsicherung programmiert, unterscheidet sich wissenschaftliches Wissen grundlegend von den Logiken der Wissensgeltung in anderen Gesellschaftsbereichen. Eben deswegen bedarf es der spezifischen Sonderbedingungen und Eigengeltungen des modernen Wissenschaftssystems. Eben deswegen könnte es die Spitze einer alle gesellschaftlichen Domänen beherrschenden universalen Wissenshierarchie selbst dann nicht besetzen, wenn es sie gäbe.

3.
Vom Ende moderner Wissenschaften

Die vorangegangenen Überlegungen zum Pluralismus von Wissensformen zeigen, dass die aus ihm herrührenden epistemischen Konkurrenzen und Konflikte sich nicht in der Weise entschärfen lassen, dass man einer spezifischen Wissensform, etwa der wissenschaftlichen, einen allgemeinen Geltungsvorrang zuweist. Moderne Gesellschaften differenzieren verschiedene eigengültige Funktionsbereiche mit je besonderen epistemischen Arrangements aus. Zudem sollte deutlich geworden sein, dass sich das Wissen der Wissenschaften durch seinen eigentümlichen epistemischen Status von anderem Wissen unterscheidet: Bei aller Verlässlichkeit und praktischen Tragfähigkeit steht dieses Wissen stets unter einem prinzipiellen methodischen wie zeitlichen Vorbehalt. Man könnte geradezu sagen, wissenschaftlich sei es allein im Maße seiner Revisionsoffenheit.

Mit diesem Ergebnis kehre ich nun noch einmal zur Wissenschaftsauffassung des *science activism* aus dem Eingangskapitel zurück. Dort hatte sich einerseits gezeigt, dass dieser Aktivismus Wissenschaftlichkeit vor allem in einer sozialen Pose beansprucht. Dies führt tendenziell in den Widerspruch, dass sich in der Praxis des politischen Protests das Verhältnis von epistemischer und sozialer Autorität gewissermaßen umkehrt: Wissensgeltung erscheint dann weniger als Funktion vernünftiger methodischer Erkenntnis, sondern eher als Funktion der sozialen Machtgröße ‹Wissenschaft›.

Auf der anderen Seite – und trotz fortschreitender Verwissenschaftlichung aller Wirklichkeitsbereiche – lassen die Differenziertheit von Gesellschaft und der irreduzible Pluralismus von Wissensformen und -hierarchien wenig Raum für die Erwartung, die Wissenschaftlichkeit eines Wissens könne diesem überall und jederzeit besondere Durchschlagskraft vermitteln. Und selbst wenn es wissenschaftsextern von besonderem Gewicht wäre, so schwände dieses Gewicht doch in dem Maße, in welchem die epistemische Besonderheit dieses Wissens zur Geltung gebracht würde: seine Revisionsoffenheit. Man liefe schnell Gefahr, nicht als Wissensträgerin anerkannt zu werden, sondern als jemand, der, wie alle anderen auch, eben etwas meine oder glaube. So entscheidend die Vorbehaltlichkeit moderner Forschung für deren Erkenntnisproduktivität ist, so spannungsvoll verhält sie sich zu jener gesellschaftlichen Durchschlagskraft, auf welche es dem politischen Engagement des *science activism* doch gerade ankommen muss. Aktivismus droht, anders gesagt, performativ selbstwidersprüchlich zu werden, wollte er den genuinen Status jenes Wissens herausstellen, auf welches er sich politisch beruft. Wissenschaftliches Wissenwollen und gesellschaftliche Ermächtigung gehorchen je eigenen Systemlogiken.[1]

Die nachfolgenden Abschnitte verfolgen diese innere Spannung des Wissenschaftsaktivismus an weiteren Beispielen bis zu einem Kipppunkt, an dem sie sich entlädt. Dann wird Forschung von einer Begründungsinstanz zu einem Hindernis des politischen Aktivismus. Und dies ist dann auch der Ort, jenen Ausdruck ‹Szientismus› im systematischen Zusammenhang zu erläutern, mit dem ich die handlungsdeterminierende Faktengewissheit unter anderem des *science activism* bezeichne.

Kognitiver und aktivistischer Stil

Der Gesellschaftstheoretiker Niklas Luhmann hat die Spannung von Wissenschaft und Aktivismus einmal auf die bündige Formel gebracht: «Mit der Form des Protestes fällt eine deutliche Entscheidung gegen ein *kognitives* [...] Vorgehen.»[2] Das klingt polemisch und ist doch zugleich analytisch gemeint. Der Begriff des Kognitiven gewinnt sein Profil nämlich durch die Unterscheidung von einem ‹normativen Stil›, wie Luhmann sie im Anschluss an den norwegischen Konfliktforscher Johan Galtung ausgearbeitet hat. Dabei handelt es sich, ohne dass dies hier im Einzelnen referiert werden müsste, um einen Vorschlag, die Verarbeitung von Enttäuschungen anhand einer Modellsituation zu typologisieren. Ausgangspunkt ist, dass man Erwartungen gehegt hatte, denen die tatsächlichen Gegebenheiten nicht entsprechen. Diese Diskrepanz zwischen dem, was der Fall ist, und dem, was im Gegensatz dazu erwartet worden war und insofern der Fall sein sollte, lässt sich nun einerseits den Gegebenheiten anlasten. Man «zeigt sich als entschlossen», aus dieser Diskrepanz nicht zu ‹lernen›, sondern «die Erwartung auch im Enttäuschungsfalle festzuhalten.»[3] Andererseits kann man diese Diskrepanz von Sollen und Sein indes als produktive Irritation der eigenen Erwartung behandeln und diese selbst korrigieren. Bei dieser Reaktion lässt sich dann von ‹Lernen› sprechen. Lernen charakterisiert einen ‹kognitiven› Erwartungsstil, während man die gegenteilige Enttäuschungsverarbeitung einen ‹normativen› Erwartungsstil nennen könnte. «Kognitives Erwarten sucht sich selbst, normatives Erwarten sucht sein Objekt zu ändern.»[4]

Es liegt nun auf der Hand, dass man wissenschaftliche Forschung in diesem Vokabular eher einem kognitiven Stil zuordnen würde. Forschen hieße demnach: Lernen an jenem Widerstand, welchen die Forschungsobjekte den an sie herangetragenen Ausgangshypothesen entgegenbringen. So gesehen nimmt Erkenntnisfortschritt typischerweise den Umweg über eine Enttäuschung und Korrektur von Erwartungen. Hingegen gehört zu Protestformen eher ein normativer Stil. Aktivistisch wird man, wenn man die erwartungswidrigen Verhältnisse durch gesellschaftlichen Druck den Erwartungen anpassen will. Im *science activism* manifestiert sich demzufolge ein Wissenschaftsverständnis, das, um Luhmanns Worte zu wiederholen, «eine deutliche Entscheidung gegen ein *kognitives* [...] Vorgehen» fällt, indem es vom Lernen auf normgewisse Aktion umstellt. Es dementiert die Revisionsoffenheit jener Wissensansprüche, mit denen es die ‹bloß› politischen Begründungen für gesellschaftliches Handeln delegitimieren und ihnen alternativlose Handlungsalternativen entgegensetzen will. Der *science activism* legt seinem eigenen politischen Handeln Überzeugungen zugrunde, die zwar ‹wissenschaftlich› heißen, die aber mit politischen Positionen insofern den epistemischen Status teilen, als sie gerade nicht ihre Revisionsoffenheit mitkommunizieren. Vergeblich sucht der Wissenschaftsaktivismus die Welt des Politischen zu verlassen, indem er sich der revisionsresistenten Positivität eines zweifelsfreien Wissens symbolisch vergewissert, das dann im eigentlichen Sinne wissenschaftlich nicht mehr genannt werden kann.

Der Verweis auf vermeintliche Gewissheiten als Grund politischen Handelns bleibt im Übrigen unverkennbar ein bloßer Gestus. Er lässt offen, warum aus wissenschaftlichem Wissen besondere moralische Handlungsverpflichtungen folgen sollten, die Wissenschaftler etwa in anderer Weise binden würden als andere Bürger.[5] Politik kann dabei offenkundig allein als Unterwerfung unter Sachzwänge gefasst werden. Und es bleibt unbestimmt, wie sich jene Anmaßung rechtfertigen ließe, die von

Spezialwissen auf Universalkompetenz folgert: Die *Scientists for Future* sehen ihre «Pflicht» «als Wissenschaftlerinnen und Wissenschaftler» in dem weiter oben diskutierten Text ja darin, «auf die Konsequenzen einer Räumung von Lützerath hinzuweisen.» Also nicht auf die Konsequenzen des Klimawandels, sondern vielmehr auf die «gesellschaftlichen Kosten»[6] einer wie immer umstrittenen polizeilichen Maßnahme.

Wissenschaftsverzicht

Die guten Absichten verbinden sich im *science activism* mit einer Wissenschaftsauffassung, die ich nicht szientifisch, sondern szientistisch nenne. Sie betont die Gewissheit von Faktenwissen und kennt für jetzt und hier auch keine wissenschaftlichen Erkenntnisprobleme mehr. So steht es ausdrücklich auf den Protestbannern: «Es wurde alles gesagt! Jetzt handeln!» «Die Fakten sind klar. Es ist Zeit zu handeln.»[7]

Mehr noch kann sich dieser Szientismus aktivistisch dahin versteigen, politisches Handeln durch einen wissenschaftsgemäßen kognitiven Erwartungsstil sogar gestört zu sehen. Dies liegt schon in der Linie des *Offenen Briefes* von *Scientists for Future* für ein Räumungsmoratorium in Lützerath[8] und findet sich auch als aktivistisches Programm. So heißt es in einem Manifest nordamerikanischer Klimawissenschaftler vom Jahresanfang 2022: «further climate change science may even divert attention away from where the problem truly lies.» Nämlich bei der Politik. Und dies führt dann mit einer gewissen Konsequenz zu einem Streikaufruf: «Scientists call for a moratorium on climate change research until governments take real action.»[9] In der politisch hilflosen Naivität von wissenschaftlicher Selbstüberschätzung und Politikunterschätzung, in dieser Missachtung der

Funktionsdifferenz von Wissenschafts- und Politiksystem liegen die Aporien des *science activism* offen zutage. Es ist der Aktivismus einer Wissenschaft, die sich durch die von ihr festgestellten Handlungszwänge zur Selbstaufhebung verpflichtet sieht.

An die Stelle wissenschaftlicher Erkenntnisprobleme treten die Probleme der mangelhaften gesellschaftlichen und politischen Umsetzung (klima-)wissenschaftlicher Erkenntnis. Und dies ist in jenem soeben präzisierten Sinne insofern ein ‹normatives Erwarten›, als aus den Umsetzungsproblemen, also aus der Diskrepanz zwischen Erwartungen und Gegebenheiten gerade nicht gefolgert wird, dass man mehr über Gesellschaft, Ökonomie, Politik, Recht, Medien oder Öffentlichkeit wissen müsse, um diese Probleme lösen zu können. Als böte Informiertheit Gewähr für Handlungserfolg, wird im Gegenteil geschlossen, dass ‹die› Politik mehr Klimawissen brauche.[10] Daher die ebenso hartnäckige wie verzweifelt wirkungslose Wiederholung des klimatologischen Grundwissens im aktivistischen Protest. *Follow the science!*[11]

Daher auch die Stilisierung des gesamtgesellschaftlichen Umsetzungsproblems als Versagen speziell von Politik: «Jahrzehnte der Klimaforschung: Ignoriert!»[12] «Lützerath steht symbolisch für das Ignorieren wissenschaftlicher Erkenntnisse durch politische Entscheider:innen.»[13] Die aktivistischen Wissenschaftler beklagen, sie würden von ‹der› Politik nicht angemessen gehört. Die implizierte These unterschätzt indessen die träge Komplexität von Gesellschaft und zugleich überschätzt sie Politik als übergeordnete Steuerungsinstanz. Scheitert Politik generell, Klimapolitik im Besonderen, wirklich daran, dass sie klimawissenschaftliche Einsichten nicht zur Kenntnis nimmt? Gewiss gibt es die politische Leugnung oder Verdrängung der anthropogenen Erderhitzung[14] und sie ist intellektuell wie politisch gleichermaßen inakzeptabel. Doch dass Politik als solche den klimawissenschaftlichen Konsens ignoriere, ist angesichts großangelegter klimapolitischer und -diplomatischer Aktivitäten und Programme[15] wie angesichts der öffentlichen Allgegenwärtigkeit des Klimadiskurses wenig plausibel. Es könnte eine allzu schlichte Sündenbockstrategie sein und für den Kampf gegen den Klimawandel wenig hilfreich, den ungebrochenen Anstieg der globalen Durchschnittstemperatur einfach auf politische Ignoranz zurückzuführen. Die Schwierigkeiten der praktischen Umsetzung klimawissenschaftlicher Erkenntnisse dürften vielmehr mit der Überkomplexität moderner Gesellschaften, erst recht der ‹Weltgesellschaft› in Verbindung zu bringen sein: mit ihren hyperkomplexen Differenzierungen und Differenzierungsmustern, mit den unabsehbaren Interdependenzen von allem und jedem, mit den globalen Verflechtungen und Konkurrenzen, mit dem Pluralismus der Interessen- und Machtlagen, der Weltverhältnisse und Orientierungskomplexe. Die soziale Welt baut sich aus zu vielen konfligierenden Eigenzeiten, Eigenräumen, Eigensinnen und Eigeninteressen zu komplex auf, als dass sie in einem geschlossenen Ordnungsentwurf fassbar werden könnte und einem direkten, steuernden Zugriff aufs Ganze verfügbar wäre. «Das Problem des Klimawandels liegt [...] nicht in seiner ihm als wissenschaftlichem Objekt eigenen sachlichen Komplexität, sondern in der monströsen sozialen Komplexität seiner Bearbeitung.»[16] Und dies erst recht dann, wenn solche Bearbeitung im Verfassungsrahmen der liberalen Demokratie geschehen soll.

Im *science activism* paart sich demnach ein szientistisch verkürztes Verständnis von Wissenschaft mit einer Protestform, die sich besondere Durchschlagskraft davon erhofft, dass sie ignoriert, was man über die Komplexität und Durchgriffsresistenz moderner Gesellschaften wissen kann. Was dieser Wissenschaftsaktivismus ‹der› Politik moralisch als Ignoranz anlastet, das ist tatsächlich der seinerseits ignorierte Sachverhalt, dass moderne

Gesellschaften keine Organisationen sind und dass sie sich daher nicht einfach politisch steuern lassen. Der protestierende Szientismus weiß nicht schon genug und gewiss nicht zu viel über Klimawandel und Umweltkrise. Jedenfalls zu wenig aber weiß er über die Komplexitäten im Geflecht von Wissenschaften, pluralistischer Gesellschaft und demokratischer Politik.

Die normativen Fakten des Szientismus

Die *Scientists for Future* bringen in ihrem *Offenen Brief* zur Räumung von Lützerath die Wissenschaft gegen das bloß Politische in Stellung als eine Einheitsgröße unverhandelbarer Notwendigkeiten und Pflichten, vermittels derer sämtliche diesbezüglichen gesellschaftlichen Aushandlungsprozesse zu entscheiden und klimapolitischer Streit zu schlichten sei. Für diesen aktivistischen Stil fungiert Wissenschaft als transpolitische Instanz. Und das kann sie tun, so die weitere Voraussetzung, insofern sie aufgefasst ist als eine nach außen geschlossene, nach innen kompakt vereinheitlichte Ordnung zweifelsfreier, wahrer Fakten. Diese robusten Fakten sind von den Bedingungen ihrer methodischen Produktion, ihrer Beschreibung, ihrer weiteren Kommunikation und der sozialen Seite von Wissenschaft jedenfalls derart unabhängig, dass es darüber scheinbar nichts zu sagen gibt. Sie sind *evidence* und daher auch wissenschaftsextern von direkt handlungsanweisender und streitabschließender Kraft.

Im Blick auf diese über den Wissenschaftsaktivismus hinaus weit verbreitete Vorstellung, die Wissenschaft mit Sachzwängen verknüpft, hat der Luzerner Wissenschaftsforscher Christoph Hoffmann einmal den Ausdruck «Faktengewalt» geprägt. Er versteht darunter «solche Situationen, in denen Akteure erstens wissenschaftliche Fakten einsetzen, um Wirkungen zu erzielen, die nicht zuerst die internen Diskussionen der einzelnen Wissenschaften betreffen», und «in denen [zweitens] wissenschaftliche Fakten, um ihnen Wirksamkeit zu verschaffen, ihrer besonderen Umstände und de[r] jeweiligen Bedingungen, die zusammen ihre Geltungskraft charakterisieren, entkleidet werden.»[17] Es handelt sich demnach weniger um eine ‹Theorie› der Wissenschaften. Vielmehr liegt mit der ‹Faktengewalt› ein ideologisches Syndrom von teils impliziten, teils expliziten Annahmen praktischer Art über die Wissenschaft als solche vor: Verschleifungen und Reduktionen komplexer Zusammenhänge, Verallgemeinerungen partikularer Aspekte, positivistische Überstände aus der Geschichte der Wissenschaftstheorie, normative Prämissen, Hintergrundvermutungen zur Welt überhaupt. Derartige Annahmen werden mit naiver Selbstverständlichkeit getroffen oder auch theoretisch zu rechtfertigen gesucht; so seit dem Logischen Empirismus zumal in den Spielarten der analytischen Philosophie der *sciences* wie zum Beispiel dem sogenannten Wissenschaftlichen Realismus.[18] Es gibt auch Superstars des globalen Sachbuchmarktes wie den schwedischen Mediziner Hans Rosling oder den kanadischen Kognitionspsychologen Steven Pinker, die in einer Art neuer Popularaufklärung solche Annahmen verbreiten. Diese prägen also in vielfältiger Weise das Selbstverständnis der Wissenschaften[19], aber auch den gesellschaftlichen Blick auf und politische Erwartungen an sie.

Es ist dieses Syndrom, zu dessen Bezeichnung das vorliegende Buch den Ausdruck ‹Szientismus› verwendet.[20] Und es scheint angebracht, einmal im Zusammenhang zu umreißen, was damit gemeint ist. Ich sortiere die Argumente unter die vier Bestimmungsstücke Faktizismus, Einheitswissenschaft, Solutionismus sowie Normativismus.

Faktizismus: «Fakten ragen aus dem Meer der Phänomene heraus, aber sie tun dies nicht von selbst. Fakten müssen festgestellt werden»[21] – nicht zuletzt in jenen höchst komplexen Prozessen der Verschränkung von sozialen, epistemischen und technischen Sachverhalten, die man Forschung nennt. Fakten sind Produkt solcher Feststellungen und keineswegs unabhängig von ihnen. Zugänglich, belangvoll, folgenreich können sie vielmehr allein in der Vermittlungsgestalt ihrer sprachlichen, numerischen, ikonischen oder mathematischen Beschreibung werden. Solche Beschreibungen unterscheiden sich von ihren Gegenständen und sie machen einen Unterschied zwischen den methodisch hergestellten und wissenschaftlich beschriebenen Fakten einerseits und ‹der Welt› andererseits.

Szientistische Vorstellungen von Wissenschaft behandeln diese Unterschiede als irrelevant. Sie identifizieren die Beobachtungsebene der Forschung, den epistemischen Bereich der Fakten, Evidenzen, Erkenntnisse oder Wahrheiten, mit der Ebene der Forschungsobjekte selbst. Wissenschaft wird nicht als Kommunikationsordnung verstanden, sondern als eine Faktenordnung, die in einem unbedingten Sinne ‹objektiv› sei. Und das ist schon deswegen eine unschlüssige Annahme, weil sich der Szientismus damit allein selektiv auf die Wissenschaften bezieht, ohne Gründe dafür benennen zu können, welche Sektoren dieses pluralistischen Feldes er denn auswählt und welche nicht. Aussortiert wird insbesondere auch die Wissenschaftsforschung, also das ganze Spektrum von der Erkenntnis- und Wissenschaftstheorie über die Wissenschafts- und Universitätsgeschichte bis hin zur Wissenschaftssoziologie, Bildungsforschung oder Innovationsökonomie. Auf eine Weise, die der Soziologe Pierre Bourdieu provokativ ‹scholastischen Epistemozentrismus› genannt hat[22], ist damit all das beiseitegelassen, was die Wissenschaften an methodischem Wissen über Voraussetzungen, Möglichkeitsbedingungen und Praxen der Forschung erarbeitet haben.

Zu diesem Wissen gehört etwa, dass ‹Objektivität› durchaus

keine objektive, sondern eine historisch kontingente Kategorie ist[23] oder dass die Möglichkeit der «Entstehung und Entwicklung einer wissenschaftlichen Tatsache»[24] sowie ihrer Geltung von ebenso vielfältigen wie komplexen epistemischen, sozialen und technischen Bedingungen abhängt. Man übersieht also Entscheidendes, wenn man die Wissenschaften allein als Wissensordnung und nicht auch als Sozialordnung versteht. Forschungsergebnisse sind keineswegs neutral gegenüber allen theoretischen Prämissen, Beobachtungseinstellungen, -methoden und -techniken und auch nicht gegenüber den Institutionen, sozialen Praktiken, Beschreibungs- oder Abbildungsverfahren der Forschung.

Gleichfalls außer Acht lassen müssen szientistische Annahmen jenen aus dieser sozio-institutionellen Dimension folgenden Tatbestand, den ich weiter oben betont habe. Gegen die innerste Logik moderner Forschung wird die prinzipielle Reversibilität der Fakten gerade dementiert. Sie aber ist das wichtigste Merkmal, das wissenschaftliches Wissen von anderen Formen methodisch kontrollierten und rational kommunizierten Wissens unterscheidet. Modern wird Wissenschaft, wie gesagt, indem sie mit dem epochalen Verzeitlichungsschub um 1800 jeden Anspruch auf Wahrheit zugleich mit einem solchen auf Neuheit verknüpft. Weniger Erkenntnis*stand*, als vielmehr Erkenntnis*fortschritt* ist seither ihr Prinzip. Und das schlägt unweigerlich auf den Status des Wissens, auch auf den des Faktenwissens durch. Es gerät unter den prinzipiellen Vorbehalt künftigen Mehr-, vor allem aber künftigen Besserwissens. Szientistische Faktengewalt ignoriert oder kassiert diesen Vorbehalt. «An die Stelle der Revision als Figur, in der andauernd wahre Fakten entstehen und als Irrtümer wieder vergehen, tritt das irreversible Faktum (im Singular), das auf dauernde Anerkennung pocht.»[25] Geschlossen ist die Faktenordnung des Szientismus also nicht allein in struktureller, sondern auch in temporaler Hinsicht. So wenig wie eine Historie kennt er eine Zukunft der Erkenntnis. Der szientistische Faktizismus weiß nichts von der Möglichkeit zukünftiger qualitativer Verbesserung dessen, was er für unmittelbar normativ bindend hält, und er könnte es allein um den Preis dieses Normativismus wissen. Erkenntniskritik kommt ebenso wenig vor wie künftiger Erkenntnisfortschritt. Im Interesse außerwissenschaftlicher Faktengewalt erzählt der Szientismus eine Geschichte vom Stillstand und Ende der Wissenschaften. Seine Fetischisierung entzeitlichter Fakten ist tatsächlich eine kontrafaktische Ideologie.

Einheitswissenschaft: Der Faktizismus der Nicht-Unterscheidung von Objekt- und Beobachtungsebene macht es in szientistischer Sicht möglich, die je eigene für die Perspektive der Wissenschaften überhaupt zu halten und diese als eine homologe Einheitswissenschaft – im Singular! – zu deuten.[26] Wissenschaft ist dann allgemein so, wie Klimaforschung – oder, je nachdem, *data science*, Verfahrenstechnik oder Volkswirtschaftslehre. In dieser Sicht ist der strukturelle Pluralismus moderner Wissenschaftseinrichtungen und auch die sich fortschreitend beschleunigende Spezialisierung in einem dezentralen Feld von Disziplinen, Schulen, Forschungsfeldern, Theorien, Methoden, Erkenntnisinteressen oder Denkstilen nichts weiter als eine Form bloß mechanischer Arbeitsteilung.[27] Die Differenz disziplinärer Rahmungen, ohne welche humangeographische Erkenntnisansprüche auch nach den Gesichtspunkten der Astrophysik oder zellbiologische nach denjenigen der Fahrzeugtechnik müssten beurteilt werden können, erscheint szientistisch als obsolete Verkrustung. Wissenschaftliche Dissense und Kontroversen kommen lediglich als vorübergehende Störung der Einheit der Wissenschaft vor.

Solutionismus: Man muss Forschung dann auch nicht als Bearbeitung von Erkenntnisfragen unter dem Kriterium verstehen, ob die jeweiligen Antworten haltbare oder nicht haltbare Ansprüche auf Wahrheit und Neuheit begründen. Vielmehr rücken szientistische Positionen eine andere Funktion in den Vordergrund, nämlich die ‹Lösung› wissenschaftsexterner Probleme.[28] Szientismus erzeugt einen Widerspruch zwischen Wahrheits- und Nutzenorientierung von Wissenschaft[29], kappt die theoretische Wahrheitsfrage und schlägt sich auf die Seite des praktischen Nutzens. Dass es auf dieser Seite Probleme gibt, die wissenschaftlich nicht bearbeitbar sind, und dass zu wissenschaftlichen ‹Lösungen› zuweilen beachtliche Alternativen existieren können, wird dabei ausgeblendet.

Einerseits setzen szientistische Annahmen also Wissenschaft an die Spitze einer Hierarchie, in der ihre Fakten überall und jederzeit klar Vorrang haben vor anderen epistemischen Weltzugängen – die Kritikwürdigkeit dessen muss nicht erneut unterstrichen werden. Andererseits wird alles in das Deutungsschema von Problem und Lösung gebracht. Probleme sind wissenschaftsexterne Vorgaben, während der Solutionismus die Wissenschaft eindeutig auf der Seite der Lösung platziert. Und das ist in verschiedener Hinsicht eine massive Vereinfachung. Keine Bedeutung ist nämlich dem Umstand beigemessen, dass die Wissenschaften nicht nur Lösungen produzieren, sondern dass sie auch Probleme schaffen, und zwar, erstens, schon deswegen, weil Weltsachverhalte zunächst in Forschungsprobleme transformiert werden müssen, um einer wissenschaftlichen Lösung zugänglich sein zu können.[30] Zweitens gehen diese Lösungen mit einer Fülle gesellschaftlicher Folgeprobleme einher. So ist Wissenschaft selbst eine konstitutive Mitverursacherin jener Herausforderungen der wissenschaftlich-technischen Zivilisation, die sie lösen helfen soll; der Klimawandel ist eben anthropogen, und das heißt, dass es ihn ohne frühere wissenschaftliche

Erkenntnisfortschritte und deren technische Nutzbarmachung gar nicht gäbe.[31] Ebensowenig beachtet der szientistische Solutionismus drittens, dass die Wissenschaften sich überdies solchen Fragen widmen, die aus gesellschaftlicher Sicht womöglich gar keiner Antwort bedürfen, sowie auch Problemen, die sich jedenfalls nicht in der Weise lösen lassen, dass sie dann aus der Welt wären.

Normativismus: Die Annahmen einer faktizistischen, solutionistischen Einheitswissenschaft konvergieren in der Behauptung des Szientismus, dass aus der homologen, abgeschlossenen Ordnung zweifelsfreier und unzweideutiger Fakten nicht bloß Vorschläge oder Optionen für Lösungen hervorgehen. Sondern diese Fakten sollen allgemein und unbestreitbar direkte Determinanten außerwissenschaftlichen Handelns sein. Ihnen kommt jene ‹Faktengewalt› zu, deren Stärkung die eigentliche Funktion szientistischer Strategien ist. Diese fassen die Wissenschaften als Einheitsinstanz des unbedingt und unverfügbar Objektiven, dessen, was gewiss ist und ohne Alternative, um es sodann normativ aufzuladen. Die Fakten, so könnte man auch sagen, sind unmittelbar performativ.[32] Noch vor jeder wissenschaftlich-theoretischen Verarbeitung wie auch diesseits aller gesellschaftlichen Deutungs- oder Interessenkonflikte stiften sie hiernach unmittelbar aus sich selbst heraus normative Verbindlichkeit. Erst unter dieser Voraussetzung kann, wie im Januar 2023 im Rheinischen Revier, die Wissenschaft in Gestalt der Klimaforschung gegen Polizeimaßnahmen aufgeboten werden.

Szientismus setzt also auf die zumutungsfreie Vorbehaltslosigkeit einer mechanistischen Objektivität, die von den Mühen wissenschaftlicher Erkenntniskonkurrenz ebenso entlastet ist, wie sie ihrerseits von gesellschaftlichem und politischem Streiten befreit. Indem ‹die› Wissenschaft sagt, was der Fall ist, lässt sie ‹die Fakten sprechen› und sagt sie zugleich auch, was zu tun sei. *Follow the Science!* eben. Darin steckt ein Fehlschluss vom Sein aufs Sollen[33] vermittels dessen die faktizistische Naturalisierung von Wissenschaft mit einer Normativierung verkoppelt wird. Für *deals* lässt die Physik dann keinen Spielraum. Redeweisen des Typs ‹Die Wissenschaft hat festgestellt› oder ‹sagt uns›, ‹Die Forschung zeigt› oder ‹Studien belegen› sind eine öffentlich allgegenwärtige Ausdrucksform solchen Szientismus.[34] Und in seiner Sicht geht es fahrlässig an der Sache vorbei, den Aufruf zur Befolgung der Wissenschaft nicht umgehend mit konkreten Aktivitäten zu beantworten, sondern zunächst bloß mit zeitraubenden Rückfragen: Welcher Wissenschaft soll man folgen? Auf welchem Forschungsstand? Und wohin? Mit welchen Maßnahmen?

Die Jugendklimabewegung und der zugehörige *science activism* sind für dieses Normativwerden wissenschaftlichen Wissens ein Beispiel unter anderen – und gewiss dasjenige mit den besten und wichtigsten Absichten. Das entschärft indes nicht die innere Problematik dieser Diskursposition, die sich ja auch in weniger gut gerechtfertigten Kontexten Geltung zu verschaffen sucht. Im Normativitätsanspruch des Szientismus ermächtigen sich diejenigen selbst, die sich für die Kenner der Fakten, die Inhaber von Evidenz, die Besitzer der jeweiligen Lösung halten, weil sie über einen privilegierten Zugang zur Wirklichkeit zu verfügen meinen: nicht die Wahrheitssucher, sondern die Wahrheitsträger. Im anschließenden Kapitel wird zu erörtern sein, welche Weiterungen sich für die demokratische Qualität von Politik ergeben können, wenn allgemeinverbindliche Entscheidungen solcherart an ein exklusiv wissenschaftliches Wahrheitskriterium gebunden werden, sodass alternative Wissensformen ebenso ausscheiden wie alternative Entscheidungsverfahren. Etwa auch dasjenige der Mehrheitswahl.

4.
Szientistische Politik

Gesellschaft, Öffentlichkeit und Politik wissen sich informationell abhängig von wissenschaftlichem Wissen. Die Verwissenschaftlichung der sozialen Welt hat diese Abhängigkeit umfassend auf nahezu sämtliche Lebensvollzüge ausgedehnt. Nicht unerheblich ist dabei der Umstand, dass jener spezifisch vorbehaltliche Status wissenschaftlichen Wissens, der im und für das Wissenschaftssystem entscheidende Bedeutung hat, außerhalb seiner Grenzen keineswegs beachtet werden muss. Die Epistemik anderer Funktionssysteme muss nicht unter die Vorbehalte methodischer Reproduzierbarkeit, Revisionsoffenheit und künftigen Besserwissens gestellt sein. Sie folgt je eigenen Systemlogiken, wenn sie die Autorität wissenschaftlichen Wissens anerkennt, weil es nützlich scheint und man von der Vertrauenswürdigkeit seiner Träger ausgeht. Hier kann wissenschaftliches Wissen ebenso mit unbedingter Gewissheit verwechselt wie im Gegenteil gegenüber dem je eigenen Wissen deklassiert werden, etwa als bloße Theorie. Auch darf hier eine wissenschaftliche Beschreibung dessen, was der Fall ist, gegebenenfalls für unmittelbar und ohne weiteres normativ und handlungsleitend gelten. Dann folgt man der Wissenschaft – oder behauptet wenigstens, es zu tun.

Dabei herrschen in Gesellschaft, Öffentlichkeit und Politik Verhältnisse, unter denen zu praktisch jeder wissenschaftlichen Expertise auch eine alternative Expertise eingeholt werden kann.[1] Und diese Expertisen samt den Experten, die sie vertreten, sind nicht allein epistemisch belangvoll. Sie können auch

Durchsetzungschancen für Positionen, Deutungen und Entscheidungen erhöhen oder sie im Gegenteil entwerten. Die Wissenschaft wird daher als eine mächtige gesellschaftliche, öffentliche und politische, Einflussgröße wahrgenommen. Man versteht sie als Katalysator sozialer Kohäsion oder wirtschaftlicher Prosperität, als Garant vernünftiger Urteile und sachgerechten Handelns, als Instanz der ‹Lösung› drängender Probleme und ewigen Fortschritts. Und es verwundert wenig, dass sich einerseits Gegenmächte herausbilden, die der Wissenschaft ihr gesellschaftliches Gewicht streitig zu machen suchen.[2] Auf der anderen Seite ist keineswegs überraschend, dass Macht- oder Deutungskämpfe vielfach auch dort für wissenschaftlich objektiv entscheidbar gehalten werden, wo sie es womöglich gar nicht sind, dass sie also die Form von Wissenskämpfen[3] annehmen können.

Der Szientismus prägt also nicht allein die Formen des *science activism*, er ist in vielen Diskursdomänen moderner Wissensgesellschaften eine latente Selbstverständlichkeit – als ein Durchsetzungsprogramm zum Beispiel in der Agrarwirtschaft, im Bildungssystem, in der betrieblichen Organisationsentwicklung und andernorts. Auch im Folgenden wird es daher um ihn gehen, nun allerdings weniger auf der Seite der Wissenschaften in der Perspektive seiner problematischen epistemologischen Prämissen als vielmehr auf Seiten der Politik unter dem Aspekt seiner Implikationen für die demokratische Verfassung von gesellschaftlichem Pluralismus. Mein leitendes Beispiel ist ein politisches Sachbuch, das angesichts der gegenwärtigen ökologischen Krise für eine funktionale Neuordnung von Politik und Wissenschaft wirbt.

Bevor es zu spät ist

Im Dezember 2021 wurde Karl Lauterbach deutscher Bundesminister für Gesundheit in der sogenannten Ampel-Koalition von SPD, Bündnis 90 / Die Grünen und FDP. Es war dies eine Ernennungsentscheidung, welcher der neue Bundeskanzler Olaf Scholz mit der Bundestagsfraktion sowie der Führung seiner Partei nur unter erheblichen politischen Kosten hätte ausweichen können. Denn Lauterbach, der zwei Jahre zuvor, ebenso wie Scholz, im Kampf um den SPD-Parteivorsitz noch klar unterlegen gewesen war, hatte sich seither während der SARS-COVID 19-Pandemie in neuer Weise als Gesundheitspolitiker profiliert. Seine Sichtbarkeit auf Twitter wie in journalistischen Medien, seine beinahe allabendliche Präsenz in Talkshows, seine Unüberhörbarkeit als Deuter der Infektionsdynamik hatten ihm breiteste öffentliche Zuschreibung von Sachkunde eingetragen. Insofern kamen Personalalternativen für das Gesundheitsressort nun, im zweiten Corona-Winter, kaum ernsthaft in Betracht.[4] Nicht zuletzt unter dem Hashtag *#wirwollenkarl* hatte man sich in diesem Fall öffentlich darauf verständigt, Fachkompetenz für die wichtigste Qualifikation zu halten, die von einem Minister zu verlangen sei. In der Personalentscheidung steckt insofern nicht nur die Erwartung öffentlicher Zustimmung, sondern zugleich eine systematische Präferenz für die sozusagen doppelte ‹Evidenzbasierung› von Politik. Es schien evident, dass das Land einen auf medizinische Evidenzen setzenden Gesundheitsminister wollte.

Der beurlaubte Medizinprofessor wirkte vor diesem Hintergrund geradezu alternativlos, und es dürfte keine riskante Vermutung sein, dass Lauterbach diese Auffassung teilt. Er vertritt sie auch in einem wenige Monate nach Amtsantritt veröffentlichten Buch, welches von den enormen Gefährdungen der menschlichen Zivilisationen durch die Nachhaltigkeitskrise handelt. Unter dem apokalyptisch grundierten Titel *Bevor es zu spät ist* wird hier daran erinnert, was alles zu tun sei, «um unsere natürlichen Lebensgrundlagen zu erhalten»[5], und wie massiv dabei der Zeit- und Handlungsdruck sei. Im Fokus des Buchs liegen also der anthropogene Klimawandel, besonders auch in seinen Interdependenzen mit Agrarwirtschaft, Ernährungssystem und Trinkwassermangel, sowie die weltweiten Biodiversitätsverluste und drohende künftige Pandemien. Das Spektrum einschlägiger Sachfragen reicht von der Dekarbonisierung der Wirtschaft über die Transformation der Mobilitätssysteme bis zum Holzbau, von der Theorie geophysikalischer Kippunkte bis zur CO_2-Bepreisung. Die Entsiegelung von Böden kommt ebenso zur Sprache wie Virusmutationen, die Zoonosen-Prävention oder die positiven Klima- und Gesundheitseffekte des Vegetarismus.

Es geht also um die ‹Große Transformation›[6] deren Dringlichkeit vielfach informativ und eindringlich dargestellt wird. Dabei handelt es sich nicht um eine wissenschaftliche Publikation, sondern um eine politische Intervention, die sich an ein breiteres Publikum richtet. Und wiewohl Publizistik dieses Typs heute zum *self fashioning* von Spitzenpolitikern gehört, lohnt es sich in diesem Fall, ein gewisses Aufheben um sie zu machen. Es treten hier nämlich diskursive Muster zutage, die einen gewissen Symptomwert besitzen. Artikuliert wird eine Politik, wie bereits die Ernennung zum Gesundheitsminister deutlich machte, die mit großer öffentlicher Zustimmung rechnen kann. Und so breit das Spektrum der abgeschrittenen Handlungsfelder auch sein mag, so eindeutig konvergiert, was der Verfasser für notwendig hält, doch in einem einzigen Punkt: «Wir müssen viel mehr Wissenschaft wagen» (S. 244).

Diese Parole ist selbstverständlich eine Anspielung, allerdings nicht, wie man vielleicht vermuten möchte, auf das Motto des

Koalitionsvertrages der Ampel-Regierung.[7] Vielmehr verweist Lauterbachs Parole ausdrücklich darauf, wie Willy Brandt in seiner Regierungserklärung 1969 in Bonn das Programm der damals neugewählten sozialliberalen Koalition auf den Begriff gebracht hatte. Mit der Anspielung markiert Lauterbach einerseits also ein beachtliches Anspruchsniveau: Das «Wir wollen mehr Demokratie wagen» des ersten sozialdemokratischen Bundeskanzlers gilt nachgerade als Epochensignatur in der Geschichte Nachkriegsdeutschlands. Andererseits setzt sich Lauterbachs «Mehr Wissenschaft wagen» zu Brandts Leitformel aber nicht allein in ein imitatorisches Verhältnis, sondern mehr noch in ein kontradiktorisches: Es ist ein Gegenentwurf. «Um es frei nach Willy Brandt zu sagen: Wir müssen viel mehr Wissenschaft wagen.» (S. 244)

Doch die auktoriale Freiheit, die der Gesundheitspolitiker sich damit nimmt, ist beachtlich. Indiziert wird sie bereits dadurch, dass an die Stelle der freien Entscheidung von Brandts «Wir wollen» nun der Sachzwang des «Wir müssen» tritt. Im direkten Widerspruch zum Übervater der deutschen Sozialdemokratie setzt Lauterbach gerade nicht auf die liberale Demokratisierung von Gesellschaft, Politik und auch von Wissenschaft. Er setzt stattdessen auf eine Verwissenschaftlichung der Demokratie.[8]

Sie steht im Zentrum seines Buches. Die mit Klimawandel und Artensterben verbundenen Gefährdungen menschlicher Zivilisationen rückt Lauterbach von einer systematischen Perspektive aus in den Blick. Sie wird im ersten Kapitel «Eine schwierige Beziehung – Wissenschaft und Politik» (S. 35–87) vermessen und stellt den Problemzusammenhang dar, auf den die Losung des «Mehr Wissenschaft wagen» antwortet. Von Anfang an ist dabei klar, was an dieser Beziehung für schwierig gehalten wird, nämlich «das Versagen unseres Systems [...], nicht gewährleisten zu können, dass unbedingt zu berücksichtigende wissenschaftliche Erkenntnisse ausreichend in unser politisches Handeln integriert werden.» (S. 23) Es sei dieses politische Systemversagen, das jene Wirtschafts- und Gesellschaftsformen, welche ihre eigenen ökologischen Voraussetzungen aufzehren, so veränderungsresistent mache und das daher am dringlichsten überwunden werden müsse.

«Hinter der Verweigerung, das Nötige zu tun» stehen Lauterbachs Ansicht nach zumal die Angst von Politikerinnen vor dem Verlust von Wählerstimmen, der Einfluss von Lobbygruppen sowie Medienmächte («Springer-Presse»). Beinahe erhebt sich der Verdacht, dass Systemversagen werde als Demokratiefolge aufgefasst. Jedenfalls, so fährt der Verfasser fort, lasse es sich «auf strukturelle und intellektuelle Beharrungskräfte – in der gesamten Gesellschaft, aber auch im politischen Betrieb selbst» – zurückführen (S. 43). Zu ihnen zählt er erstens «eine zunehmend wissenschaftsfeindliche, nicht mehr faktenbasierte Haltung und Diskussion in Teilen der Öffentlichkeit und der Politik». Zweitens mangele es «an Wissenschaftlerinnen und Wissenschaftler[n] in der Politik» sowie drittens daran, dass «wissenschaftliche Erkenntnisse [...] konsequent genug in den politischen Prozess eingebracht» würden, «vor allem, weil es wenige über die [wissenschaftliche] Beratung [von Politik] hinausgehende Verfahren» gebe (ebd.). Im Kern führt die Suche nach den Gründen des Systemversagens also immer wieder auf die Trennung der Sphären von Wissenschaft und Politik sowie auf das Auseinandertreten von Wissen und Handeln: «Schon lange wissen wir, was wir tun müssten, um unsere natürlichen Lebensgrundlagen zu erhalten: Die Wissenschaft hat die Fakten längst auf den Tisch gelegt. [...] Warum schafft es die Politik nicht, in Deutschland wie anderswo, die wissenschaftlichen Erkenntnisse rechtzeitig in Handeln umzusetzen?» (S. 11)

Die wichtigsten Topoi von Lauterbachs Buch und übrigens

auch von *Scientists for Future* sind in dieser Diagnose zusammengefasst: nicht nur die Empörung über die Ineffektivität und Langsamkeit ‹der› Politik, sondern auch implizite Annahmen über Wissenschaft und Politik, welche diese Empörung voraussetzt. Einerseits sei der Schutz der erdsystemischen und ökologischen Gesellschaftsgrundlagen längst kein Erkenntnisproblem mehr, die wissenschaftlichen Fakten seien durchwegs bekannt. Aber was heißt das? Soll man folgern, dass die methodisch kontrollierte Produktion neuer Wissensansprüche bedeutungslos werde? Und wenn dieserart auch hier das Ende moderner Wissenschaften unterstellt sein sollte: Warum wäre es gleichwohl wichtig, «mehr Wissenschaft» zu «wagen»?

Andererseits fällt auf, dass invers hierzu das konstatierte ‹Systemversagen› ausdrücklich als ein politisches verortet wird. Nicht zum Beispiel das kapitalistische Wirtschaftssystem oder die sozialen Abstiegsängste breiter Gesellschaftsschichten oder eine allgemeine Imaginationsschwäche bezüglich der desaströsen sozialen Folgen der Klimakatastrophe[9] bringt der Berufspolitiker in Anschlag. Wie für die Klimaprotestbewegung ist es auch für ihn ausdrücklich «die Politik [...] in Deutschland wie anderswo», welche die multiplen Krisen zu überwinden hätte und an dieser Aufgabe scheitert. Unter Absehung von allen innerpolitischen Macht- und Legitimitätsfragen ist Politik dabei im Grunde verstanden als ein gesamthaftes Steuerungssystem für Wirtschaft, Gesellschaft und Individualverhalten, das ausschließlich unter Gesichtspunkten außerpolitischer Effektivität beurteilt wird und dabei eigentümlich ambig zwischen Überlastung und Unterforderung schwankt. Politik ist zugleich letzte Rettungsinstanz und doch nichts mehr als bloß ‹Umsetzung› wissenschaftlicher Erkenntnis. Beide Seiten dieser Ambiguität machen das Versagen der Klima-, Umwelt- und Gesundheitspolitik so skandalös.

Doch was für ein Staats- und Demokratieverständnis liegt vor, wo Politik auf die exekutive Umsetzung wissenschaftlichen Wissens reduziert wird? Wo bleibt die Freiheit der Wahl zwischen verschiedenen Handlungsalternativen? Gibt es einen Ort, an dem der demokratische Souverän ins Spiel kommen könnte? Und mit ihm neben der Sachrichtigkeit und Wirksamkeit auch die Legitimität politischer Entscheidungen? Und selbst diese Grundsatzfragen außer Acht gelassen und viel pragmatischer gefragt: Was wäre gewonnen mit dem Hinweis, Politik setze wissenschaftliches Wissen nicht um, weil dafür das wissenschaftliche Personal und geeignete Verfahren fehlten und weil eine Haltung der Wissenschaftsaversion verbreitet sei? Wie wären diese zu erklären? Und wäre der Wissenschaftsaversion denn durch die ostinate Beteuerung zu begegnen, dass Wissenschaft wichtig sei? Soll tatsächlich gesagt sein, die politische Umsetzung wissenschaftlichen Wissens leide am Mangel von Fürsprechern oder wirksamen Formen der Fürsprache?

In der Tat, dies scheint gesagt zu sein. Gegen das, «was uns droht, wenn die Politik nicht mit der Wissenschaft Schritt hält»[10], kann und soll Lauterbach zufolge eine sowohl personelle wie institutionelle Verwissenschaftlichung der Politik helfen. Energischer als die schlichte Diagnose des Politikversagens fällt also der Therapievorschlag aus. Er lautet auf Ent-Differenzierung der Funktionsbereiche von Wissenschaft und Politik. Das ist die politische «Grundthese» (S. 213) dieses Buches wie seines Verfassers generell: «Mehr Wissenschaftler in der Politik sowie die stärkere Beteiligung von Wissenschaft bei politischen Entscheidungen, dies würde in jedem Fall wesentlich bessere Ergebnisse versprechen» (S. 247).

Damit steht man wiederum vor der Frage, was das ist, ‹die› Wissenschaft, wer für sie spricht und wer nicht, was sie empfiehlt und nach welchen Gesichtspunkten dem welche Geltung zukommt. Es ist dieses Fragenbündel, das eine szientistische Einheitswissenschaft unbeantwortet lässt. Deren Konzept nun wird von Lauterbach mit einer Auffassung von Politik als gesamtgesellschaftlichem Steuerungssystem zusammengeführt zu jener Umwälzung der Verhältnisse, auf die hier alles hinausläuft:

> «Wenn wir die vielfältigen Herausforderungen bestehen wollen, muss Wissenschaft im politischen Prozess eine ganz andere Rolle spielen als bisher. [...] Die deutlich stärkere Berücksichtigung wissenschaftlicher Erkenntnisse ist dafür eine notwendige Voraussetzung. Und da keine politische Entscheidung besser ist als die wissenschaftlichen Grundlagen, die ihr zugrunde liegen, müssen die aktuellen wissenschaftlichen Erkenntnisse viel schneller integriert werden als bisher. Um mit den Erkenntnissen der Forschung Schritt halten zu können, muss die Politik auch Kompetenzen an die Wissenschaft auslagern. [...] Nur in einer Revolution des Zusammenspiels von Politik und Wissenschaft sehe ich eine Chance, im Jahrzehnt der Entscheidung die richtigen Weichen für das Überleben unserer Zivilisation zu stellen» (S. 33).

Das versteht sich, wie es in apodiktischem Parteitagsjargon zugleich mit der Apokalypse droht, programmatisch. Konkretisiert aber wird die beabsichtigte Revolutionierung des Verhältnisses von Wissenschaft und Politik in zwei komplementären Vorschlägen. Sie werden bereits in der «Grundthese» des Buches kenntlich und laufen auf eine Fusion von Politik und Wissenschaft hinaus. Lauterbach will die politische Effektivität von Wissenschaft nicht durch *science activism* steigern, sondern einerseits durch eine Vermehrung und Ermächtigung von Wissenschaftspersonal im Politiksystem: «Wenn die Wissenschaft nicht ausreichend auf die Politik einwirken kann, muss sie zunehmend direkt in die Politik getragen werden.» (S. 48) Andererseits soll Politik unter bestimmten Bedingungen ausdrücklich durch Wissenschaft ersetzt werden.

Die Pose des Universalspezialisten

Der erste dieser Vorschläge zur Behebung politischen Systemversagens hat neben dem systematischen einen offenkundig bloß individuellen Aspekt. Auch er führt allerdings auf einen Sachpunkt. Der Vorteil von Personaltransfer aus der Wissenschaft erweist sich für Lauterbach selbstverständlich am eigenen Beispiel. Seinen Weg «Raus aus dem Labor, rein in die Politik» (S. 49) und «ins Parlament» (S. 55–65) stellt das Buch ausführlich als exemplarisch dar. Dabei will der Minister ungeachtet einer bald 20 Jahre währenden Karriere als Berufspolitiker doch Wissenschaftler geblieben sein. Politische Rollen, parlamentarische Funktionen, das Regierungsamt sind Akzidentien, welche die Wissenschaftler-Persona substanziell unangetastet lassen.[11] Lauterbach ist «Wissenschaftler in einem politischen Amt»[12], ist «Arzt, Wissenschaftler und Politiker» (S. 64) oder «Politiker und Wissenschaftler zugleich» (Klappentext). Und bereits in diesem Anspruch, dass das möglich sei, dass keineswegs Spannungen zwischen diesen Rollen und den zugehörigen Funktionsbereichen aufträten, darin bereits vollzieht sich programmatisch eine Entgrenzung von Wissenschaft und Politik, eine Nivellierung ihrer je genuinen Funktionslogiken.

Der genannte Anspruch wird in den Selbstdarstellungen Lauterbachs auch anekdotisch durchinszeniert. Nachts – und nächtliches Studium gehört zu den ehrwürdigsten Gelehrtentopoi überhaupt –, nächtens also liest und beurteilt der Minister persönlich jene wissenschaftlichen Studien, die seine Politik täglich begründen. Die Belastungen seines Amtes hindern ihn nicht, selbst an den Sitzungen wissenschaftlicher Beratungsgremien teilzunehmen.[13] Übrigens würden «verantwortliche Politiker», die gleich ihm selbst Wissenschaftlerinnen oder doch mit «einem wissenschaftlichen Hintergrund» (S. 213) ausgestattet seien, «das zentrale Problem» besser lösen können, «das in der Auswahl der Experten liegt».[14] Zudem seien sie besser befähigt, «wissenschaftliche Erkenntnisse rasch einzuordnen und entsprechend zu handeln» (S. 213). In dem Maße, in dem Politik von Wissenschaftlern oder doch von wissenschaftserfahrenen Politikerinnen gemacht werde, verbesserten sich Expertenauswahl und Expertiseverarbeitung. Zwischen wissenschaftlichem Input und politischem Output liegt allem Anschein nach nichts, was der Rede wert wäre. Die politische Effektivität von Wissenschaft werde durch Verwissenschaftlichung von Politik gesteigert. In der Gestalt von Politik, so die Hintergrundvorstellung dieser Selbstinszenierung, ginge die Wissenschaft dann mit sich selbst zu Rate. «Die Studienlage kenne ich ja meistens selbst.»[15]

Dies ist selbstverständlich eine Prätention, und sie ist durch und durch politisch. Anders als im Wissenschaftssystem wird die Behauptung umfassender fachlicher Belesenheit in der Politik zunächst keiner Plausibilitätsprüfung unterzogen.[16] Ebensowenig spielt hier eine Rolle, dass die Spezialisierungsgrade und -muster der Forschung, erst recht in der Medizin, sich keineswegs mit denjenigen von Politik decken, also mit Arbeitsgemeinschaften in Parteien, parlamentarischen Zuständigkeiten oder Ressortzuschnitten. Die politische Prätention ist relativ unabhängig davon, dass Lauterbachs vorgebliches Lektürepensum und Spezialexpertise als wissenschaftlicher Kompetenzanspruch wenig Gewicht besäßen. Sie muss nicht wissenschaftlich überzeugen, sondern politisch. Allein in außerwissenschaftlichen

Funktionsbereichen wie der Politik kann honoriert werden, was Lauterbach beansprucht: eine Art übergreifender wissenschaftlicher Generalzuständigkeit, die gegenüber den Spezialisierungsdynamiken der Forschung indifferent bleibt. Oder anders gesagt, die Pose des Wissenschaftlers als solchen, die Pose eines Universalspezialisten. Dass es den in einem modernen, hochgradig pluralistischen Wissenschaftssystem nicht gibt, ist klar.

Dass der Universalspezialist hingegen als eine politische Rolle funktionieren kann, zeigt das Beispiel Lauterbachs. Sie fungiert als Instrument politischer Selbstermächtigung unter den Gegebenheiten der verwissenschaftlichten Gesellschaft. Teilhabe am symbolischen Kapital von Wissenschaft und privilegierte Verfügung über Faktenwahrheit versprechen dem Politiker als Wissenschaftler Vorteile in Machtkonkurrenzen. Die Pose wissenschaftlicher Allgemeinkompetenz soll seine Politik als die alternativlos richtige ausweisen und durchsetzungsfähig auch gegenüber dem *demos* machen. Schon insofern ist auch Lauterbachs Programm der Verwissenschaftlichung von Politik eine politische Strategie der Politik- und Machtverdeckung. Und sie kann es allein sein, insofern wissenschaftliches Wissen hier in dem oben erläuterten Sinne szientistisch aufgefasst ist.

Verwissenschaftlichung der Demokratie

Lauterbachs zweites Mittel gegen politisches Systemversagen ist radikaler. Seine «Revolution des Zusammenspiels von Politik und Wissenschaft» wäre nämlich mit einer Vergrößerung des Wissenschaftlerinnenanteils am politischen Personal noch keineswegs abgeschlossen. Wissenschaftlertum als politische Pose bleibt okkasionell. Deswegen komme es überdies darauf an, in bestimmten Fällen Politik systematisch durch Wissenschaft zu substituieren. Auch dieser Vorschlag folgt aus der Prämisse, Qualität und Wirksamkeit der Politik seien von deren wissenschaftlichen Grundlagen abhängig (S. 33, 232); wer «Wissenschaft [nicht] als Maßstab oder Leitinstanz für die Politik» anerkenne, sei ein Feind von Wissenschaft oder «Wissenschaftsverleugner» (S. 45). Um aber, wie es in der bereits einmal zitierten Passage heißt, «mit den Erkenntnissen der Forschung Schritt halten zu können, muss die Politik auch Kompetenzen an die Wissenschaft auslagern.» (S. 33) Notwendig sei, «dass man bestimmte Entscheidungsprozesse der Wissenschaft überlässt» (S. 46).

Lassen wir die Frage beiseite, welche Entscheidungsprozesse das denn wären, und schieben wir die wichtigere Frage noch einen Moment auf, wer die entsprechende Bestimmung vorzunehmen hätte. Dann ist zu sehen, dass Lauterbachs Formulierungen zunächst dreierlei voraussetzen. Erstens ist Politik als abgeleitete Funktion von Wissenschaft begriffen. Deren Leitung hat Politik zu folgen, deren Wissen soll sie praktisch umsetzen. Dabei ist der Maßstab der Wissenschaft sowohl notwendig als auch hinreichend. Andere Kriterien wie zum Beispiel gesellschaftliche Akzeptanz oder politische Opportunität, ökonomische Realisierbarkeit und administrative Praktikabilität, ethische Begründbarkeit, demokratische Legitimität oder Verfassungskonformität sind nicht vorgesehen. Zweitens ist Politik hier offenkundig als Störfunktion von Wissenschaft wahrgenommen. Sie erscheint nicht nur normativ als Instrument, sondern zugleich praktisch als Hindernis der Umsetzung von Forschungserkenntnis[17], anders müsste sie nicht zugunsten von Wissenschaft in ihren Kompetenzen beschränkt werden. Und drittens wird diese Störfunktion der Politik als Asynchronie im Verhältnis zur Wissenschaft manifest. Politik sei zu langsam, sie stehe unter einem Zeitdruck, dem sie nicht gewachsen scheint. Für sie gelte daher ein Beschleunigungsimperativ, der Lauterbachs Buch von seinem ersten Wort an prägt: *Bevor es zu spät ist.* Politik müsse mit Wissenschaft ‹Schritt halten›[18] und, um dies zu können, partiell von ihr ersetzt werden.

Wie aber würde dann mit Bürgern umgegangen, die dem Leitungswissen der Wissenschaft nicht oder zu zögerlich sich beugen wollten? Höchst fraglich ist also, ob dieses politische Programm einer Verwissenschaftlichung von Politik und Verdeckung des Politischen auch nur nach seinen eigenen Maßstäben praktisch funktionieren könnte. Nicht fraglich hingegen sind seine demokratietheoretischen Implikationen. Letztlich läuft dieses Programm nämlich auf eine autoritäre – und aktivistische! – Geste hinaus. In der Parole «Mehr Wissenschaft wagen» steckt im Grunde eine andere: ‹Schluss mit der Diskussion! Die Zeiten sind zu ernst.› Da alle Fakten auf dem Tisch lägen, dürfe klima-, umwelt- oder pandemiepolitisches Handeln nicht durch weiteres politisches Verhandeln verzögert werden. So aber wird «die politische Kommunikation nur noch als das genommen [...], was sie ist: als Reden.»[19] Lauterbachs Ausführungen folgen jenem topischen Sinnbildungsschema, das in dem Material dieses Essays immer wieder begegnet: Sie besagen, dass nicht ein Erkenntnis-, sondern vielmehr ein Umsetzungsproblem bestehe. Und sie besagen dies ungeachtet des Umstands, dass der Ruf nach Schluss der Debatte seinerseits die Debatte fortsetzt. Der Minister dementiert, was er verlangt. Er bekämpft den Klimawandel, indem er ein nicht ganz schlankes Buch darüber schreibt, dass der Klimawandel lange genug debattiert worden sei und stattdessen jetzt endlich bekämpft werden müsse. Dieser performative Selbstwiderspruch ist die rhetorische Form, in welcher der Politiker aus politischen Gründen paradoxerweise eine Ent-Politisierung von Politik propagiert.

5.
Mehrheit und Dauerreflexion

Wissenschaftliche Programmierung von Politik verlangt eine Hierarchie epistemischer Formen und setzt die Erkenntnisse der Wissenschaft an deren oberes Ende. Solche Abschichtungen epistemischer Niveaus sind in wissenssoziologischer Perspektive zunächst keineswegs problematisch, sie geschehen laufend. Doch eine übergeordnete, allgemein geltende Metahierarchie ist – anders als in vormodernen Welten – unmöglich geworden. Sie würde nicht allein den epistemischen Pluralismus der Wissenschaften leugnen müssen, die irreduzible Vielfalt der Erkenntnisinteressen, Wissensansprüche und Theorien, ja auch die Menge wissenschaftlicher Begriffe von Erkenntnis, Evidenz, Faktum, Wahrheit oder Wissenschaft. Die Prämisse einer allgemeinverbindlichen Metahierarchie würde überdies den Pluralismus gesellschaftlicher Wert-, Wissens- und Deutungsordnungen einschränken müssen, welcher die Modernität moderner Gesellschaften in jeder Hinsicht ausmacht. Dies aber wäre für die Möglichkeiten demokratisch legitimer Politik fatal.

Der Bremer Politikwissenschaftler Frank Nullmeier hat die Begründung für dieses Argument wie folgt zusammengefasst: Wenn «wissenschaftliches Wissen die einzige legitime epistemische Autorität darstellt,» dann werde die ‹bloße› Meinung, welche das nicht-delegierbare «eigene Nachdenken über öffentliche Angelegenheiten» zum Ausdruck bringt[1], entwertet. Für demokratische Willensbildung und Entscheidungsfindung komme es jedoch zunächst nicht auf Prozesse der Wahrheitsermittlung, sondern auf solche der Meinungsbildung an; und für sie stehen daher eigens intermediäre gesellschaftliche Instanzen zur Verfügung, zumal mediale Öffentlichkeiten oder politische Parteien. Gerade das ‹bloße Meinen› werde daher durch das Grundrecht der Meinungsfreiheit in besonderer Weise geschützt, und zwar auch gegen Faktendarstellungen und methodisch gerechtfertigte Wahrheitsansprüche.[2] Dieser Schutz ebenso wie das mit ihm fest verbundene demokratische Prinzip politischer Gleichheit werde hingegen perforiert durch die «Betonung wissenschaftlicher Wahrheitsproduktion als Garant guter politischer Entscheidungen[.]» Sie lasse nämlich «für die Bürger*innen nur Hinnahme oder Nachvollzug übrig, ein Mitdiskutieren und Einbringen eigener Beiträge scheint sich dann nicht mehr zu lohnen, ist auch für das Gedeihen des politischen Systems letztlich überflüssig. Bei einer Szientifizierung der öffentlichen Debatte steht immer schon eine ‹wahrere› und ‹richtigere› (wissenschaftliche) Aussage zur Verfügung, die Auseinandersetzung zwischen Meinungen wird funktionslos.»[3] Mit dem politischen Streit käme zugleich die demokratische Legitimität von Herrschaft an ein Ende.

Pluralismus und Relativismus

Diese Folgerung ergibt sich daraus, dass liberale Demokratien, höchst allgemein gesagt, eine Verfassungsform moderner pluralistischer Gesellschaften sind. Diese sind nicht einfach bloß durch vielfältige Sozialstrukturen, Individualitäten oder Sinnkomplexe gekennzeichnet. Vielmehr ist entscheidend, dass man unter ihren Bedingungen nicht daran vorbeikommt, dies auch zu wissen. Man kann nicht vermeiden, die eigenen Positionen, Interessenlagen oder Orientierungskomplexe mit denjenigen anderer zu vergleichen und dabei zu bemerken, dass sie weder zufällig noch notwendig so sind, wie sie sind. Dass sie also kontingent sind.[4] Es lässt sich nicht ignorieren, dass andere andere Meinungen pflegen als man selbst und dass diese Meinungen nicht allein deshalb illegitim sind, weil man selbst sie für falsch hält. Man kann schwerlich darüber hinwegsehen, dass die eigenen Interessen und Auffassungen, für wie gerechtfertigt man sie immer halten mag, anderen womöglich abwegig scheinen.

Pluralismus kennzeichnet moderne Gesellschaften insofern, als diese immer wieder zur Reflexion nötigen auf die *Pluralität*[5] und also die Kontingenz von Wissensquellen und Orientierungsmitteln, von Sinnkomplexen und Interessenlagen, von Normativitäten und Sozialstrukturen. Und das bedeutet, dass Autorität und Geltung, Legitimität oder Wissen und Wahrheit oberhalb sehr allgemeiner Grundlagen nicht als absolute Größen zur Verfügung stehen, sondern allein als plurale *Ansprüche* auf Geltung oder Wissen. Und man *weiß* von diesen Ansprüchen, dass auch ihre Durchsetzungschancen nicht absolut sind, sondern je relativ zu bestimmten Geltungsbezirken. Was hier und jetzt und unter uns gilt, muss nicht auch dort und jederzeit und für alle anderen gelten. Was innerhalb eines Geltungsbezirks als notwendig, unbestreitbar, legitim, allgemeingültig oder selbstverständlich sich darstellt, kann aus einer Außenperspektive als kontingent, bestreitbar, illegitim, partikular oder abwegig angesehen werden. Auch Herrschaft und Wissen sind in diesem Sinne kontingent. Was innerhalb eines Geltungsbereichs die unbezweifelbare Legitimität einer Macht oder die verbürgte Wahrheit eines Wissens ist, das mag jenseits seiner Grenzen ein bloßer Anspruch auf Legitimität und Wahrheit sein, der mit anderen Ansprüchen auf Wahrheit oder Legitimität konkurriert. Der Pluralismus moderner Gesellschaften manifestiert sich in der Unübersehbarkeit dessen, dass Herrschaftslegitimität, Interessen, Wissen, Wahrheit, Sinn, aber auch zum Beispiel Moral, Werte, Normen und dergleichen allein als Anspruchskonkurrenzen vorliegen. Und zwar, ohne dass es eine übergeordnete Instanz zur Entscheidung dieser Anspruchskonkurrenzen gäbe. Selbst was als sachrichtig zu gelten hat, kann durchaus immer wieder offen oder strittig sein.

Die wichtigste Folge dieses Pluralismus liegt in unserem Zusammenhang darin, dass Wissensansprüche und Herrschaftslegitimität nicht auseinander abgeleitet werden können, sondern gegeneinander freigesetzt sind. Weder ist Wahrheit in modernen Gesellschaften als Funktion respektierter Macht zu begründen, noch kann Herrschaft einfach dadurch Anerkennung beanspruchen, dass sie sich auf Wahrheit beruft. Und dies gilt gleichermaßen für die Machtansprüche in liberalen, konstitutionellen Demokratien wie für die Wahrheitsansprüche moderner Wissenschaften. Wo es anders ist, muss vielmehr von Despotie, von Diktatur, von Theokratie und dergleichen gesprochen werden; und dies übrigens auch und gerade dann, wenn solche Regime sich neuester wissenschaftlich begründeter Mittel von Sozialtechnologie oder *high tech* bedienen.

Demokratische Verfassungen sind demgegenüber eine Form, dieses Auseinandertreten von Herrschaftslegitimität und Wahrheit auf der staatlichen Ebene liberaler Gesellschaften institutionell zu sichern und auf Dauer zu stellen. Herrschaft wird dabei im Rahmen formal-prozeduraler Prinzipien konstituiert, die gerade dadurch Freiheit gewährleisten, dass sie hinsichtlich normativer Voraussetzungen und epistemischer Ansprüche vergleichsweise anspruchslos sind[6]; Niklas Luhmann sprach von ‹Legitimation durch Verfahren›.[7] Auf den Ebenen politischen und staatlichen Handelns ist es insbesondere das Mehrheitsprinzip im verfassungsmäßig bestimmten Regelwerk von Wahl- und Entscheidungsprozessen, welches eine freiheitliche Integration von Gesellschaft ermöglicht, ohne dass deren Pluralismus despotisch zu einem Einheitswillen formatiert werden müsste.

Nicht also irgendein Wahrheitsschatz ist es, der die Legitimität von politischer Macht und staatlicher Herrschaft demokratisch konstituiert.[8] Entscheidend sind vielmehr Wahlen und Abstimmungen, die im Rahmen formalisierter Verfahren allgemeinverbindliche Entscheidungen ermöglichen, sowie das darin realisierte Prinzip: «Demokratie beruht auf Mehrheit, nicht auf Wahrheit.»[9] Dieses Prinzip verknüpft die Herrschaft der Majorität mit dem Schutz der Minderheit. Immer wieder neu teilt es nämlich den *demos* im Laufe der Zeit in zwei Größen, Majorität und Minorität, die sich hinsichtlich ihrer Legitimität gerade nicht unterscheiden. Das Mehrheitsprinzip folgt dem «Gedanke[n], dass – wenn schon nicht alle – so doch möglichst wenig Menschen mit ihrem Willen in Widerspruch zu dem allgemeinen Willen der sozialen Ordnung geraten sollen [...].»[10] Gerade so kann eine auf diesem Prinzip aufgebaute Ordnung Legitimität stiften, weil sie – anders als ein Wahrheitsregime – die Minderheit nicht ausschließt, sondern als solche schützt und integriert. Exkludiert hingegen, nämlich kriminalisiert oder hospitalisiert werden Falsch-Wissende, Falsch-Meinende oder Falsch-Glaubende auf der staatlichen Ebene höchstens in seltenen Grenzfällen.

Demokratische Verfassungen sind darauf angelegt, dass Mehrheiten und Minderheiten nicht ein für alle Mal feststehen, sondern dass Herrschaft und Deutungsmacht personell und zeitlich limitiert sind. Aus Mehrheits- können immer wieder Minderheitspositionen werden und umgekehrt. Schon insofern stehen Mehrheitsentscheidungen im Grundsatz unter dem Vorbehalt späterer Revidierbarkeit. Demokratische Entscheidungen sind kontingent. Sie sind, wie sie sind, aber sie könnten auch anders sein und sie können grundsätzlich revidiert werden. Und dies erhöht ihre Chance auf Anerkennung ebenso wie der Umstand, dass sie vom Rekurs auf Wissens- und Wahrheitsansprüche systematisch freigesetzt sind.

Mit dem Mehrheitsprinzip wird verlässliches Wissen im Hinblick auf die Legitimität von Entscheidungsmacht neutralisiert zugunsten eines voluntaristischen Elements.[11] Markanten Ausdruck findet dies in der Möglichkeit geheimer Abstimmungen. Geheimhaltung befreit die Teilnehmerinnen an Wahlen oder Beschlüssen nämlich von förmlicher Pflicht und informellem Zwang, für ihr Verhalten eine Begründung liefern zu müssen. Sie lässt nicht lediglich Entscheidungsalternativen zu, sondern stützt strukturell den Pluralismus der Entscheidungsgesichtspunkte und Wissensordnungen. Es kommt insofern auf Gründe und das ihnen zugrundeliegende Wissen nicht an. Man kann mit höchst unterschiedlichen Meinungen, Gründen, Überzeugungen, Weltorientierungen oder Sachauffassungen zur Mehrheit gehören. Angehörige der Minderheit können mit solchen der Mehrheit auch relevante Einstellungen teilen. Man kann bei nächster Gelegenheit in derselben Angelegenheit sich anders entscheiden. Selbst das eigene Entscheidungsverhalten auszuwürfeln, ist nicht untersagt. Der Voluntarismus des demokratischen Mehrheitsprinzips verpflichtet nicht, nicht einmal auf Selbstbindung durch kognitive Konsonanz oder Konstanz, noch verhindert er, nicht einmal seine Selbstaufhebung im blinden Zufall. Und in diesem Sinne ist es nicht falsch, mit dem österreichisch-amerikanischen Rechtstheoretiker Hans Kelsen zu sagen, «Relativismus» sei «die Weltanschauung, die der demokratische Gedanke voraussetzt.»[12] Auch in dieser zugespitzten Weise lässt sich das vorhin bereits skizzierte Argument fassen, dass die Legitimität von Meinungsäußerungen unabhängig davon ist, ob sie «vorab auf einen öffentlichen Vernunftgebrauch abgestimmt» wurden.[13]

Beratschlagung und Beschlussfassung

Die epistemische Offenheit der Demokratie als Verfassung einer pluralistischen Gesellschaft; sodann im Prozess politischer Meinungsbildung die Abwertung von Wissenshierarchien, weil auch sie allein als konkurrierende Hierarchieansprüche vorliegen; schließlich die Bindung von Entscheidungslegitimität an das Formalprinzip der Mehrheit: Dies ist die eine Seite demokratisch verfasster politischer Entscheidungen. Durch sie sind Wahlen und Abstimmungen in einer Weise von Begründungspflichten entlastet, die Freiheit auch als Freiheit der Meinungen, Rationalitätsannahmen oder Weltdeutungen institutionalisiert.

Es ist deswegen eine Formulierung wie die folgende mindestens sehr missverständlich, dass «[d]emokratische Entscheidungen» einer «doppelten Legitimation» bedürften und nicht allein «dem Mehrheitswillen», sondern «auch dem Wissensstand der relevanten Experten entsprechen»[14] müssten. Ganz abgesehen von der Frage, wie über Relevanz und Expertise entschieden werden sollte: Dies müssen sie gerade nicht! Es würde das Willkürmoment, es würde der Relativismus als ‹weltanschauliche› Voraussetzung des ‹demokratischen Gedankens› gerade geleugnet, wollte man die Legitimität demokratischer Entscheidungen als Funktion einer Sachrichtigkeit ansehen, über welche qua epistemischer Autorität zu entscheiden wäre. Und es würde der demokratische Gleichheitsgrundsatz verletzt, wäre den Trägern der relevanten Expertise ein größeres Stimmgewicht eingeräumt als anderen Bürgern.

Jedoch macht diese missverständliche These einer doppelten Legitimationsbedürftigkeit demokratischer Entscheidungen zugleich darauf aufmerksam, dass Sachrichtigkeit ungeachtet dessen keineswegs belanglos ist. Der Seite des formal gesicherten demokratischen Voluntarismus steht in grundsätzlicher Spannung eine andere gegenüber. Denn blanke Willkürentscheidungen sind schwer zu rechtfertigen, selbst wenn sie in korrekten Verfahren zustande gekommen sein sollten. Mehr noch, und praktisch näherliegend, droht das Risiko, dass demokratische Mehrheitsentscheidungen zwar formal legitim, zugleich aber sachlich schlecht sein mögen. Was also, wenn die Mehrheit der Bürger den Klimawandel oder die Pandemie leugnete?

Es ist eine alte Leitfrage politischer Theorie, wie sich Macht und Wahrheit zueinander verhalten. Diese Leitfrage taucht hier nun als eines der grundlegenden Verfassungsprobleme auch moderner demokratischer Herrschaft auf. Es muss darüber befunden werden, wie sich Mehrheit und Wahrheit im Hinblick auf Entscheidungslegitimität, wie sich also, technisch gesprochen, «Sach- und Entscheidungskompetenzen zueinander verhalten.»[15] Denn das seit dem 18. Jahrhundert herausgebildete Modell der liberalen Demokratie verbindet das Mehrheitsprinzip in spannungsvoller Gleichzeitigkeit mit einer Rationalitätszusicherung und Rationalisierungsdruck. «Der demokratische Rechtsstaat ist ein Kind des aufgeklärten Vernunftdenkens und hat daher hintergründig einen hohen Rationalitätsbedarf, der fest in die Matrix der Willensbildung eingewoben ist.»[16] Demokratische Herrschaft darf nicht willkürlich, sondern soll von «nachvollziehbaren, ‹vernünftigen› Gründen» geleitet sein. Doch wie kann das in pluralistischen Gesellschaften strukturell ermöglicht werden?

Die allgemeine Antwort auf diese Frage lautet, dass «freiheitlich orientierte demokratische Verfassungsstaaten [...] einen permanenten gemeinwohlbezogenen Reflexions- und Argumentationszusammenhang [kreieren], der die Rationalitätserwartungen stabil hält», indem sie «die Voraussetzungen dafür schaffen, dass Rationalitätsdefizite immer wieder zum Thema gemacht werden können, sei es durch Opposition im Parlament, Gerichte oder protestierende Bürgerinnen und Bürger [...].»[17]

Womöglich empfiehlt es sich hinzuzufügen, dass dieser konstitutionelle Diskursraum die Rationalitätserwartungen – und ihre Erfüllung! – jedenfalls stabil halten *soll* und dass er dies der Idee nach auch kann. Denn es gehört zu den aktuellen Erfahrungen liberaler Demokratien, dass ihre Rationalitätserwartungen gelegentlich enttäuscht werden. Zum Beispiel dann, wenn Wahlergebnisse ohne Grund bestritten werden, wenn ein aufgebrachter Mob, wie in Washington, Berlin oder Brasilia, Parlamente oder Verfassungsgerichte zu kapern versucht. Derartige Schockereignisse haben ihren eigenen soziopolitischen Nährboden, den Stichworte wie Trumpismus, *alternative facts*, Verschwörungstheorien oder Querdenkertum andeuten.[18] Sie vermitteln eine Ahnung davon, dass die demokratische Spannungsbalance von Mehrheitsprinzip und Vernünftigkeit bei aller epistemischen Offenheit doch so etwas wie einen *common ground* gesellschaftlich geteilter Rationalitätsstandards und Wirklichkeitszugänge voraussetzt: Wissenschaftlichkeit oder Verwissenschaftlichung, gar eine Universalhierarchie epistemischer Formen gehören nicht zu dieser Voraussetzung, wohl aber die prinzipielle Diskursivierbarkeit der gesellschaftlichen Auseinandersetzungen. Politische Willensbildung soll immer wieder auf den alltäglichen, öffentlichen Austausch von Argumenten Bezug nehmen, ohne dass es sich dabei stets schon um wissenschaftliche Gründe handeln müsste. «Demokratietheoretisch problematische Folgen hat nicht die Diskursivierung, sondern die Verwissenschaftlichung von Geltungsfragen[.]»[19]

Hans Kelsens vorhin zitierter Satz vom Relativismus als Demokratievoraussetzung trifft demnach in einem präziseren Sinne zu, als seine provokante Rhetorik auf Anhieb zu erkennen gibt. Es ist nämlich ein Relativismus sozusagen zweiter Stufe:

kein absoluter (und darin selbstwidersprüchlicher) Relativismus, sondern ein relativer. Er ist relativ zu den Möglichkeiten eines *common ground* wie zu denjenigen allgemeiner Diskursivierung auch in pluralistischen Gesellschaften. Die liberale Demokratie garantiert individuelle Freiheit, soziale Integration und Legitimität der Mehrheitsentscheidungen in dem Maße, in dem sie so etwas wie eine diskursive Selbstbindung ihrer Bürgerinnen voraussetzt, deren Bindung an eine «Konsensbasis»[20]. Sie relativiert Pluralismus durch das Erfordernis epistemischer Minimalbedingungen.[21] Den Voluntarismus der Bürger hegt sie durch Rationalitätserwartungen ein. Der freiheitsgewährende Begründungsverzicht in der (gar geheim getroffenen) Mehrheitsentscheidung wird spannungsvoll eingebettet in Prozesszusammenhänge diskursiver Beratschlagung. Schließlich unterscheidet sich der demokratische Relativismus auch dadurch deutlich von purer Indifferenz gegenüber konkurrierenden Wissensansprüchen wie gegenüber Handlungs- oder Unterlassungsforderungen, dass er durch die Voraussetzung feststellbarer Tatsachen relativiert ist: «Das fängt damit an, dass sich Ergebnisse von Wahlen und Abstimmungen durch Auszählung objektivierbar ermitteln lassen müssen. Wenn schon die Verständigung über ein gemeinsames Verfahren und dessen formale Funktionsbedingungen einschließlich der Möglichkeit ‹wahrer› Verfahrensergebnisse – im Sinne einer Übereinstimmung von Aussagen mit einem Sachverhalt – nicht mehr möglich wäre, müsste jedes demokratische System zerbrechen.»[22]

Die in Rede stehende Spannung von Mehrheitsprinzip und Rationalitätserwartung mag aufgrund von aktuellen Erfahrungen als besonders virulent wahrgenommen werden. Neu ist sie nicht. Im Gegenteil, sie begleitet die moderne Demokratie seit ihrer Entstehung im 18. Jahrhundert. Verhandelt wurde diese Spannung beispielsweise in den aufklärerischen Diskursen über das Verhältnis von Vernunft und Leidenschaft sowie die Kontrolle der Affekte durch Tugendhaftigkeit.[23] Man entschied darüber, welche Menschen so vernünftig und demokratiefähig seien, dass sie als Bürger in Frage kommen sollten, und welche wegen Unvernunft, Tugendmangel oder Affektüberschuss nicht. Man schied *demos, populus* oder Volk von *ochlos, plebs,* Pöbel und Mob und musste dann jeweilige Zugehörigkeiten klären. Die dabei gezogene Grenze verschiebt sich historisch[24] und bleibt Gegenstand politischer Kämpfe. Sklaven zum Beispiel konnten sie nie übertreten, Frauen haben sie jedenfalls formaliter längst passiert. Unter anderem die Debatten über die Risiken direkter Demokratie zeigen die fortwährende Virulenz dieser Frage ebenso wie diejenigen über plebejischen Republikanismus[25] oder über die Beschränkung demokratischer Mitwirkungsrechte auf jene wenigen, welche den Rationalitätsanforderungen von Politik in hochkomplexen Gesellschaften kognitiv gewachsen seien.[26] Auch die Diskussion über das Volljährigkeits- und Wahlalter illustriert das Problem.[27]

Die Verhandlungen über die Relativität des demokratischen Relativismus sowie die Spannung von Mehrheitsprinzip und Rationalitätserwartung dauern also an. Diese Spannung ist in demokratischen Ordnungen nicht aufzulösen. Daher wird sie dort vielmehr – als Spannung – prozessiert und stabilisiert. Dies geschieht einerseits insbesondere durch Beschränkungen dessen, was überhaupt demokratisch entscheidbar ist und was von den Bürgern direkt entschieden werden darf. Etwa die Konstitutionalisierung demokratischer Politik[28], insbesondere die Menschen- und Bürgerrechte oder die in der Ewigkeitsklausel des *Grundgesetzes*[29] garantierten Prinzipien von Demokratie, Rechts-, Sozial- und Bundesstaat begrenzen den demokratischen Entscheidungsraum ebenso wie die Parlamentarisierung und Föderalisierung von Volksherrschaft in den Formen repräsentativ vermittelter Demokratie. Damit einhergehend wird jene Spannung andererseits auch durch Prozeduralisierung von Mehrheitsentscheidungen selbst aufrechterhalten. Der Entscheidungsakt selbst wird nämlich in formalisierte Vorgänge eingebettet, die Zeit und Gelegenheit einräumen für diskursive Auseinandersetzung. Nicht anders als moderne Wissenschaft[30] ist Demokratie – und keineswegs allein das «parlamentarische Procedere mit seiner Verknüpfung von Debatte und Entscheidung»[31] – eine konstitutiv temporalisierte Ordnung. Sie stellt jenen Prozess auf Dauer, in welchem Rationalität und Voluntarismus oder Erwartungen an und Entlastungsmöglichkeiten von Begründungen einander abwechseln. Im Zeitverlauf intermittieren Diskursverpflichtungen und Entscheidungsfreiheiten. Beratschlagung und Beschlussfassung determinieren einander nicht, aber sie begrenzen und beeinflussen sich.

Auf allen Ebenen der demokratischen Integration pluralistischer Gesellschaften können Debatten durch Mehrheitsentscheid beendet, aber Beschlusslagen durch Diskursivierung auch wieder geöffnet werden. Die ausbalancierte Wechselspannung von Dauerreflexion[32] und Mehrheitsbeschluss ist jene Form, welche die liberale Demokratie für das Verhältnis von Entscheidungsfreiheit und Entscheidungsrationalität, von Herrschaftslegitimität und Wissensansprüchen findet. Und damit auch für das Verhältnis von politischem Mehrheitsprinzip und wissenschaftlichen Wahrheiten.

Demokratie statt vorpolitischer Wahrheit

Die Spannungsinstitutionalisierung von Mehrheitsprinzip und Rationalität, Entscheidung und Dauerreflexion lässt sich auf der bisher eingenommenen Ebene einer normativ unterlegten, allgemein gehaltenen Demokratiebeschreibung leichter artikulieren, als im politischen Vollzug selbst oder wenn sie zugleich mit parteiprogrammatischen und sachpolitischen Gesichtspunkten ins Verhältnis gesetzt werden soll. Dieser Umstand macht eine 2021 publizierte «politische Skizze» des derzeitigen Bundesministers für Wirtschaft und Klimaschutz Robert Habeck (Bündnis 90 / Die Grünen) bemerkenswert. Schon mit ihrem Haupttitel *Von hier an anders* signalisiert sie in der Zeit sich entfaltende Alternativität. Und sie ordnet politische Fragen der (Agrar-)Wirtschaft, der sozialen Sicherung, des Klimawandels, des Umwelt- und Tierschutzes ein in einen Rahmen grundsätzlicherer gesellschafts-, kultur-, bildungs- und demokratiepolitischer Reflexionen. Allein auf diese kommt es mir jetzt an, weil sich an ihnen einige praktisch politische Implikationen verfolgen lassen, die sich ergeben, wenn man Demokratie, wie hier, vom relativen Relativismus einer Spannung zwischen Reflexion und Entscheidung her auf den Begriff zu bringen versucht.

Auch für Habeck ist ein Konzept leitend, das den «permanenten Diskursstreit der offenen liberalen Demokratie» voraussetzt. Und ebenfalls geht er aus von der Anerkennung eines unaufhebbaren Pluralismus moderner Weltzugänge und Weltverhältnisse: «Die Auseinandersetzungen in unseren westlichen Gesellschaften sind nicht überwunden, sie sind auch gar nicht überwindbar. Oder nur zu Bedingungen, die die Errungenschaften der Moderne – den ökonomischen und technologischen Fortschritt, die demokratische Freiheit, den Rechtsstaat – infrage stellen.»[33] Die größte Gefahr drohe dieser liberalen Demokratie insofern nicht von daher, dass sie «irgendwann argumentativ überwunden» werde. Vielmehr sei sie dann am Ende, «wenn Argumente überhaupt nicht mehr gelten.» (S. 57)

Diesbezüglich kann man von einer modernisierungstheoretisch unterlegten «Positivierung», ja normativen Nobilitierung «von Streit»[34] als «integrative[r] Kraft» der pluralistischen Gesellschaft (S. 60) sprechen. Dass sie in erheblichem Maße zumutungshaft ist, wird dabei keineswegs ausgeblendet.[35] Der Relativismus von Dauerreflexion und Debattenpermanenz strengt schließlich an. Er belastet mit der Komplexität und Kontingenz höchst differenzierter Verhältnisse, mutet die Anerkennung konkurrierender Meinungen und Wahrheiten zu und erschwert Orientiertheit, Erwartungssicherheit oder Eindeutigkeit durch Ambiguitäten und relativistische Vorbehaltlichkeit. Überdies entkoppelt er Herrschaftslegitimität und Wissensansprüche, weil sie jederzeit in Anspruchskonkurrenzen vorliegen können. Insofern kann dieser Relativismus auch als Handlungshemmnis wahrgenommen werden. Naheliegendes Symptom solcher Zumutungshaftigkeit ist für Habeck «die Sehnsucht nach Eindeutigkeit und Einheitlichkeit», die «sich mit dem Verlangen nach einer höheren, absoluten Wahrheit, oft nach einer angeblich besseren Vergangenheit» paaren kann (S. 275): mit der nostalgischen Sehnsucht nach einer unzweideutigen, zentralperspektivisch geordneten Welt, die noch nicht von permanentem Reflexionsdruck gezeichnet war; nach einer höheren Wahrheit, die der alles relativierenden Dauerreflexion Einhalt gebietet. Solche Sehnsüchte müsse Demokratie, solange sie ihre Prinzipien ernst nimmt, aushalten und bedenken, und nach Habeck kann sie es auch. Allerdings: «Die Grenze, die nicht überschritten werden darf, ist die, dass eine Gruppe ihre Wahrheit über das allgemeine Recht auf Sinnsuche stellt und mit Aggressivität und Anfeindungen das System stürzen will.» (S. 59)

Diese Grenze, von der bereits die Rede war, ist auch bei Habeck gezogen mit Blick auf die aktuellen Strömungen des autoritären Populismus, der Verschwörungssektierer und des Querdenkertums. Gleichwohl beansprucht das Argument systematische Geltung. Habeck versteht die liberale Demokratie ausdrücklich als eine postlegitimistische Herrschaftsordnung, die nicht auf den Besitz von, sondern im Gegenteil auf die Suche nach Wahrheit oder Sinn abstellt. Für sie könne es daher «keine vorpolitische Wahrheit» geben (S. 18), weder eine religiöse noch eine wissenschaftliche. In «einer Demokratie [muss vielmehr] die politische Wahrheit immer neu errungen und begründet» und deswegen «auch immer neu hinterfragt werden.» (S. 19) Sie liegt hiernach niemals in Form unbezweifelbarer Faktengewissheit und unzweideutiger Handlungsplanung vor, so dass sie bloß noch ‹umgesetzt› werden müsste. Demokratie in dem von Habeck vertretenen Sinn beseitigt nicht ihre Zumutungshaftigkeit durch Gewissheitsfiktionen, Absolutsetzungen und Stoppregeln der Reflexion. Sie macht diese Zumutungshaftigkeit vielmehr bearbeitbar qua Regulierung von Streitprozessen und Organisation von Aushandlungen. Der «demokratische Diskurs», wie Habeck in Anlehnung an den hier bereits zitierten Satz Hans Kelsens[36] formuliert, hat «per Definition einen Relativitätsanspruch.» (S. 313) Er ist eine Ordnung der «strukturierte[n] Unsicherheit» (S. 311).

Darin verbindet sich mit den Zumutungen der liberalen Demokratien eine Freiheitsgewähr. Und mit beidem ein funktionaler Vorteil, auf den es nach Habeck gerade angesichts jener überwältigenden zivilisatorischen Transformationsaufgaben ankommt, die ja nicht zuletzt politisch bewältigt werden müssen. Dieser Vorteil liege darin, «dass liberale Demokratien die Fähigkeit zur Selbstkorrektur haben. Sie sind im Vergleich zu autoritären Herrschaftsformen lernfähigere Systeme.» (S. 279, auch S. 31, 36) Die zugegebenermaßen aufwändigen, umständlichen, zeitraubenden Prozesse demokratischer Meinungsbildung und Entscheidungsfindung seien also nicht als Hemmnis politischen Handelns zu verstehen, sondern im Gegenteil als Möglichkeit der Steigerung und Verbesserung von Handlungsmächtigkeit.[37]

Der Abstand dieses Demokratieverständnisses dazu, wie in einer szientistischen Perspektive Politik und Wissenschaft bestimmt werden, ist beachtlich. Er ließe sich auch in jenem hier bereits eingeführten Schema beschreiben, das einen normativen von einem kognitiven oder lernenden Stil unterscheidet. Die aktivistische Wissenschaft im Rahmen der Klimaproteste wie die von Lauterbach entworfene szientistische Politik sind umgetrieben von der Enttäuschung, dass Politik nicht in der erforderlichen Weise effektiv agiere, obwohl doch ‹die› Wissenschaft Gründe wie Pläne für politisches Handeln in hinreichender Klarheit vorgelegt habe. Verarbeitet wird diese Enttäuschung in der Forderung, Politik wissenschaftlich zu programmieren. Die Diskrepanz zwischen dem aus der Wissenschaft erwarteten und dem tatsächlichen politischen Handeln wird also nicht durch Korrektur der Erwartung bearbeitet, sondern im Gegenteil dem Erwartungsobjekt als Versagen zugerechnet. So manifestiert sich ein ausgeprägt normativer Erwartungsstil: *Bevor es zu spät ist,* müsse Politik erwartungskonform transformiert werden.

Komplementär hierzu ist die liberale Demokratie bei Habeck als eine selbstkorrekturfähige, also lernende Ordnung der gesellschaftlichen Verhältnisse konzipiert: *Von hier aus anders.* Daraus, dass die demokratischen Staaten auf den enormen klima- und umweltpolitischen Handlungs- und Zeitdruck, der zugleich mit erheblichen gesellschafts- und sozialpolitischen Aufgaben einhergeht, bislang nicht hinreichend reagiert haben – denn die Erderwärmung schreitet fort –, daraus folgert Habeck gerade nicht auf grundsätzliches politisches Systemversagen. Er schließt nicht auf eine szientistische Neutralisierung und Verdeckung des Politischen, sondern im Gegenteil auf eine Politisierung von Demokratie:

«Bei aller Notwendigkeit, endlich mehr zu tun – auch bei der Bekämpfung der Klimakrise gibt es kein Entweder-oder und keinen Absolutheitsanspruch, sondern es muss um den richtigen Weg gerungen werden. Ja, man schwächt sogar langfristig seine politische Position, wenn man um des kurzfristigen Geländegewinns willen gleichsam auf einen Klimatotalitarismus ausweicht. Denn was für die wirtschaftliche oder ökologische Zukunftsfähigkeit stimmt, die eben nur durch das beherzte und entschlossene Handeln und gleichzeitige Moderieren des Wandels gelingen wird, gilt gleichermaßen für die demokratische Grundverfasstheit selbst. Wir brauchen keine höhere Wahrheit oder gar moralische Impertinenz [...].»[38]

In der blassen Rhetorik des politischen Jargons drückt sich hier ein nachgerade emphatisch politischer Begriff der liberalen Demokratie aus. Zu ihm gehört der Relativismus eines kognitiven Erwartungsstils; der Gegenentwurf dazu heißt in diesem Kontext «Klimatotalitarismus». Mit Blick auf ein reflektiertes Wissenschaftskonzept ist dieser kognitive Erwartungsstil ebenso konstitutiv wie für die liberale Demokratie. Denn deren Prinzip ist nicht die autoritative Beendigung der Debatte, sondern einerseits die stete Möglichkeit zur Diskursivierung und Wiederdiskursivierung von (so gut wie) allem, sowie andererseits ein Entscheidungstypus, der Beschlüsse regelhaft unter den Vorbehalt der Weiterführung oder Wiedereröffnung von Rede und Gegenrede stellt: in gesellschaftlichen Diskursen, in den Prozessen politischer Willensbildung, in der parlamentarischen Beratung, in der gerichtlichen Überprüfung. Oder paradox gesagt: Innerhalb der vom Konstitutionalismus relativ weit gezogenen Grenzen ist ein kognitiver Erwartungsstil für die liberale Demokratie konstitutiv.[39]

Habecks Fokus liegt demgemäß vor allem auf der präzisen Abgrenzung der Sphären von vorpolitischen Wahrheitsansprüchen einerseits und demokratischem Diskurs andererseits. Das Wagnis der Demokratie, von welchem Willy Brandt einst sprach, zerschellt hier nicht am autoritären Anspruch eines politischen Szientismus. Vielmehr wird demokratische Politik, wie moderne Wissenschaft, als unabschließbares diskursives Geschehen konzipiert. Und dies rechtfertigt es – mit einem oben bereits einmal verwendeten Ausdruck – in beidem Institutionalisierungsformen von Dauerreflexion zu sehen. Sie besitzen eine je eigene Zeit- und Prozessstruktur, weil sie beide revisionsoffen sind und konstitutiv unter dem Vorbehalt zukünftigen Lernens und besseren Wissens stehen. In diesem Sinne liegt bei Habeck ein ‹starker› Begriff von Politik (S. 372) vor.

«Selbstkritisches Kämpfen»

Doch wie ist Dauerreflexion unter den Bedingungen von medial vielfach vermittelten und auch fragmentierten Öffentlichkeiten als Politikstil möglich? Also nicht allein als Element eines demokratietheoretischen Diskurses, der Politik in analytischer oder normativer Einstellung beobachtet, sondern vielmehr als Element von Politik selbst? Die Frage stellt sich, weil Habecks Buch in den Raum *politischer* Kommunikation, nicht in denjenigen von (Politik-)*Wissenschaft* gehört. Er versteht Dauerreflexion als Teil des Machtkampfs, in welchem sie als eine reflexive Selbstrelativierung und Selbstbindung der Akteure fungiert. Das Oxymoron dafür lautet «selbstkritisches Kämpfen» (S. 61, 64), und der Autor beschreibt damit «eine Politik, die [...] weiß, dass das Absolute das Ende von Widerstreit und Widerspruch und damit das Ende von liberaler Demokratie ist» (S. 315).

Selbstbindung ist in der Form demokratischer Selbstgesetzgebung (griechisch: *autonomía*) einerseits fundamental, andererseits in der Praxis des politischen Machtkampfs alles andere als trivial. Dort ist sie eine Schwierigkeit, die Julian Müller und Astrid Séville vor Kurzem in politikwissenschaftlicher Perspektive als «Habeck-Paradox» erläuterten[40], und ich gehe darauf knapp ein, weil es die demokratische Spannungsinstitutionalisierung von Mehrheitsprinzip und Rationalitätserfordernissen in der intermittierenden Abfolge von Beratschlagung und Beschlussfassung noch einmal in einen anderen Blickwinkel rückt. Müller und Séville arbeiten heraus, dass die von Habeck vertretene «Kopplung von Selbstreflexion mit der Fähigkeit zur Tat» zwar gelingen könne. Allerdings nicht gänzlich ohne Unterbrechung der politischen Dauerreflexionskommunikation dadurch, dass Entscheidungen gefällt werden. Beschlüsse, Abstimmungen, Wahlen stellen den Prozess der Reflexion vorübergehend still. Erst recht entlasten Mehrheitsermittlungen von den in diesem Prozess geltenden Begründungserfordernissen. Dafür brauche es so etwas wie ‹Aussetzungsregeln›, die «eine temporäre Unterbrechung von Reflexion und Kommunikation als Möglichkeitsbedingung politischen Handelns und kollektiv verbindlichen Entscheidens gestatte[n].» Zeitregime, Formzwänge oder Machttechniken des Politiksystems können in diesem Sinne fungieren. Aber auch – wofür sich Müller und Séville im Falle Habecks besonders interessieren – die «Biografisierung eigener politischer Werte» und «der Verweis auf authentische Erfahrung»[41] mag ein Mechanismus sein, der die zwischenzeitliche Aussetzung der Dauerreflexion regelt. Wohlgemerkt: nur eine Aussetzung, keineswegs den Abschluss verstetigter Reflexionsprozesse, denn unter demokratischen Prinzipien ist es entscheidend, politische Beschlüsse *und* die Fortsetzung des Diskurses zugleich zu ermöglichen. Daher kann nicht von einer *strictu sensu* unterbrechungsfreien politischen Kommunikation demokratischer Reflexivität die Rede sein, wohl aber von deren Unabschließbarkeit.[42] Selbst ‹abschließende› Beschlüsse schließen den Fortgang gesellschaftlicher Diskurse oder eine Wiedereröffnung politischer Debatten in der Regel nicht aus.

Manches spricht dafür, in der von Müller und Séville am Beispiel Habecks verfolgten politisch-kommunikativen Verknüpfung von Kampf und Reflexivität ein «hypermodernes Parteiverständnis» und Politikkonzept zu sehen.[43] Mit ihm wird ein kognitiver, selbstreflexiver Erwartungsstil gewissermaßen politisch real, von dem man vermuten darf, dass er einerseits auf die Strukturveränderungen öffentlicher Kommunikation durch digitale Plattformen, andererseits auf soziokulturelle Transformationsprozesse der Gegenwartsgesellschaft reagiert.[44] Anstatt dies hier weiterzuverfolgen, verweise ich zum Abschluss auf ein recht anschauliches Beispiel für jene prozeduralistische und revisionistische Verbindung von Wahrheitsansprüchen und Mehrheitsentscheidungen, um die es in diesem Kapitel ging.

In der Geschichte der bundesrepublikanischen Energiepolitik wurde die Frage der Nutzung von Kernenergie immer wieder neu und unterschiedlich beantwortet. Selbst noch nach dem Ausstiegsbeschluss der rot-grünen Bundesregierung im Jahre 2000 führen die Antworten auf diese Frage zur 2010 beschlossenen Verlängerung der Kraftwerkslaufzeiten sowie zum direkt nach der Reaktorkatastrophe im japanischen Fukushima im März 2011 verabschiedeten Moratorium, bis endlich einige Monate später die wiederholte Novellierung des Atomgesetzes durch die Regierung Merkel das Ende der Atomstromgewinnung auf das Jahr 2022 terminierte. Dieses Ende wurde dann von der Ampelkoalition unter dem Eindruck der Energiekrise im Zusammenhang mit dem russischen Krieg gegen die Ukraine noch einmal ins Frühjahr 2023 hinausgeschoben, ohne dass die politische Diskussion freilich beendet wäre.[45]

Ersichtlich ist dies eine Geschichte aufeinanderfolgender Revisionen und Revisionsrevisionen. Politische Auseinandersetzungen werden durch Beschlüsse vorläufig beendet, eine Wiedereröffnung von Diskussionen zielt auf deren Korrektur ab. Gesellschaftliche Einstellungsverschiebungen und der Wechsel parteipolitischer Mehrheiten, aber auch Veränderungen äußerer Umstände, ökonomische Kalküle, Erkenntnisfortschritte oder politische Opportunitäten und Machtinteressen schlagen sich demokratisch als Lernprozesse des politischen Systems nieder. Sie können es und sie müssen es, weil demokratische Politik in pluralistischen Gesellschaften Wahrheit allein als unabsehbare Vielzahl von Meinungen, Wahrheitsansprüchen oder Überzeugungen kennt. Dass Wahrheitsfragen ignoriert würden, bedeutet dies jedoch gerade nicht. Vielmehr sind Beschlussfassungen nach dem Mehrheitsprinzip in der Demokratie eingebettet in unabschließbare Prozesse gesellschaftlichen Meinungsstreits und politischer Willensbildung. Mit derartigen Beratschlagungen entstehen Räume der Erörterung epistemischer Fragen aller Art. Hier werden für Stellungnahmen jedenfalls Begründungen erwartet, ohne dass diese vorab durch Festlegung epistemischer Standards – wie zum Beispiel auch bestimmte Begriffe von Wahrheit, Rationalität oder Objektivität – eingegrenzt würden. Es kann also auch darüber gestritten werden, was überhaupt begründungsbedürftig ist, was als hinreichende Begründung gelten kann oder wie gestritten werden sollte.

Politische Beschlussfassungen sind von Wahrheitsansprüchen also weder deterministisch abhängig noch ihnen gegenüber indifferent. Wahrheitsdiskurse beeinflussen auf vielfältige Weise demokratische Entscheidungen, doch tun sie dies nicht in der Form eindeutiger und hinreichender Kausalwirkung so, dass das Entscheiden überflüssig würde. Bei ihrem Entscheidungsverhalten unterliegen die Teilnehmer reduzierten Begründungspflichten. Wahlen, Abstimmungen oder Beschlüsse bleiben bei aller diskursiven Vor- und Nachbearbeitung Entscheidungen in einem konstitutiven Sinne. Sie fallen weder notwendig noch zufällig. Sie sind kontingent, es gibt für sie Argumente *und* Gegenargumente. Und daher müssen sie auch revidiert werden können.

Liberale Demokratien lösen ihre *Rationalität*szusicherung also dadurch ein, dass sie Räume diskursiver Beratschlagung eröffnen, während sie um der *Freiheit*ssicherung Willen die Kontingenz politischen Entscheidens akzentuieren. In beidem, wie auch darin, dass Beratschlagungen und Entscheidungen nur lose gekoppelt sind, liegen selbstverständlich erhebliche Zumutungen. Die Zuversicht, dass diese Zumutungen erträglich seien, stützt sich darauf, dass die Prozessspannung von ansteigenden und absinkenden Begründungserwartungen im Horizont offener Zukünfte liegt. Umstände verändern sich, Wissen und Erkenntnisse, Einschätzungen und Auffassungen können sich wandeln, Interessen, Machtlagen oder Mehrheiten wechseln. Entscheidungen mögen sich bewähren oder als Fehler erweisen und revidiert werden; wobei selten unstrittig sein dürfte, welcher dieser Fälle tatsächlich vorliegt. Und über all dies müssen sich Gesellschaften wiederum in der Verschränkung von Beratschlagung und Beschlussfassung politisch verständigen.

Allerdings: Die allgemeine Selbstverständlichkeit der Prämisse all dessen, dass nämlich die Zukunft offen sei, sie könnte erodieren[46], wo es angesichts drohender Umweltkatastrophen Gründe für die Befürchtung gibt, dass dieser Horizont sich allmählich schließen könnte.

6.
Herrschaft der Wissenschaft

Wie die Jugendklimabewegung und die aktivistischen Wissenschaftlerinnen diagnostiziert auch der Berufspolitiker Karl Lauterbach 2022 in seinem Buch *Bevor es zu spät ist* ein «Versagen unseres Systems».[1] Diese Diagnose soll nicht allein auf die Klimapolitik zutreffen, der Verfasser weitet sie vielmehr auf alle Politikfelder aus, die in der einen oder anderen Weise mit der sogenannten ‹Großen Transformation› befasst sind (oder es doch sein sollten); und da bleibt freilich wenig ausgeschlossen. Um dieses Systemversagen zu beheben, müsse Politik umfassend wissenschaftlich programmiert werden. Die Anerkennung von Wissenschaft «als Maßstab oder als Leitinstanz für die Politik» (S. 45) sei dafür ebenso zentral wie eine Erhöhung des Anteils von Wissenschaftlerinnen am politischen Personal.

Dieses Programm einer Verwissenschaftlichung des Politischen greife ich nun vor dem Hintergrund der vorangegangenen demokratietheoretischen Überlegungen noch einmal auf. Lauterbach verfolgt seinen Leitgedanken nämlich bis in die Konsequenz eines jenseits des rechtsstaatlichen Verfassungsrahmens liegenden autoritären Wahrheitsregimes. Die Spannung zwischen der Legitimitäts- und der Leistungsseite von Politik, die demokratische Herrschaft kennzeichnet, wird dabei zugunsten des Outputs in einer Weise radikal vereinseitigt, welche für aktuelle Diskurslagen symptomatisch scheint. Die anschließenden Abschnitte dieses Kapitels skizzieren dies unter Verweis auf die Jugendklimabewegung, aber auch auf die Logik apokalyptischer Diskurse überhaupt: Sie laufen mit einer gewissen Folgerichtigkeit darauf hinaus, szientokratische Leistungsversprechen wichtiger zu nehmen als demokratische Legitimationsaspekte.

Zunächst aber noch einmal zur wissenschaftlichen Programmierung von Politik, die nicht nur Eigensinn und Eigenfunktion des Politischen aufzuheben, sondern auch die demokratischen Prinzipien von Freiheit und Gleichheit zu schwächen droht. Wie bereits zu sehen war[2], ist es nämlich nicht belanglos, wenn das epistemische Spektrum gesellschaftlicher Meinungsbildung und politischer Beratschlagungen durch szientifische, gar szientistische Standards eingeengt wird. Deutlich weiter überdehnt sodann aber jener Vorschlag die demokratischen Grenzen des Politischen, welcher im Zentrum von Lauterbachs Programm einer «Revolution des Zusammenspiels von Politik und Wissenschaft» steht. Ihm zufolge wäre diese Revolution nämlich erst vollendet, wenn «Politik auch Kompetenzen an die Wissenschaft auslagern» würde (S. 33). Wo Politik mit ihrer Rücksicht auf die Unbeständigkeiten, Unabgestimmtheiten und Widersprüchlichkeiten des pluralistischen *demos* Zeit verschwendet und zu viele Umstände macht, da will dieses einseitig vom Ergebnis politischen Handelns her gedachte Programm mittels Wissenschaft Beratschlagung abkürzen, Handeln beschleunigen und politische Effektivität steigern. An die Stelle von demokratischer Volksherrschaft träte eine Herrschaft der Wissenschaft. Weil sie von keinen Alternativen wüsste, würde sie im strengen Sinne gar keine Entscheidungen treffen. Sie nähme vielmehr Ableitungen aus einer vorpolitischen Wahrheit vor, die als alternativlos angesehen wird und als Legitimitätsquelle an die Stelle des Mehrheitswillens träte. Szientistische Politik liefe geradewegs auf Szientokratie, auf eine Herrschaft von Wissenschaft hinaus. Und «vom Standpunkt der Politik gesehen» wäre diese, um es mit einer berühmtem Formulierung Hannah Arendts zu sagen, wie jedes Wahrheitsregime «despotisch».[3]

Indes ist es nicht so, dass der Sozialdemokrat Lauterbach diese Gefahr nicht sähe. Vielmehr befleißigt er sich, seine Verfassungstreue zu betonen. Es dürfe «keine Diktatur der Technokratie geben»[4], die «allgemeine Priorität politischer Ziele vor wissenschaftlichen Erkenntnissen [müsse man] akzeptieren.» (S. 73) Er «akzeptiere zu 100 Prozent das Primat der Politik. Und das bedeutet, dass politische Entscheidungen auch anders fallen können, als die Wissenschaft empfiehlt. Das ist richtig so.»[5] Und wenn ein solcher Fall eintrete, «dann [sei] das nicht ein Mangel an Demokratie, sondern ein Ausdruck von Demokratie.» (S. 24)

Aus demokratietheoretischer Sicht kann man das nur unterstreichen. Mehrheitsentscheidungen werden durch gesellschaftliche Beratschlagung und auch durch wissenschaftliche Expertise beeinflusst, aber nicht determiniert. Demokratie ist fehleranfällig, auch falsche Entscheidungen können legitim sein. Doch fragt sich dann, worin die Umwälzung des Verhältnisses von Wissenschaft und Politik liegen soll, wenn anstatt der Agenda einer wissenschaftlich durchprogrammierten Politik die soeben zitierten Floskeln demokratiepolitischer *correctness* gelten sollen. Ist Diskrepanz zwischen wissenschaftlichen Handlungsempfehlungen und politischen Entscheidungen nun Ausdruck von Demokratie oder ist sie Zeichen politischen Systemversagens? Wenn die Möglichkeit solcher Diskrepanz demokratisch akzeptabel ist, warum muss und wie kann ihr dann durch Verwissenschaftlichung von Politik überhaupt entgegengewirkt werden?

Die Argumentationslage ist also zwiespältig. Deutlich scheint jedoch, dass das Verhältnis von Wissenschaft und Politik sowohl in Lauterbachs Beteuerungen demokratischer Grundsätze wie in seinem revolutionären Verwissenschaftlichungsprogramm jeweils strikt dichotomisch und hierarchisch konzipiert ist. Hier wie da existiert allein die bestimmte Alternative, dass der Primat entweder bei der Politik liegt oder dass er an die Wissenschaft übergeht. Es soll also einen, und zwar: nur einen Primat gesamtgesellschaftlicher ‹Steuerung› geben, und der kann zwischen den Teilsystemen wechseln. Wissenschaft und Politik werden keineswegs über ihre je spezifischen Systemfunktionen unterschieden, sondern als funktionsäquivalente Bereiche hierarchisch angeordnet im Hinblick auf die Erfüllung einer übergeordneten gesellschaftlichen Leistungserwartung. Die enorme Komplexität hochdifferenzierter Gesellschaften ebenso wie der jeweilige Eigensinn und die konstitutiven Binnendifferenzierungen von moderner Wissenschaft und Politik können allerdings nicht in den Blick geraten, wenn man etwa ignoriert, dass wissenschaftliches Wissen nicht von kollektiver Zustimmung abhängig ist und politische Entscheidungen nicht von methodischen Wahrheitsansprüchen. So wenig wie einen ökonomischen, religiösen oder militärischen Primat gibt es, gesellschaftlich gesehen, einen Primat des Wissenschaftlichen oder des Politischen.

Unterbelichtet bleibt demzufolge auf Seiten von Politik auch jene im vorhergehenden Kapitel herausgearbeitete Option, wenn man will: der Kompromiss der aufgeklärt liberalen Demokratie, dass sie nämlich Wissensfragen und Machtfragen in einer stabilisierten Prozessspannung vorbehaltlicher Beratschlagung und Beschlussfassung prozedural aufeinander bezieht. Vielmehr läuft für Lauterbach alles auf eine Entscheidung zwischen der politischen Herrschaft des *demos* und der *politischen* Herrschaft der Wissenschaft hinaus. Und das ist freilich ein Dilemma. Denn weder kann er ausdrücklich gegen Demokratie optieren, jedenfalls nicht als Bundesminister, noch kann er angesichts lebensbedrohlicher ökologischer Krisen das Wissen der einschlägigen Wissenschaften ignorieren.

Normallage und Notfall

Indem er Gesellschaft als ein auf die ‹Große Transformation› hin ausgerichtetes hierarchisches Gefüge funktionsgleicher Domänen auffasst, bringt Lauterbach dieses Dilemma selbst hervor. Einen Ausweg sucht er auf folgenschwere Weise vermittels des Schemas von Regel und Ausnahme. Für den Regelfall gelte, *politically correct,* der Primat der Politik. Doch schon die Art und Weise, wie dieser Primat formuliert ist, bahnt der Einführung des Ausnahmefalls den Weg. Es müsse, so heißt es, «als Privileg der Politik betrachtet werden, dass in vielen ihrer Bereiche wissenschaftlicher Sachverstand weniger einbezogen wird, als er einbezogen werden könnte.» Und es sei «das Privileg von Wählern und Gewählten, hier Schwerpunkte zu setzen.» (S. 79) Symptomatisch ist an diesen Sätzen der Ausdruck ‹Privileg›. Er gehört zu einer Rhetorik der Herabstufung. Denn wer Rechte nicht als konstitutives Recht besitzt (Hannah Arendt), sondern bloß als Privileg, der kann sie auch wieder verlieren. Privilegien sind disponibel. Sie stehen zur Disposition übergeordneter Instanzen, die sie verliehen haben und also entziehen können. Ist der Primat der Politik ein Privileg, so hat er Grenzen, über die Politik selbst nicht verfügt. Dann gibt es mindestens Ausnahmen vom Normalfall. Und die seien nun angesichts der globalen Erderwärmung allerdings erreicht. «[D]ieses Primat der Politik hört für mich beim Klimawandel auf, weil es die nachfolgenden Generationen über Jahrhunderte beeinträchtigen kann, wenn wir die 1,5-Grad-Grenze überschreiten» (ebd., vgl. S. 77 f.).

Ersichtlich handelt es sich hierbei um eine Art Notfallargument, und es dient dazu, die Prinzipien demokratischer Politik fallweise außer Kraft zu setzen. Es herrsche Ausnahmezustand, und da dürfe man nicht auf seinen Privilegien beharren, auch nicht auf den Privilegien bürgerschaftlicher Beratschlagungen oder von Mehrheitsentscheidungen, die sich nicht von den Handlungsempfehlungen der Wissenschaft bestimmen lassen. Wenn die Fakten klar, unbedingt, unbezweifelbar und normativ bindend ‹auf dem Tisch› liegen und wenn sie, so wie sie sind, den Notfall anzeigen, dann soll es, so bringt Lauterbach zum Ausdruck, nichts mehr zu beratschlagen und keine Alternativen mehr geben, zwischen denen zu entscheiden wäre. Jedenfalls im Falle der Klimakrise, so muss man das verstehen, seien beide Konditionen erfüllt. Und demnach hätte sich dann nicht allein hinsichtlich der Handlungsziele, sondern auch hinsichtlich aller politischen Einzelmaßnahmen der Relativismus der Auffassungsunterschiede und Deutungskonkurrenzen ebenso erledigt wie der Pluralismus der Macht- und Wissensansprüche, der Interessenlagen und Orientierungskomplexe.

Es liegt systematisch durchaus nicht fern, sich in diesem Zusammenhang an ein Augustinus zugeschriebenes, theokratisches Machtwort erinnert zu fühlen und es für eine prononcierte Fassung von Lauterbachs Notfallargument zu adaptieren: *Scientia locuta, causa finita.* Sobald die Wissenschaft gesprochen hat, ist die Sache erledigt und dann könnte (und müsste) der Absolutismus der Weltrettung beginnen. Dies ist hier die politische Leitidee. Was zu ihren wissenschaftskonzeptionellen Voraussetzungen zu sagen ist, dürfte vor dem Hintergrund der vorangegangenen Kapitel deutlich sein. Es handelt sich um reduktionistischen Szientismus, der noch nicht einmal sagen kann, wie er welche Wissenschaft auswählt, damit sie hier die Herrschaft übernehme, und wie er sie administrativ handlungsmächtig machen will. Problematischer noch ist die demokratietheoretische Seite dieser Leitidee. Denn mit dem Notstandsargument, dass die Klimakrise den Primat der Politik beende, befindet man sich schlagartig an einer systematischen Kardinalstelle des Herrschaftsdenkens mindestens des vergangenen Jahrhunderts. Und das kann man wissen, seit der gelegentlich als «Kronjurist des Dritten Reichs» apostrophierte[6] scharfsichtige Feind des Liberalismus, der Staatsrechtler Carl Schmitt, seine Verfassungstheorie nicht von der Regel, sondern von der Ausnahme her entwickelte. Prägnant zum Ausdruck kam das in jenem Diktum, mit dem Schmitt seine Kritik an der Demokratietheorie Hans Kelsens eröffnete: «Souverän» sei, «wer über den Ausnahmezustand entscheidet».[7] Spätestens seit diesem apodiktischen Satz ist die Unterscheidung von Normallagen und Ausnahmezustand mit den jeweils daraus abzuleitenden Folgerungen für die Legitimität staatlichen Handelns ein besonders intensiv diskutiertes Gebiet der politischen, juristischen und Staatstheorie.[8]

Lauterbach zeigt sich davon unbekümmert. Seine Leitidee operiert vielmehr systematisch auf eben dieser Unterscheidung. Die Feststellung, ob ein regulärer Allgemeinzustand vorliege, bei dem die ‹Privilegien› des Demokratischen noch gelten, wird gerade nicht dem demokratischen Souverän oder den von ihm eingesetzten Staatsorganen zugewiesen. Das letzte Wort dazu, ob der Primat bei der Politik oder vielmehr bei der Wissenschaft liege, ist an ‹die› Wissenschaft abgetreten. Was immer das sei, wer immer für sie unter welchen Umständen sprechen und was immer er oder sie sagen mag, diese Wissenschaft befindet als Souverän über das Vorliegen des Ausnahmefalls: «Wenn die Politik nicht in der Lage ist, große heiße Eisen anzupacken, jene Probleme, die die Wissenschaft längst als die entscheidenden diagnostiziert hat, dann ist das ein Systemfehler.» (S. 85) Ihn zu beheben, müssen «in der gegenwärtigen Krise neue Regeln gelten» (S. 87).

Es sind dies ausdrücklich andere Regeln als diejenigen der liberalen Demokratie.[9] Es sind die Regeln einer sich selbst ermächtigenden Wissenschaft, die nicht allein die Probleme identifiziert, sondern auch die Lösungen und Lösungswege vorschreibt – ohne dass man dabei erführe, wie diese im Einzelnen aussehen. Wie würde denn diese Wissenschaft, um ein beliebiges Beispiel herauszugreifen, die von einem breiten klimawissenschaftlichen Konsens geforderte starke Reduktion des Fleischkonsums bewirken wollen? Würde sie auf Nudging in Ernährungsumgebungen, auf ein Vegetarismusgebot, auf Lenkungssteuern oder auf Kennzeichnungssysteme für die Tierhaltung setzen? Oder auf Tierhaltungsobergrenzen? Und würde sie diese dann je Betrieb oder je Hektar, regional differenziert oder bundes-, gar europaweit einheitlich festlegen? Und was wäre das Wissenschaftliche daran, eine dieser Optionen zu präferieren? Systematische Lücken dieser und vergleichbarer Art, etwa auch die Möglichkeit des wissenschaftlichen Irrtums, füllt die von Lauterbach propagierte neue Regelsetzung der Wissenschaft durch einen Geltungsanspruch, der im Ausnahmezustand «der gegenwärtigen Krise» jedes demokratische Mandat dominiert. Wissenschaft wäre demnach suprakonstitutionell. Sie wäre nicht bloß «Leitinstanz für die Politik» (S. 45), sondern tatsächlich eine *Letzt*instanz von Politik aus eigenem Recht, dem Recht der unbedingten Wahrheit ihres Faktizismus.

Die politische Agenda des derzeitigen Bundesgesundheitsministers setzt auf Verwissenschaftlichung der Politik. Denkt man sie zu Ende, so träte eine über den Ausnahmezustand verfügende souveräne Wissenschaft neben und über den *demos* der Demokratie. Nicht mehr ginge «[a]lle Staatsgewalt», wie es Artikel 1 des *Grundgesetzes* bestimmt, grundsätzlich «vom Volke aus.» Volksherrschaft wäre vielmehr konditioniert. Sie ginge lediglich vom Volk aus unter der Voraussetzung, dass die Wissenschaft nicht den Ausnahmefall dekretiert. Also gar nicht, denn abgeleitete Souveränität ist keine. Und das stellt die konstitutionelle parlamentarische Demokratie zur Disposition. Zur Disposition von Wissenschaft.

Machtfunktionen

Das hier diskutierte Programm einer verwissenschaftlichten Politik und einer zur Substitution von Politikfunktionen ermächtigten Wissenschaft läuft auf ein Wahrheitsregime hinaus, eben auf jene «Diktatur der Technokratie»[10], die Lauterbach vorgeblich gerade vermeiden will und die, nochmals mit Carl Schmitt gesprochen, wie jede «Diktatur [...] der Gegensatz zur Diskussion» ist.[11] Das Herrschaftsprinzip dieses Klima-Schmittianismus ist das Machtwort eines vorpolitischen Wahrheitsbesitzes. *Scientia locuta, causa finita.* Die vorderhand vernünftig klingende Parole «Mehr Wissenschaft wagen» wird unter wissenschaftlich dekretierten Ausnahmebedingungen zu dem politischen Befehl, alle Beratschlagung abzubrechen und Mehrheitsentscheidungen widrigenfalls zu kassieren. «[G]egen die Ausgleichs- und Konsensbildungsinteressen der ‹diskutierenden Klassen›», wird wie einstmals bei Carl Schmitt das «extreme[] Gegenprinzip einer Ausnahme-Herrschaft» gesetzt.[12] Die Parole erweist sich in Wahrheit als das genaue Gegenteil jenes älteren Vorsatzes von Willy Brandt, «mehr Demokratie wagen» zu wollen, dessen historische Aura sie sich anzueignen sucht. In ihrem autoritären Gestus verbindet sich die Behauptung unbedingter epistemischer Gewissheit mit einem moralischen Überlegenheitsgefühl. Die beanspruchte Entscheidungsmacht camoufliert sich als alternativloses Faktum und suspendiert damit nicht allein die demokratische Mehrheitsentscheidung, sondern sie verschließt auch den «permanenten gemeinwohlbezogenen Reflexions- und Argumentationszusammenhang» (Andreas Voßkuhle) bürgerschaftlicher Beratschlagung. Es handelt sich um einen Typus von Szientokratie, der im strikten Sinne auto-kratisch ist und dessen Despotie demokratische Herrschaftsgrundsätze in ihrer Gesamtheit verletzt. Karl Lauterbachs ‹Mehr Wissenschaft› ist ein ‹Zuviel an Wissenschaft›, denn es steht dem Wagnis der Demokratie des liberalen Verfassungsstaates kategorisch entgegen.

Im Übrigen fehlt der Erwartung, die diese Wissenschafts-Autokratie hervorbringt, dass sie nämlich die Effektivitätsschwäche demokratischer Politik beheben könne, jede empirische Grundlage. Der autokratische Szientismus wäre nicht allein demokratietheoretisch höchst problematisch, sondern er ist zugleich pragmatisch schon deswegen naiv, weil er den Glauben an wissenschaftliche Fakten mit gesellschaftlicher oder politischer Wirkmächtigkeit verwechselt.[13] Gleichwohl ist der Vorstellungskomplex einer Herrschaft der *Wissenschaft* nicht einfach dysfunktional. Es können *politische* Optionen damit verbunden sein, dass man ihn öffentlich zur Sprache bringt. Man kann dann nämlich das demokratische Prinzip der Mehrheit und den Code der szientistischen Wahrheit politisch gegeneinander ausspielen und je nach Bedarf zwischen ihnen wechseln. Das eröffnet die Chance, sich als Demokrat zu zeigen, solange die Mehrheit die eigenen Positionen teilt, andernfalls aber als Vertreter überlegenen Wahrheitswissens zu agieren.

Eben darin liegt die machttechnische Zweckrationalität nicht nur der von Karl Lauterbach vorgetragenen Agenda einer verwissenschaftlichten Politik, sondern auch seiner Selbstinszenierung. Er gibt sich als Politiker und Wissenschaftler ‹zugleich›, und das heißt: je nach politischer Opportunität. Und dabei hängt die politische Effektivität des Gebrauchs, der hier von den Wissenschaften gemacht wird, mit der epistemischen Qualität der jeweiligen Erkenntnis allenfalls lose zusammen. Letztere ist im Falle der Klimaforschung sehr hoch und im Falle der Virologie und Epidemiologie in den Monaten der COVID-Pandemie rasant gestiegen. Doch unabhängig davon dient die szientokratische

Referenz auf ‹die› Klimaforschung oder ‹die› Medizin stets auch der Verdeckung eines im Kern autoritären Machtanspruchs. Sie camoufliert diesen Machtanspruch, wo er nicht von politischer Mehrheit gedeckt wird, als Erfordernis der Wahrheit.

In der Leitidee einer Herrschaft der Wissenschaft, wie ich sie hier an einem recht prominenten publizistischen Beispiel nachzeichne, ist Wissenschaft kein Erkenntnisverfahren, sondern eine politische Machttechnik.[14] Der szientistische Reduktionismus des fundierenden Wissenschaftsglaubens ebenso wie der autoritäre Gestus und autokratische Fluchtpunkt dieser Machttechnik bleiben in Gesellschaft, Medien und Politik der westlichen Gegenwartsmoderne erstaunlich unbeachtet und unwidersprochen. Um es am Beispiel zu sagen: Wenigstens zum Zeitpunkt der Entstehung seines Buches war Lauterbach einer der angesehensten deutschen Politiker überhaupt. Seine Gesundheitspolitik, nicht allein während der Pandemie, findet breite mediale Beachtung. Auch sein politischer Kommunikationsstil und seine medialen Selbstinszenierungen werden öffentlich kommentiert, sei es als Ausdruck vertrauenswürdiger Sachkompetenz, sei es als schriller Alarmismus. Dass beidem ein ausformuliertes, explizit anti-pluralistisch autoritäres Politikkonzept zugrunde liegt, das auf die unbedingte Herrschaft einer szientistisch verkürzten Wissenschaft hinausläuft, bleibt demgegenüber öffentlich praktisch unbemerkt. Ähnliches gilt für den Aktivismus von *Scientists for Future* oder *Scientist Rebellion*. Die Absichten und, beinahe mehr noch, die Formen des Protests sind ein gesellschaftliches Thema. Die wissenschafts- wie politiktheoretischen Implikationen sind es kaum. Man kommt mit derartigen szientistischen, ja autoritär szientokratischen Auffassungen ohne Weiteres durch, denn sie werden von besten Absichten verdeckt. Und zwischen den globalen Bedrohungsszenarien von Klimawandel oder Pandemie einerseits und dem politischen

Nahkampf um Maskentragen, Solarenergieförderung oder Verkehrsblockaden, um Restaurantschließungen, Tempolimit oder Wärmepumpen andererseits bleibt für den Szientismus demokratieferner Wissenschaftsherrschaft wenig öffentliche Aufmerksamkeit.

Erwartungsverschiebungen

Dabei liegen die Hoffnungen auf eine Herrschaft der Wissenschaft in einem Problemhorizont, der die liberale Demokratie systematisch kennzeichnet und sie in jüngerer Zeit verstärkt herausfordert. Zum Beispiel 2008 in der sogenannten Finanz- und 2015 in der Flüchtlingskrise, vor allem aber und bereits seit Jahrzehnten in der Umweltpolitik sowie in der sich beschleunigenden Verschärfung der Klimakrise ist schwerlich zu übersehen, dass die Problemlösungskapazität demokratischer Herrschaft sich zu ihrer Legitimität durchaus spannungsvoll verhalten kann. Im Maße bürgerschaftlicher Beteiligung mag zwar die demokratische Qualität politischer Prozesse und Entscheidungen steigen.[15] Dies geht aber zugleich damit einher, dass Zahl und Vielfalt der einzubindenden Positionen wachsen, dass die Prozesse ihres Abgleichs langsamer, umständlicher und sachlich schwieriger werden. Die Wahrscheinlichkeit ambivalenter Kompromisse mag steigen, entschiedene Problemlösungen werden demgegenüber womöglich seltener, und zwar schon deswegen, weil selbst über Zuschnitt und Gewicht der Probleme kaum je allgemein Konsens besteht. Kennzeichen demokratischer Herrschaft ist «ein grundsätzlicher *trade off* zwischen Systemeffizienz und Partizipation»[16] eine vielfach gegenstrebige Spannung zwischen Legitimitätsgesichtspunkten und Effektivitätsaspekten.

Dieser Zielkonflikt tritt nicht nur dort zutage, wo sich in einer

Art von ‹Konsumentendemokratie›[17] bei der Beurteilung des demokratischen Staates dessen Effektivität für das jeweilige Individuum vor seine gesellschaftliche Legitimität schiebt. Wichtiger als der Input aller wird der Outcome des Staates für mich. Die demokratische Rechtfertigungsfähigkeit von Politik tritt in den Hintergrund gegenüber ihrer Dienstleistungsfähigkeit. Und an die damit verbundenen Erwartungen passt sich, sie verstärkend, selbstverständlich auch die politische Rhetorik an: ‹Wir haben geliefert›.

Mehr als alles andere verschärft indes die globale Umweltkrise diese Spannung zwischen Legitimitätsgesichtspunkten und Effektivitätsaspekten. Der Klimawandel samt den drohenden Folgekatastrophen, vom Artensterben über Meeresspiegelanstieg und Dürren bis hin zu Migrationsbewegungen und sozialer Anomie, markiert eine außergewöhnliche globale Gefährdungslage. Ihre Dimensionen wirken umso präzedenzloser, je mehr die Erinnerung daran verblasst, wie nahe beieinander Kalter Krieg und atomarer Weltkrieg einmal gelegen hatten. Sie sind jedenfalls von überwältigendem existenziellem Gewicht. Diese Gefährdungslage erschwert es erheblich, das Fortschrittsnarrativ einer zugleich offenen und besseren Zukunft plausibel zu halten, denn sie bemächtigt sich unser insofern, als sie die bloße Existenz gegenüber den Einzelheiten ihrer gesellschaftlichen Organisation in den Vordergrund zu rückten beginnt. Man hat das auch so ausgedrückt, dass im Verhältnis zu den Fragen der Selbstentfaltung die existenziellen Probleme der Selbsterhaltung wichtiger werden.[18] So scheint die Bereitschaft zu wachsen, dafür auch Einbußen an demokratischer Qualität der politischen Ordnung in Kauf zu nehmen. In apokalyptischen Diskurslagen ist staatlicher Schutz vor den Folgen des Klimawandels, und sei er szientokratisch gewährleistet, womöglich wichtiger als demokratische Legitimität.

Mit der planetaren ökologischen Krise tritt also ein Zusammenhang in den Blick, der die Verheißungen des Szientismus und einer Herrschaft der Wissenschaft attraktiver werden lassen könnte. Ein Indiz in dieser Richtung sind schon die Stellungnahmen der Initiatorin von *Fridays for Future* Greta Thunberg. In ihnen herrscht ein tatsächlich apokalyptischer Ton. «Wir stehen jetzt an einem Scheideweg unserer Geschichte»[19] heißt es da. Das «Haus steht in Flammen» (S. 48), und seine Bewohner sind noch immer nicht aufgewacht (S. 20). Man müsse sie daher «in Panik» versetzen, wie Thunberg am 25. Januar 2019 in einer berühmt gewordenen Rede auf dem Weltwirtschaftsforum in Davos ausrief. «Es gibt keine Grauzonen, wenn es ums Überleben geht.» (S. 25) «Wir müssen unser gesamtes Sein auf den Klimawandel konzentrieren.» (S. 58) Es gibt nichts anderes und auch keine Alternativen, denn die Zeit drängt aufs Äußerste. «Daher können wir die Welt nicht retten, indem wir uns an die Regeln halten. Denn die Regeln müssen geändert werden.» (S. 15 und öfter)[20] «Alles muss sich ändern. Und das muss heute anfangen.» (S. 29)

Der Berliner Soziologe Philipp Staab hat die Logik dieser Wirklichkeitseinstellung als *Leitmotiv der nächsten Gesellschaft* in eine übergreifende Deutungshypothese einzuordnen versucht. In seinem Buch *Anpassung* beschreibt er diese zukünftige Gesellschaft im Spiegel der Weltzugänge von Jugendlichen und jungen Erwachsenen, wie sie für ihn etwa in der versuchsweise als «Generationenelite»[21] verstandenen Jugendklimabewegung *Fridays for Future* empirisch greifbar werden.

Hier habe «die typisch moderne Überzeugung, Selbsterhaltungsfragen seien eigentlich gelöst» (S. 12), so dass ‹Selbstentfaltung› in den Vordergrund treten könne, längst alle Plausibilität verloren. Zum Beispiel am Diskurs über die *tipping points* des Klimasystems verdichteten sich Erfahrungen «einer systemischen Krise der politischen Steuerungsfähigkeit.» (S. 30) Sie gäben der Expertise fürs schiere Überleben den Vorrang gegenüber einer Selbstverwirklichung in freier Meinungsbildung und sie führten dazu, «dass man sich in der Konsequenz letztlich Entlastung durch eine Entpolitisierung von Selbsterhaltungsfragen erhofft, deren Durchsetzung man sich von einer guten Technokratie der öffentlichen Güter verspricht.» (S. 30), das liefe auf ein «Einreißen der Grenze zwischen Wissenschaft und Politik» hinaus (S. 192), welches Staab als «protektive Technokratie» beschreibt. In dieser protektiven Technokratie sei ein «bedeutende[r] Vektor der politischen Imagination» der beobachteten «Generationenelite» zu erkennen, für die «technik- und expertisegestützte Herrschaftsformate als ein entscheidendes Element der Selbstthematisierung» festzustellen seien (S. 182). Letztlich bilde dabei «Entpolitisierung, nicht Demokratisierung den Fluchtpunkt der Perspektiven auf die politische Bearbeitung von Selbsterhaltungsfragen.» (S. 176) Insofern lasse sich sagen: «Praxis und Programmatik der neuen Klimabewegung wirken in der Tat wie Versuche, auf dem schmalen Grat zwischen Demokratisierung und Entdemokratisierung zu balancieren.» (S. 137)

Staabs Rekonstruktion und Deutung dieses Diskurses versteht sich nicht als eine Prognose über Verfassung und Lage einer zukünftigen Gesellschaft. Sie ist eine zeitdiagnostische Analyse eines einflussreichen Sektors gegenwärtiger Jugendöffentlichkeit. In anderen sozialen Sektoren ist vermutlich anderes zu beobachten; eher keine Preisgabe des Fortschritts-Konzepts wie bei der Jugendklimabewegung gibt es zum Beispiel in den forschungs-, innovations- und industriepolitischen Diskursen unserer Gesellschaft, wie sie etwa in den Stellungnahmen der *acatech – Deutsche Akademie der Technikwissenschaften* repräsentativ und einflussreich formuliert werden. Und offen muss auch bleiben, ob die angesprochene Balance von Demokratisierung und Entdemokratisierung in der Klimabewegung sich wird halten lassen. Ebenso wenig ist ausgemacht, dass liberale Demokratien die Selbsterhaltung im sogenannten Anthropozän werden organisieren können und dass nicht eine «evidenzbasierte Technokratie» diese Selbsterhaltung «der demokratischen Deliberation [...] entziehen» (S. 132) wird, um sie der Herrschaft einer, dann freilich politisierten Wissenschaft zu überantworten. Über Antworten auf solche Fragen wird gestritten werden müssen. Es sind jene Fragen, die im Fluchtpunkt allen derzeitigen Nachdenkens über das Verhältnis von Wissenschaft und Demokratie stehen. Und schwerlich ließe sich leugnen, dass mit der Erderwärmung ihre Dramatik steigt.

Muster des szientistischen Autokratismus

In «der politischen Imagination», wie Philipp Staab sie für die Jugendklimabewegung beschrieb, wie in politischen Selbstbeschreibungen beispielsweise nach Art derjenigen von Karl Lauterbach «schwindet gegenwärtig das Vertrauen, dass demokratische Verfahren [...] wirklich zielführend sind.»[22] Als Ausweg bietet sich eine Herrschaft der Wissenschaft an, wie immer sie konzipiert oder imaginiert sein mag. Und wo dieser Ausweg programmatisch gesucht wird, da sollen beste Absichten ihn gangbar machen. Es ist die Sorge um «die nachfolgenden Generationen», die es «über Jahrhunderte beeinträchtigen kann, wenn wir die 1,5-Grad-Grenze überschreiten.»[23]

Das Argument ist einschlägig. Es begründet nicht zuletzt auch die Weiterentwicklung konstitutioneller Freiheitsgarantien.[24] Doch ob es auch begründet, was es hier begründen soll, ist ungewiss. Die von demokratischer Legitimation auf Wahrheitsprätentionen umstellende «gute Technokratie» (Philipp Staab) rechtfertigt sich als ein «benevolenter Paternalismus» durch Gesellschaftsbezug.[25] Wie jeder Paternalismus steckt auch dieser in dem Widerspruch fest, die Gesellschaft entmächtigen zu müssen, um sie schützen zu können. Dass die Herrschaft der szientistischen Wissenschaft in eine Autokratie führt, die jenseits der demokratischen Einhegung politischer Macht liegt, ist dabei eigentlich von Anfang an klar. Es ergibt sich mit einer gewissen Zwangsläufigkeit nämlich schon aus ihrem Ansatzpunkt.

Dieser Ansatzpunkt liegt dort, wo man sich von der Normallage in einen extremen Ausnahmezustand versetzt sieht, wo man jene Welt der *vorletzten* Dinge verlässt, in welcher Demokratie und moderne Wissenschaft als konstitutiv verzeitlichte und revisionsoffene Formen bedingter Herrschaft und Wissensproduktion angesiedelt sind. Es wird dann vom Absolutismus eines *allerletzten* Problems her argumentiert – sei es die Pandemie, sei es der Klimawandel –, das unmittelbar droht, das alle anderen Probleme sachlich wie zeitlich relativiert und das so den komplexen Pluralismus moderner Gesellschaften zentralperspektivisch ordnet. Dies ist das Schema eines apokalyptischen Diskurses.[26] Wenn am Weltende Maß genommen wird, an den letzten Dingen, dann ist es unvermeidlich, dass sich der *Status quo* als ungenügend erweist. So erodiert seine Rechtfertigungsfähigkeit.

Im Hinblick auf gesellschaftliche Mobilisierung und politische Wirkmächtigkeit kann dieser «Tunnelblick der Panik», wie ihn der Mannheimer Politikwissenschaftler Peter Graf Kielmansegg nannte[27], außerordentlich wirksam sein. Denn er geht mit einer Umstülpung der Beurteilungskriterien für das Politische einher. Er zielt, so scheint es, auf eine ‹Umwertung aller Werte› (Friedrich Nietzsche).[28] Fragen der Prinzipien, der Regelgeleitetheit, der Legitimität politischer Meinungsbildung, Entscheidungsfindung und Beschlussfassung treten in den Hintergrund. Nach vorne rücken Gesichtspunkte der effektiven Leistungsfähigkeit von Politik. Der präzedenzlosen Gefährdung müsse mit anderen als den herkömmlichen Instrumenten begegnet werden. Man könnte auch sagen, Outcome-Legitimation gewinne gegenüber Input-Legitimation von Politik deutlich an Gewicht.

Diese strikte Fixierung auf die Leistungsseite von Politik «verdunkelt» jedoch zugleich «den Sinn des komplexen Regelsystems des demokratischen Verfassungsstaates immer mehr, bis es nur noch als Hindernis wahrgenommen wird.»[29] Denn dieser Sinn liegt ja gerade darin, den freiheitlichen Umgang mit einem dezentrierten Pluralismus der Problemauffassungen, Interessenlagen und Handlungsoptionen zu organisieren, welcher sich weder in zeitlicher noch in sachlicher Hinsicht allgemeinverbindlich ordnen lässt.

Es folgt demnach der Logik einer Rhetorik von Außerordentlichkeit und Endzeitlichkeit, die Politik angesichts unbewältigter ebenso epochaler wie globaler Gefährdungslagen als strukturell insuffizient aufzufassen, mehr noch: als Störung der Weltrettung. Für ihre Aufgaben muss dann eine übergeordnete Steuerungsmöglichkeit oder ein Ersatz gesucht werden. Man findet ihn in der Wissenschaft, und kann ihn allenfalls in einer szientistisch verkürzten Wissenschaft überhaupt finden.

So «sorgt die Rhetorik des Notstands für despotische Verhältnisse,»[30] und dieser Schritt lässt sich nicht nur in politischen Stellungnahmen wie denjenigen der Jugendklimabewegung oder von Karl Lauterbach verfolgen, sondern auch an gesellschaftstheoretisch erheblich ambitionierteren Beispielen.[31] So hat etwa der Soziologe Anthony Giddens, in den neunziger Jahren einer der intellektuellen Väter des britischen *New Labour*-Projektes, schon vor über einer Dekade in seinem Buch *The Politics of Climate Change* durchbuchstabiert, wie manifestes Politikversagen behoben werden könne, indem man diese *Politics* um alles Politische programmatisch bereinige.[32] Es müsse «der scharfe Gegensatz von Links und Rechts sowohl ideologisch als auch in der parteipolitischen Praxis überwunden werden [...].»[33] Denn tatsächlich bestehe längst kein sachlicher Dissens mehr über das, was bei der Bekämpfung des Klimawandels ‹eigentlich› erforderlich sei. Vielmehr seien es allein politische Gegnerschaften, welche die richtigen Entscheidungen behinderten. Und gegen diese Blockaden durch das Politische empfahl Giddens nun einen parteiübergreifenden *monitoring body*.[34] Dieser sollte die Verfolgung von Klimaschutzzielen nicht bloß überwachen, sondern gegebenenfalls auch selbst direkt in die entsprechende Gesetzgebung eingreifen.

Unüberhörbar ist, dass dieser klimapolitische Herrschaftsentwurf bis in jene Vorstellungen des bundesrepublikanischen Gesundheitsministers hinein nachhallt, nach welchen Politik durch Szientifizierung ertüchtigt werden soll. In einem Akt theoretischer Verzweiflung, möchte man sagen, unterwirft schon Giddens die Prozesse bürgerschaftlicher Beratschlagung und demokratischer Mehrheitsentscheidung der unbedingten Wahrheitsrede eines Gremiums von Klimaexperten. Demokratische Herrschaftsprozesse und -instanzen würden so von einem zweiten Machtapparat dominiert, in dessen Zentrum eine Art ‹Wohlfahrtsausschuss› oder ‹Wächterrat› letztentscheidende Machtworte spricht; so wie andernorts eine Einheitspartei oder eine theokratische Klerikerkaste. Es entstünde eine Verdoppelung der politischen Ordnungsstrukturen[35]: Einer ganz oder fallweise entmachteten Ordnung nach dem Prinzip demokratischer Mehrheiten würde ein sich selbst ermächtigendes Wahrheitsregime zur Seite und teilweise vorangestellt, insofern es im Falle einer Kollision beider Ordnungen bestimmt, was letztlich gelten und geschehen solle. Die demokratische Verfassung würde so zu einer Scheinordnung, deren Grundsätze, Meinungsbildungsverfahren und politische Entscheidungen ganz nach Bedarf außer Kraft gesetzt werden könnten.

Unter den Gesichtspunkten des Außerordentlichen, des Unbedingten und Ausnahmshaften scheint die relativistische Herrschaft der Mehrheit zu versagen und Politik nicht mehr wirksam schützen zu können. So wirkt es attraktiv, Zuflucht unter dem Schutzschirm unbedingter wissenschaftlicher Wahrheit zu suchen. Dabei ist freilich vorausgesetzt, dass es solche Wahrheit gebe und dass Wissenschaft und Politik funktionsäquivalent seien. Man muss also jenes fundamentale Charakteristikum moderner Gesellschaften ignorieren, dass diese in funktional spezifizierte und daher nach einer je eigenen Logik operierende Bereiche ausdifferenziert sind. Zwischen den Machtfragen einer verwissenschaftlichten Politik und den Wahrheitsfragen einer politisierten Wissenschaft wäre kein Unterschied mehr zu erkennen, wenn demokratische Politik durch eine Herrschaft der Wissenschaft verdoppelt und substituiert würde. Und selbstverständlich wären auch die Kontingenzen des Politischen durch eine derartige Herrschaftsverdoppelung keineswegs beseitigt. Sie verlagerten sich lediglich auf die Frage nach der Auswahl der Mitglieder von *monitoring bodies*, der Definition von relevanter Expertise usw. Politische Macht würde despotisch, indem sie sich als epistemische Autorität ausgäbe.

Auf der anderen Seite wäre es indessen auch folgenreich für die Leistungskraft der Wissenschaften, würden sie dieserart von den Machtfragen einer verwissenschaftlichten Politik gewissermaßen aufgesogen. Ich komme damit noch einmal auf einen Aspekt zurück, der in den Überlegungen dieses Kapitels gelegentlich aus dem Blick geraten schien. Denn tatsächlich war hier von den planetaren Gefährdungen menschlicher Zivilisation weithin abgesehen. Die Potenzierung multipler Krisen, in deren Zentrum der Klimawandel und der globale Biodiversitätsverlust, sowie die deswegen in zeitlicher wie sachlicher Hinsicht gleichermaßen dringliche Dekarbonisierung der gegenwärtigen Wirtschaftsformen und Lebensstile schienen allenfalls im Hintergrund meiner Kritik einer Herrschaft der Wissenschaft zu stehen. Gleichwohl ist der sachliche Zusammenhang nicht gekappt. Und zwar schon deswegen nicht, weil die Elemente jener szientokratischen Vorstellungen, um die es hier ging, nicht allein in demokratietheoretischer Hinsicht riskant sind, sondern ebenso für die Chancen, die Klimakrise und ihre Weiterungen – samt den sozialen Folgen der Erdüberhitzung wie auch ihrer Bekämpfung – wirksam eindämmen zu können.

Je dramatischer und komplexer diese Herausforderung nämlich sich darstellt, umso schwerer fällt es zu glauben, man könne ihr gerecht werden mit Hilfe von Wissenschaften, die auf die Verkürzungen des Szientismus festgelegt und darauf beschränkt sind, ein Instrument von Politik zu sein. Der innere Widerspruch zumal des klimapolitischen Wissenschaftsaktivismus und einer Herrschaft der Wissenschaft liegt dort, wo die ökologische Krise mit ihren sozialen Folgen dramatisiert wird, während man zugleich die strukturelle Lernfähigkeit der Demokratie abbaut und die Wissenschaften mit ihren epistemischen Produktivkräften reduziert auf einen Szientismus, der keine weiteren Erkenntnisprobleme kennt als die inkrementelle Fortschreibung jener Problem-‹Lösungen›, von denen er längst weiß. Die Verwissenschaftlichung von Politik ist nicht zu haben ohne eine Politisierung der Wissenschaften. Ihre machttechnische Indienstnahme verknappt die Funktionalität der Wissenschaften und verkürzt ihre Leistungsfähigkeit. Herrschaft der Wissenschaft bedeutet auch eine Erkenntnisstörung, die in der ökologischen Krise umso gefährlicher ist.

7.
Machtkonkurrenz und Heterodoxie

Mächte rufen Gegenmächte auf den Plan. Erst recht und richtigerweise ist das in pluralistischen Gesellschaften und demokratischen Verfassungsstaaten der Fall, die die Herrschaftsgewalten teilen und in denen Macht zumal als ein Anspruch begegnet, der sich in der Konkurrenz mit alternativen Ansprüchen behaupten muss und bestritten werden kann – nicht anders als auch Wissen oder Meinungen, Rechtfertigungen oder Interessen, Bekenntnisse oder Weltdeutungen. Und selbstverständlich stehen auch die Wissenschaften in derartigen Machtkonkurrenzen.

Das tritt nicht erst dort in den Blick, wo – wie verdeckt oder wohlmeinend auch immer – autoritär szientokratische Herrschaftsansprüche erhoben werden. Denn Wissenschaft verknüpft überhaupt epistemische Arrangements mit sozialen und insofern stets machtförmigen Ordnungen auf eine Weise, die sich auch auf andere Gesellschaftsbereiche auswirkt. Ihre Weltbeschreibungen ermöglichen unabsehbar vielfältige und konkrete Weltveränderungen, sodass Wissenschaft je schon mit Gegenmächten zu tun hat. Ihr Wissen und dessen technische Folgen verändern die Welt und deren Machtverhältnisse durchgreifend und mit rasanter Geschwindigkeit. Vertreterinnen der Wissenschaften beanspruchen in der einen oder anderen Weise Gehör, Einfluss, Wirkungskraft, Anerkennung, Entscheidungsmacht oder Herrschaftsmitwirkung. Es wird ihnen solches von Öffentlichkeit, Wirtschaft, Kultur und Politik auch zugeschrieben oder abverlangt. Überdies können die epistemische Autorität wissenschaftlichen Wissens oder das soziale Gewicht und symbolische Kapital von Wissenschaftspersonen oder -institutionen als Geltungsquelle von politischen Entscheidungen in Anspruch genommen werden. Davon war in diesem Buch immer wieder die Rede, zuletzt unter dem Titel einer *Herrschaft der Wissenschaft*. Und wo immer deren Einfluss in den Blick tritt oder strategisch in den Blick gerückt wird, da werden sich widerstreitende Machtansprüche beobachten lassen, zumal auch Machtkonkurrenzen mit der Politik.

Mächte und Gegenmächte

Politische Herrschaft kann eine gewisse Einflussmacht der Wissenschaften, auf deren Wissen und Autorität sie ständig angewiesen ist und vielfach zurückgreift, nicht nur sich zu Nutze machen, sondern auch zu schmälern suchen. Das vielleicht einfachste und gegenwärtig vermutlich häufigste Schema solcher Versuche zeigt sich dort, wo wissenschaftliche Expertise politisch neutralisiert werden soll. Man kann Auffassungsunterschiede, Dissense, Schulstreitigkeiten, also den irreduziblen Pluralismus der Wissenschaften dazu nützen, politisch unbequemer Expertise eine genehmere Alternative entgegenzustellen. Das macht wissenschaftliche Expertise zweideutig und vergrößert zugleich die politischen Entscheidungsräume; die makroökonomische Beratung der Wirtschaftspolitik bietet dafür Beispiele.[1] Man kann auch in einer längerfristigen Strategie versuchen, systematisch Gegenexpertise aufzubauen, wie am Beispiel der Umweltwissenschaften nachgezeichnet werden könnte, und muss dann freilich im Maße des Erfolgs einer solchen Strategie auch damit rechnen, dass diese Gegenexpertise als politisiert, ideologisch oder lobbyistisch zurückgewiesen wird.[2]

Deutlich weiter geht es, wenn Akteure zum Beispiel aus Industrie, Verbänden, Think Tanks oder Politik auf eine Neutralisierung wissenschaftlichen Wissens abzielen, indem sie es durch strategischen Missbrauch des wissenschaftlichen Grundsatzes methodischer Skepsis als bloß hypothetisch in dem Sinne zu disqualifizieren suchen, dass aus ihm überhaupt nichts folgen könne – jedenfalls nicht derzeit und vor weiterer zeitraubender Forschung. Die amerikanischen Wissenschaftshistoriker Naomi Oreskes und Erik M. Conway haben solche Strategien in einem bekannten Buch vorgeführt an Beispielen wie der Bekämpfung onkologischen Wissens durch die Tabakindustrie oder der Klimaforschung durch die Erdölindustrie.[3]

Die meiste Aufmerksamkeit galt in den zurückliegenden Jahren, etwa seit den *Marches for Science* im Frühjahr 2017[4], allerdings weniger diesen eingespielten Strategien der politischen Neutralisierung wissenschaftlicher Expertise. Verstörender wirkte vielmehr der nationalpopulistische Anti-Intellektualismus und sein Experten-*bashing,* die es vor allem auf die soziale Autorität der Wissenschaften und auf das sie tragende gesellschaftliche Vertrauen abgesehen haben.[5] Hier wird versucht, Wissenschaftler und wissenschaftliche Expertinnen als Agenten einer verwerflichen Elite auszugrenzen aus jener «metapolitischen Illusion» eines ‹organischen› Volks, das als ethnisch oder kulturell homogene Gemeinschaft einen überkonstitutionellen Einheits- und Legitimitätszusammenhang bilden soll.[6] Und von hier aus ist es dann kein großer Schritt mehr zu einer Aufkündigung des *common ground* des gesellschaftlichen Realitätskontraktes und eines aufklärerischen Rationalitätsversprechens. *Fake science, alternative facts, post truth* oder ‹Verschwörungstheorie› etwa sind – analytisch freilich unterschiedlich starke – Schlagworte entsprechend erregter öffentlicher Diskurse.

Ein instruktives Beispiel dafür, wie die Wissenschaften vor diesem Hintergrund ganz explizit zum Element einer Gegenspannung konkurrierender Machtansprüche werden können, wie also eine – in diesem Falle populistische – Gegenmacht ihren Einfluss zurückzudrängen versucht, zog vor Jahren einige Aufmerksamkeit auf sich. Das Beispiel stammt von dem damaligen britischen Justizminister Michael Gove. Wenige Tage vor dem Referendum über die Mitgliedschaft des Vereinigten Königreichs in der Europäischen Union sagte der konservative Tory-Politiker und entschiedene Brexiteer am 3. Juni 2016 in einem Interview mit dem Fernsehsender *Sky News*: «I think the people in this country have had enough of experts, with organizations from acronyms, saying […] that they know what is best and getting it consistently wrong.»[7]

Gemeint waren jene Experten insbesondere aus den Wirtschaftswissenschaften, die vor den ökonomischen Folgen des Brexit gewarnt hatten. Gove spielte mit seiner Attacke darauf an, dass sich in der Finanz- und Staatsschuldenkrise seit 2008 ökonomische Prognosen wiederholt als wenig belastbar erwiesen hatten. Gleichwohl machte seine Polemik in einer Weise Karriere, für die schon der Journalist Faisal Islam, der bei *Sky News* das Interview führte, den Ton setzte. Seine Vorhaltung, dieses Experten-*bashing* sei «Oxbridge Trump», versuchte der Interviewte noch mit einem scheinbar arglosen «It's a faith […] in the British people to make the right decision» zu kontern. Doch das verdeutlichte nur das zugrundeliegende populistische Schema einer manichäischen Gegenüberstellung von ‹Volk› und Experten-‹Elite›. Umgehend wurde Goves Polemik zum vielzitierten Zeugnis skandalöser Wissenschaftsfeindlichkeit.[8] Der elitäre *upper class*-Tory zog einer (vermeintlichen) Expertokratie Grenzen, indem er deren epistemische Autorität bestritt («consistently wrong») und indem er zugleich eine soziale Gegenmacht ins Spiel brachte («the people in this country»), zu deren Sprecher er sich selbst aufwarf.

Einerseits werden Experten mit anderen politischen Präferenzen hier schlicht als abgehobene, unverständliche, irrtumsanfällige Elite geschmäht. Andererseits ist das allerdings nicht ohne Treffsicherheit. Denn der Justizminister rechtfertigt die Macht, die er gegen die Einflussmacht von Wissenschaft ins Feld führt, mit einem demokratietheoretisch triftigen Argument. Es zielt auf «die Übergriffigkeit eines nur Experten zugänglichen Wahrheitsdiskurses auf das Feld politischer Entscheidungen.»[9] Das Volk, *the people*, besitze konstitutive Spielräume der Meinungsbildung und Entscheidungsfreiheit, die durch wissenschaftliche Wahrheitsansprüche nicht eingeengt werden dürften. Im systematischen Kern seiner Polemik votiert Michael Gove gegen die Wahrheit der Experten für das demokratische Prinzip der Mehrheitsentscheidung. Populistisch jedoch ist das in der Radikalisierung eines komplexen Bedingungsgefüges zu einem primitiven Freund-Feind-Gegensatz von *demos* und Wissenschaft.

Auf den folgenden Seiten möchte ich nun einen weiteren Konfliktfall in den Mittelpunkt rücken, in dem die Wissenschaften in systematisch vergleichbarer Weise in Machtkonkurrenzen verwickelt wurden. Sie rühren in diesem Fall daher, dass Protestbewegungen den Einfluss der Wissenschaften auf politisches und staatliches Handeln nun nicht, wie zuvor der Klimaaktivismus, zu steigern, sondern im Gegenteil einzuschränken und zu neutralisieren suchten. Und zwar mit Mitteln, die man – zu Recht oder zu Unrecht – als Symptome einer epistemischen Krise der Demokratie gedeutet hat.

Selbstverständlich spreche ich von der Gesundheitspolitik im Zuge der Corona-Krise sowie von jenen gegen diese Politik protestierenden Bewegungen[10], die – wie Goves Interview – als Ausbruch wissenschaftsfeindlicher Einstellungen wahrgenommen wurden und insofern die Pandemieängste noch um Demokratiesorgen vermehrten. Von China aus verbreitete sich seit Ende Dezember 2019 weltweit ein neuartiges Virus. Es löst akute Atemwegserkrankungen aus und wurde schnell pandemisch. Weit mehr als eine halbe Milliarde Menschen erkrankte nachweislich an der *Coronavirus Disease 2019* (COVID-19), an die sieben Millionen Menschen dürften bislang daran gestorben sein. Sehr schnell, spätestens seit dem März des Jahres 2020 versetzte dieses Infektionsgeschehen Gesellschaft, Staat und Politik vieler Länder in einen Zustand massiver Unsicherheit und gravierender Informationsdefizite sowie unter den Handlungsdruck eines Katastrophenrisikos unbekannten Ausmaßes. Nicht zuletzt die Bilder der nächtlichen Konvois von Militärlastern, die die Särge von Verstorbenen aus dem italienischen Bergamo abtransportierten, sprachen dafür, die Gefährdungslage als Ausnahmezustand zu deuten. Da mochte es – man denke an Lauterbachs Argumentation zum Klimawandel – ebenso sachlich vernünftig wie politisch geschickt scheinen, staatliche Begründungs- und Entscheidungslasten von der Politik auf die Virologie und Epidemiologie zu verschieben. Zumal es auf eine unangemessene Art bloß akademisch gewirkt hätte, in dieser Notlage zu fragen, ob Politik tatsächlich von der Pandemie derart überwältigt war, dass sie ihre Entscheidungsmacht auf die Wissenschaft abwälzte, oder ob sie Überwältigtsein lediglich vorgab, um das Legitimationspotenzial fremder epistemischer Autorität zu nützen. Mit dem Auf und Ab der Infektionswellen ergaben sich über den ganzen Verlauf der Pandemie hinweg immer wieder Situationen des krisenhaft verschärften Zeit- und Problemdrucks. In ihnen konnte die Ausrufung einer ‹Stunde der Exekutive› ebenso vernünftig klingen wie ein Pragmatismus, der politisches Handeln als bloße Anwendung neuesten wissenschaftlichen Wissens ausgab.

Repräsentativ für eine ungezählte Menge an regierungsamtlichen und politischen *statements*, journalistischen Kommentaren oder privaten und halbprivaten Äußerungen ist dies in einer Verlautbarung Markus Söders am 17. März 2020 auf den Punkt gebracht: «Die Bayerische Staatsregierung hat ihre Handlungen mit Ärzten, Virologen und Experten abgestimmt. Es gilt das Primat der Medizin.»[11] Der süddeutsche Ministerpräsident suggeriert, sein Handeln sei nichts als administrative Umsetzung von Forschungsergebnissen. In der ‹Stunde der Exekutive› exekutiere er nicht parlamentarische Mehrheitsentscheidungen, sondern medizinisches Wissen. Der maßgebliche Rechtfertigungsgrund politischen Entscheidens liege derzeit nicht bei der Bürgerschaft, sondern bei der Wissenschaft.

Massiv folgenreiches, tief in die Lebensordnungen und Rechte aller Bürger eingreifendes staatliches Handeln erscheint in solchen Verlautbarungen als bloßer Verwaltungsakt unter Anleitung der Wissenschaft. Im Ausnahmezustand gibt die Exekutive an oder vor, sich selbst entmächtigt und ihre Macht an die Virologen und Epidemiologinnen abgegeben zu haben. Krisenhaft überfordert, nimmt Politik Wissenschaft als Politikersatz in Anspruch.[12] Die zitierte Pressemitteilung der bayerischen Landesregierung annonciert eine Spielart von Szientokratie.

Solche Annoncen haben selten lange gehalten. Szientokratische Augenblicke in der Pandemie waren flüchtig. Zu schnell wurde immer wieder offenkundig, dass die Medizin zum politischen Herrschaftsinstrument nicht taugt. Die Fortschritte der Forschung waren so stürmisch, dass jedermann sehen konnte, wie sehr ihr Wissen eine unablässige Folge von Revisionsrevisionen ist und dass sich diese Folge als steter Streit konkurrierender wissenschaftlicher Hypothesen vollzog. In aller Öffentlichkeit wurde der epistemische Pluralismus der Wissenschaft vor Augen geführt. Schon Virologie und Epidemiologie allein hatten mehrere, keineswegs stets mit einer Stimme redende Sprecher. Erst recht vermehrte sich die Stimmenvielfalt, als andere Lebenswissenschaftler, Ökonominnen, Soziologen, Erziehungswissenschaftlerinnen zur Pandemiepolitik sich äußerten, und dann auch die Juristen, Theologinnen oder Philosophen.

Einerseits waren also die Historizität, selektive Perspektivität und Revisionsoffenheit des jeweiligen Forschungswissens unübersehbar. Andererseits zeigte die Wissenschaft in der Pandemie mit der schnellen Sequenzierung des Virus, der Aufdeckung von Infektionswegen, der Modellierung von Infektionsszenarien und der zügigen Impfstoffentwicklung die staunenswerte Leistungskraft moderner Forschung. Und so öffnet sich ein spezifischer Möglichkeitsraum, in dem Politik sich gegenüber Wissenschaft ambivalent verhalten kann.[13] Sie kann sie je nach Opportunität für irrelevant erklären oder im Gegenteil auch als Politikersatz in Anspruch nehmen. Im zweiten Fall legt sich politische Herrschaft allem Anschein nach epistemisch fest. Sie exekutiert dann eine – und zwar: eine einzige – vorpolitische Wahrheit. Rechtfertigungen für ihr Entscheidungshandeln rücken von der Seite verfahrensförmig ermittelter Mehrheit auf diejenige von Wahrheitsansprüchen. Den parlamentarischen Prozessen der repräsentativen Demokratie bleibt dann *de facto* die Funktion, wahrheitsbegründetes Exekutivhandeln allenfalls noch nachträglich zu sanktionieren.[14]

Zugleich schrumpfen dabei Entscheidungsspielräume und damit die Kontingenz des politischen Entscheidens selbst. Jedenfalls der Tendenz nach entscheidet Politik nicht mehr zwischen verschiedenen Optionen von vergleichbarer Legitimität, denn andere Auffassungen als diejenige der Wissenschaft werden als bloßer Irrtum ausgeschlossen. Es herrscht eine szientistisch verwissenschaftlichte, also eine weniger ‹evidenzbasierte› als vielmehr evidenzdeterminierte «Politik der Alternativlosigkeit».[15] Die epistemische Aufrüstung und Engführung politischer Entscheidungsgründe durch Verweis auf die Wissenschaft ist eine politische Entscheidung, die anschließende Entscheidungsmöglichkeiten einschränkt. Ist man demgegenüber an deren Ausweitung interessiert, dann liegt es nahe, eben diese epistemische Entscheidungsgrundlage zu attackieren. So hatte es auch Michael Gove mit der ökonomischen Expertise getan.

‹Querdenker›

Die politische Behauptung von Alternativlosigkeit verdanke sich einem «Tunnelblick der Panik»[16] oder taktischem Kalkül, in jedem Falle bleibt sie eine Prätention. Sie kann Gegenmeinungen und -mächte nicht ausschließen. Auch in alternativloser Lage gibt es Leute, die von besseren Alternativen wissen. Sie mögen eigene ökonomische und soziale Interessen haben oder entgegenstehende religiöse, ethische, moralische, ideologische, epistemische Orientierungen. Sie mögen sich einfach vor Veränderung fürchten oder aus einem Gefühl des Zurückgesetztseins heraus widersprechen. Manche sind auch überhaupt gegen alles oder pflegen doch ein «generalisiertes Misstrauen»[17] in den Staat, seine Verfahren und Institutionen. Und solche Leute dürfte es kaum beruhigen, wenn Politik vom Mehrheits- auf das Wahrheitsprinzip umstellt und den Entscheidungsprimat an Wissenschaft abtritt. Was bedeutet es aber, dass ihre abweichenden Auffassungen dann weder als demokratisch legitime Opposition in den politischen Prozess eingeschlossen sind noch grundsätzlich ausgeschlossen werden können? Was ist mit solchen Gegenstimmen?

Die Corona-Pandemie bietet auch für diese Fragen kein schlechtes Exempel. Der «Primat der Medizin» und die Herrschaft einer alternativlosen Wissenschaft wurden nämlich umgehend und massiv herausgefordert. Der Protest entzündete sich nicht zufällig zumal an jenen Entscheidungen, die (angeblich) nichts als wissenschaftliche Wahrheit umsetzten. Es ging um Abstandsregeln, Ausgehverbote, Maskentragen, Betriebs- und Schulschließungen sowie später dann – mit dem Fortschritt der Pharmaforschung – um das Impfen. Und es ist wenig überraschend, dass widerstreitende Minderheitenpositionen von der (vorgeblich) herrschenden Wissenschaft schnell zur dissidenten Heterodoxie erklärt wurden[18], zu einem Zeugnis von Anti-Wissenschaft.

Die politische Übertragung des Entscheidungsprimats auf die eine Wissenschaft setzte sogleich Gegenmächte frei. Seit dem Frühjahr und Frühsommer 2020 formierten sich vielerorts, oft über sogenannte *social media*, soziale Bewegungen, die den pandemischen Sachverhalt selbst oder die Gefährlichkeit des Corona-Erregers in Abrede stellten, gegen die staatlichen Schutzmaßnahmen protestierten und auch rebellierten. Man sprach von Corona-Kritikern oder -Leugnern, und als Sammelausdruck hat sich für sie in der Bundesrepublik Deutschland dann eine ihrer Selbstbezeichnungen durchgesetzt: «Querdenker». Bedenkt man die soziale, ideologische, kulturelle Heterogenität dieses Aktivismus, seine organisatorische Lokalität und Dezentralität sowie seine oft spontane und ephemere Performativität, dann wird man finden, dass diese Variante des *denialism* in kürzester Zeit erstaunliche gesellschaftliche Breitenwirkung entfalten konnte. «Los ging es in Berlin, wo aus dem Umfeld der eher linken Volksbühne sogenannte ‹Hygiene-Demos› organisiert wurden. Schon bald verschob sich der Hotspot der Maßnahmenkritiker:innen jedoch in die baden-württembergische Landeshauptstadt Stuttgart. Die Initiative ‹Querdenken 711› wurde zu einem Ausgangs- und Knotenpunkt der Protestbewegung,»[19] der gescheiterte Versuch am 29. August 2020, den Berliner Reichstag zu überrennen, zu einem ihrer Höhepunkte.

Beendet waren die Corona-Proteste damit keineswegs.[20] Mit nachlassender Dramatik und dann schließlich mit dem Ende der Pandemie im Frühjahr 2023 verloren sie jedoch schrittweise an Profil und Schwung. Die in ihnen gebündelte soziale Dynamik suchte und fand neue Entladungspunkte, insbesondere die breite Unterstützung der von Russland überfallenen Ukraine durch die Mitgliedsstaaten von EU und NATO. Das spricht dafür, in den Querdenkern der Pandemiejahre zumal eine vorübergehende Manifestation von dauerhafteren sozialen Energien zu sehen: ‹Wutbürger›[21], die den gesellschaftlichen und staatlichen *status quo* ebenso grundsätzlich wie diffus ablehnen. Sie können an je aktuellen Konflikten als ‹Misstrauensgemeinschaften›[22] andocken, wie etwa seit Jahren schon als xeno- und islamophobe Revolte gegen Zuwanderung.[23] Nicht selten ist man auch auf verschwörungstheoretische Weise immun gegen kritische Einwände. Abgrenzungen zu Rechtspopulismus, Nationalradikalismus und sogenannter Reichsbürger- und Selbstverwalterszene spielen eine geringe Rolle. Dennoch lassen sich diese Bewegungen nicht leicht im politischen Rechts-Links-Schema den etablierten Mustern extremistischer Staats- und Gesellschaftsablehnung zuordnen. Der behördliche Staatsschutz führt sie deswegen neuerdings auch in einer eigenen Kategorie als «Verfassungsschutzrelevante Delegitimierung des Staates.»[24]

Programmatische Geschlossenheit ist nicht das hervorstechende Merkmal solcher Protestströmungen. Ein *Manifest* wie dasjenige von *Querdenken 711* oder das Programm der Kleinpartei *Die Basis*[25] geben wenig Aufschluss. Aussagekräftiger sind die Parolen, Plakate und Performanzen der öffentlichen Proteste, die das Pandemie-Regime als «Corona-Diktatur» oder «Hexenwahn» ablehnten, verantwortliche Politiker als Kriminelle hinstellten oder rebellisch die jeweils geltenden Seuchenschutzregeln des *social distancing* ostentativ missachteten.[26] Vor allem aber sind Beobachtungen informativ, die von einigen universitären Forschungsteams mit Teilnehmerinnen und Teilnehmern insbesondere in der Anfangsphase der Corona-Proteste angestellt wurden.[27]

Als ein besonders bemerkenswertes Resultat betonen diese Untersuchungen, dass der Zusammenhalt der Corona-Proteste anstatt über homogene Soziallagen oder einen ideologischen Rahmen vielmehr über eine gemeinsame epistemische Einstellung gestiftet wird. Querdenker verstehen sich zumal über die kritische Eigenständigkeit ihrer Auffassungen. Charakteristisch ist ein *self fashioning* als Individuum mit ebenso hohem wie unbestechlichem Erkenntnisanspruch, eine «Selbststilisierung zum kritischen Querkopf».[28] Gerade, dass man in der Minderzahl ist, bestätigt die Wahrheit der eigenen Weltsicht. Die identitätsstiftende Wirkung einer solchen ‹kritischen› Haltung ergibt sich zumal aus dem performativen Selbstwiderspruch, dass das eigene Sprechen als Selbstermächtigung gegen ein vorgebliches Sprechverbot ausgegeben wird. «Kritik bekommt dadurch einen ethischen Eigenwert, sie wird sich selbst zum Hauptzweck. Dissens wird als solcher honoriert.»[29] Es ist diese Stelle, an welcher auch die unentwegte Berufung der Querdenker auf Grund- und Freiheitsrechte in ihrer eigentlichen Funktion erkennbar wird.

Ein zweiter Aspekt solch leerer Selbstermächtigung ist das verbreitete Narrativ, dass man mit den hegemonialen gesellschaftlichen Wahrheitsinstanzen, zumal den journalistischen Medien und den Wissenschaften, gebrochen habe. Dieser epistemische Bruch kommt nicht selten im Bild des Aufgewachtseins daher. «‹Erwachen› heißt nicht nur, neue Zusammenhänge zu entdecken, sondern geteilte Realität für nichtig zu erklären. Das, was ist [...], ist eigentlich ganz anders, und es gilt zu ergründen, was es damit auf sich hat.»[30] Die Exzeptionalität des Selbst wird gestiftet von der Erweckung aus einem allgegenwärtigen Verblendungszusammenhang, der naheliegenderweise oft ein Verschwörungsnexus ist. Anders als die verblendeten ‹Schlafschafe› sieht man selbst in luzider Deutlichkeit, was ‹eigentlich hinter allem steckt›.

Einendes Charakteristikum eines solchen Heroismus des überlegenen Durchblicks und exklusiven Wahrheitsbesitzes ist «ein ausgesprochenes Misstrauen gegen die wissenschaftliche Begründung der politischen Maßnahmen»[31] des Pandemieregimes. Die Heterodoxie der Querdenker, so wissenschaftsförmig sie in ihrem Anspruch daherkommt, ist ganz und gar außer-wissenschaftlich. Ihr Misstrauen ist das Gegenteil methodischer Skepsis. Es paart sich mit einem «ungeheure[n] Selbstbewusstsein der Demonstrierenden, den wissenschaftlichen Diskurs umfassend verstehen und kritisieren zu können [...].» Querdenker sind sich sicher, «wissenschaftliche Erkenntnisse mit Mitteln des eigenen Verstands als Herrschaftsideologie durchschauen oder mit Bleistift und Taschenrechner nachweisen zu können, dass das Robert-Koch-Institut oder Christian Drosten sich schlicht verrechnet hätten.»[32] Es ist das eine Selbstermächtigung und Selbstüberhebung, die die Kantische Fassung des *Sapere aude!* radikal nimmt. Als «verwilderte Aufklärung»[33] bedient sie sich ihres Verstandes vollständig ohne jede Leitung eines andern. Sie operiert mit der Dichotomie von einfachen Wahrheiten und komplexen Lügen, von ‹gesundem Menschenverstand› und wissenschaftlichem Wissen.[34] Und ihr Movens ist die ebenso unbestimmte wie verallgemeinerte Verdächtigung, dass mit den hegemonialen Wissensregimen irgendetwas nicht stimmen könne. Dem etablierten Wissen wird mit einer ‹unbestimmten Negation› begegnet, die in einem «unproduktiven, diffusen Skeptizismus» stecken bleibt.[35]

Der Historiker Benedikt Sepp hat diese Denkungsart als «Pose der Grundsatzkritik» beschrieben.[36] Sie stellt sich außerhalb der etablierten Verfahren und Institutionen des Politischen. Sie ist nicht oppositionell, sondern dissident, indem sie das Politische als solches mit einem ebenso fundamentalen wie leeren, unbestimmten Misstrauen überzieht. Zugleich ist darin eine Dynamik der Radikalisierung strukturell verankert. Denn wenn diesem sich als ‹Kritik› gerierenden, inhaltlich unterdeterminierten Fundamentalmisstrauen ein ethischer Eigenwert zuwächst, dann kann es «auch keine inhärenten inhaltlichen Grenzen, keine Stoppregeln der Kritik mehr» kennen. Dies eben wäre das Posenhafte an solcherlei Dissidenz, das

> «eine Radikalisierung fast unausweichlich macht. Ein Protest, der sich aus einer als Selbstbeschreibung fungierenden Pose der Kritik speist, muss schon aus Selbsterhaltungsgründen fast unausweichlich immer grundsätzlicher werden. Die ‹Querdenker› sind dafür das beste Beispiel: Wer zunächst davon ausging, dass Wissenschaftlerinnen und Wissenschaftler sich schlicht verrechnet hätten, galt schon bald als naiv und musste sich über deren Korruption aufklären lassen; wer zunächst an die Unfähigkeit der Politik glaubte, wollte bald erkannt haben, dass in Wahrheit eine Clique von Verschwörerinnen und Verschwörern gezielt die Fäden ziehe. Konsequenterweise setzt damit auch die Aufhebung der Corona-Maßnahmen der Kritik keine Grenzen: Wer im Frühling 2022 immer noch von einer großangelegten Verschwörung der Herrschenden ausging, hatte wenig Probleme, allein aus einer sich als kritisch gegenüber dem Mainstream verstehenden Position heraus den russischen Angriffskrieg gegen die Ukraine zu verteidigen.»[37]

Es ist nicht zu übersehen: Mindestens zwei für rechtfertigungsfähig gehaltene Voraussetzungen der in diesem Buch vertretenen Argumentation gehören zu den strukturellen Möglichkeitsbedingungen solcher Generalverdächtigungen, die als Kritik sich inszenieren und zugleich verselbständigen.[38] Einerseits nützen die Querdenker nämlich jenen Raum diskursiver Beratschlagungen aus, welchen demokratische Politikprozesse eröffnen, welcher aus Gründen von Freiheit und Gleichheit gerade nicht epistemisch restriktiv formatiert ist und in welchem daher ‹bloße Meinungen› nicht *a priori* weniger zählen als methodisch begründetes Wissen. Auf der anderen Seite bewirtschaftet solche Heterodoxie den Umstand, dass selbst methodisch begründete wissenschaftliche Wissensansprüche strittig bleiben können. In diesem Rahmen beutet diese Protestbewegung nämlich jenen «konstitutive[n] Verdacht gegenüber der Expertise» der Wissenschaften aus, dass sie immer schon strategisch selegiert sei, um «eine bestimmte politische Entscheidung zu legitimieren oder vorwegzunehmen» und damit «‹eigentliche› politische, vor allem demokratische Prozesse der Meinungsbildung zu unterminieren.»[39]

Szientokratie und Dissidenz

Mit dieser Anmerkung wird indes lediglich auf Gelegenheitsstrukturen verwiesen, nicht schon die dissidente Protestbewegung selbst gedeutet. Doch für welches Problem stellt denn nun die heroische Selbstermächtigung qua unbestimmten Misstrauens und heterodoxer Kritik-Pose eigentlich eine Art von Lösung dar? Eine Antwort auf diese Frage danach, auf welche Frage die Pose der Querdenker eine Antwort sei, zeichnet sich dann ab, wenn man deren szientoide Wissenschaftsaversion nicht in der Dimension ihrer Wirklichkeitsreferenz betrachtet. In dieser Dimension erscheint sie als Symptom eines ignoranten Postfaktizismus, den man dann auch mit «Trotzpositivismus» beantworten mag.[40] Aufschlussreicher ist es, wie der Soziologe Nils Kumkar gezeigt hat, auf die kommunikative Logik des Protests zu achten, nicht darauf also, wie er auf Wirklichkeit referiert, sondern darauf, wie er sich auf andere Kommunikationen bezieht. Dann zeigt sich nämlich, dass es sich mit der Heterodoxie der Querdenker im Grundsatz nicht viel anders verhält als mit anderen Behauptungen von ‹alternativen Fakten›.

Dass es keine Pandemie gebe; dass, wenn aber doch, das Virus jedenfalls nicht gefährlicher sei als eine alltägliche Grippe; und dass, wenn es doch gefährlich sein sollte, die staatlichen Pandemiemaßnahmen jedenfalls noch viel gefährlicher seien: An solchen inkonsistenten Ketten von Realitätsverweigerung ist weniger der epistemische Anspruch bemerkenswert. Bedeutsamer ist ihre kommunikative Stoßrichtung. Sie «funktionieren *nicht* als Tatsachenbehauptungen, sondern als *Widersprüche zu* Tatsachenbehauptungen.»[41] Sie negieren die staatlichen Schutzmaßnahmen in der Corona-Pandemie und deren wissenschaftliche Begründungen, ohne mit dieser Negierung zugleich eine spezifizierte Gegenposition einzunehmen. Vielmehr finden sie ihr Genügen schon am Misstrauen als solchem. Sie entziehen nämlich die Frage danach, worum es sich bei SARS-CoV-2 handele und was dagegen zu tun sei, «der Beantwortbarkeit so weit [...], dass man darauf beharren kann, dass es sich schlussendlich um eine Meinungsfrage handelt [...].»[42]

So gesehen zielen die Querdenker nicht auf die Wissenschaften selbst, schon gar nicht auf ‹die› Wissenschaft als solche. Vielmehr negieren sie eine Politik, die sich als Anwendung wissenschaftlicher Fakten (aus)gibt und auf diese Weise der demokratischen Beratschlagung als alternativlos entzieht. Solcher Politik kappt der Corona-Protest die Stütze, indem er – vergleichbar den am Eingang dieses Kapitels angeführten taktischen Vorgehensweisen – ihre wissenschaftliche Grundlage so weit neutralisiert, dass sich daraus politisch kein Kapital mehr schlagen lassen soll.

Mit dieser These ist nun eine Perspektive gewonnen, in der sich zeigt: Die Selbstermächtigungsfiguren des heterodoxen Querdenkertums und die prätendierte Alternativlosigkeit einer evidenzdeterminierten Politik beziehen sich aufeinander.[43] Wo diese Politik Beratschlagungsbedarf und kontingente Entscheidungsfragen mit dem Machtwort der einschlägigen Wissenschaft erledigt zu haben meint, da rebellieren jene Querdenker genau gegen diesen Imperativ. Sie behaupten die politische Legitimität des unmethodischen Selbstdenkertums, indem sie mit der Wissenschaft zugleich den prätendierten Geltungsgrund der offiziellen Pandemiepolitik negieren. Ihre Heterodoxie zielt darauf ab, staatliches Handeln als Ausfluss bloßen Meinens hinzustellen, so dass es mit den dissidenten Gegenmeinungen auf einer Stufe rangiert.

Meinungen und Gegenmeinungen aber, wie irrelevant und wissenschaftlich abwegig sie auch sein mögen, wie klar ihnen rationales methodisches Wissen auch entgegensteht, sind demokratisch legitim. Sie bringen, um dies zu wiederholen, das nicht-delegierbare «eigene Nachdenken über öffentliche Angelegenheiten» zum Ausdruck.[44] Eben deswegen ist die Freiheit zur eigenen Meinung ein Verfassungsgrundsatz, eben deswegen sind Einschränkungen dieser Freiheit, auch durch szientifische oder szientistische Diskursvorgaben, demokratietheoretisch problematisch.

Die im Corona-Protest allgegenwärtige Kampfvokabel von der staatlichen «Corona-Diktatur», die durch stete Berufung auf Grund- und Freiheitsrechte ansehnlicher werden soll, erhebt einen abwegigen Vorwurf. Doch wie im Experten-*bashing* des Populisten Michael Gove steckt auch in diesem abwegigen Vorwurf ein systematisch valides Argument. Die Übertragung des Entscheidungsprimats von der Politik auf die Wissenschaft wäre in der Tat demokratisch nicht zu rechtfertigen, sie zu prätendieren ist auf Dauer riskant. Gove bringt gegen sie ein populistisch verkürztes Wahlvolk in Stellung, die Querdenker ihr ‹libertär›[45] verabsolutiertes Selbst.

Die Alternativlosigkeit des autoritären Szientismus der evidenzbasierten Politik und die rebellische Selbstermächtigung der Querdenker gehören, so gesehen, zusammen. Ihnen ist strukturell gemeinsam, dass hier wie da Rechtfertigungsfragen abgewehrt werden, indem man die Antworten in die Unverfügbarkeit wissenschaftlicher Fakten beziehungsweise in diejenige des subjektiven Meinens und Misstrauens verlegt: «Die Berufung auf Meinungen wie die Anrufung von Fakten appellieren gleichermaßen an einen Begründungsverzicht.»[46] Zugleich stabilisieren sich Querdenkertum und Szientokratie gegenseitig, indem sie sich wie Macht und Gegenmacht aneinander abarbeiten.

Die Heterodoxie des Querdenkertums bringt – und sei es um den Preis eines vernünftigen *common ground* der Wirklichkeitskonstruktion – Alternativität gerade dort zur Geltung, wo szientistisch auf einer autoritären Politik der Alternativlosigkeit beharrt wird. Und zugleich verstärkt sie diese Politik, weil sie sie dazu nötigt, im Gegenzug unentwegt ihre unbezweifelbare Grundlegung in wissenschaftlichen Evidenzen zu betonen.[47] Demgegenüber stigmatisiert die Politik einer Herrschaft der Wissenschaft den rebellischen ‹Widerstand› gegen ihr Pandemieregime als wirklichkeitsvergessenen Irrationalismus, als widersinnige Leugnung überlegenen Wissens. Mit ihrem seiner Tendenz nach absoluten – und insofern vordemokratischen – Wahrheitsanspruch erklärt solche Politik alternativen politischen Auffassungen die Feindschaft.[48] Aus legitimen oppositionellen Minderheiten macht sie Feinde der Wahrheit.

Wie sollte sie mehr zur Radikalisierung von Dissidenz beitragen können?

Ausweglos, so könnte es scheinen, verstärken sich dieserart ein szientokratisches Diktat der politischen Wahrheitsbesitzer und der dissidente Freiheitskampf heterodoxer Wahrheitsleugner gegenseitig als Macht und Gegenmacht.

8.
Pluralismus der Expertise

Das Verhältnis von wissenschaftlichen Wahrheitsansprüchen und demokratisch legitimen politischen Machtansprüchen ist das Thema dieses Buches. Gleichwohl war von den Strukturen und Prozessen der wissenschaftlichen Politikberatung kaum die Rede, auch nicht von Wissenschaftlichen Beiräten, Akademien, Think Tanks, Wissenschaftlichen Parlamentsdiensten, Ressortforschungseinrichtungen und ähnlichem.[1] Über Auswahl, Mandatierung, (Un-)Abhängigkeit oder Rollenmuster von Experten[2], über epistemische und soziale Autorität von Gutachten sagten die bisherigen Kapitel so wenig wie über die Praktiken der Beeinflussung und den tatsächlichen Einfluss wissenschaftlichen Wissens auf politische Entscheidungsprozesse; oder auch, gewissermaßen in der Gegenrichtung, darüber, welche epistemischen Effekte politische Interventionen ins Forschungssystem haben, wie also Finanzierung, Rechtssetzung, Berichtspflichten, Forschungsaufträge oder Forschungsförderung modulieren, welche Wahrheitsansprüche im Wissenschaftssystem erarbeitet und erhoben werden (können).

Um all dies ging es hier allenfalls dann, wenn es in den gesellschaftlichen Verhandlungen *über* das Verhältnis von Wahrheitsansprüchen und Mehrheitsentscheidungen indirekt eine Rolle spielte, welche thematisch im Vordergrund standen. Jene Verhandlungen jedoch interessieren sich wenig dafür, wie dieses Verhältnis von Wissenschaft und Politik empirisch sei oder sich entwickelt habe und zukünftig verändern werde. Jedenfalls wurden sie in den vorangehenden Kapiteln vielmehr daraufhin befragt, wie sie dieses Verhältnis implizit oder explizit verstehen und wie ihr Verständnis wissenschaftskonzeptionell und demokratietheoretisch einzuordnen sei.

Im Wissenschaftsaktivismus, bei Berufspolitikern wie Haseloff, Wissing, Lauterbach oder Söder, in der Jugendklimabewegung artikulieren sich Hoffnungen auf direkten wissenschaftlichen Durchgriff in die Politik. Sie kommen darin überein, dass der tatsächliche Einfluss von Wissenschaft auf Gesellschaft und Politik bei weitem geringer sei, als er sein könne und als er angesichts der globalen ökologischen Krise vor allem sein müsse. *Follow the science!* lautet der Imperativ, der sich daraus ergibt. Er ist als Zusammenfassung der szientistischen Diagnose prominent geworden, dass Politik – und mit ihr Gesellschaft und Welt überhaupt – an einem Mangel an wissenschaftlichem Einfluss litten, wo doch allein mit ‹mehr Wissenschaft›, mit vergrößerter politischer Einflussmacht wissenschaftlichen Wissens die ‹Probleme› der Welt ‹gelöst› werden könnten.

Auf der anderen Seite in den unscharf abgegrenzten Zonen von sogenanntem Wissenschaftsskeptizismus, von ‹Misstrauensgemeinschaften› (Sven Reichardt) und Rechtspopulismus zeigt sich eine Gegenbewegung gegen einen für zu groß gehaltenen Einfluss von Wissenschaft auf Politik. Man hat genug von den Experten. Antiintellektualistisches Ressentiment, *denialism* oder heterodoxes Querdenkertum pflegen die Dissidenz, zumal gegenüber einer Politik, die sich als wissenschaftsgeleitet, evidenzbasiert und deswegen alternativlos darstellt. Deren epistemische Rechtfertigungen suchen sie in einer diffusen Weise zu neutralisieren, die sich dann bei sachlich präzisierten Gegenargumenten schnell ins Verschwörungstheoretische flüchtet.

Im einen wie im andern Fall interessieren sich die Diagnosen des ‹zu wenig› oder ‹zu viel› Wissenschaft in der Politik selten für die tatsächlichen Interaktionsbedingungen und Vorgehensweisen dort, wo Wissenschaft und Politik zusammentreffen. Ihr Fokus liegt nicht auf den Praktiken dieses Zusammentreffens, sondern auf seinen Effekten. Umso eher kommen jene gegenläufigen Diagnosen auch darin überein, dass sie sich diese Interaktionen im Grunde sehr einfach als Transportwesen vorstellen.

Lieferdienst: *Speaking truth to power*

Für das zugrundeliegende Schema kennt die Forschung die Formel *Speaking truth to power.*[3] Sie vereinfacht die tatsächlichen Verhältnisse der wissenschaftlichen Politikberatung über Gebühr. Die Interaktion von Wissenschaft und Demokratie wird als Anlieferung entscheidungsrelevanten Sachwissens an den Pforten einer Macht konzipiert, die – je nach Sichtweise – zu oft die Annahme verweigert oder im Gegenteil jenes Wissen zu direkt exekutiert. Wie unempirisch, ja kontrafaktisch diese Vorstellung eines Lieferdienstes schon in ihren Prämissen ist, muss hier nicht mehr betont werden. Gleichwohl prägt dieses Modell wissenschaftliche Selbstverständnisse, öffentliche Diskurse und politische Erwartungen gleichermaßen. Es scheint vielfach eine bare Selbstverständlichkeit und wird sehr prominent auch explizit vertreten. Ich will das im Folgenden zunächst noch einmal an einem gerade in seiner Beiläufigkeit sprechenden Beispiel illustrieren, das es nahelegt, das Lieferdienst-Modell als einen voraussetzungsreichen systematischen Spezialfall nicht damit zu verwechseln, wie Wissenschaft und Politik überhaupt in der Beratung durch Experten miteinander verschränkt sind.

Auf der *Falling Walls Conference,* einem Wissenschaftsfestival in Berlin, illustrierte die Präsidentin des *Europäischen Forschungsrates* (ERC), die Molekularbiologin Maria Leptin, die prinzipielle Vorläufigkeit und Revidierbarkeit wissenschaftlicher Erkenntnis und deren politische Relevanz einmal mit einem – übrigens in Wissenschaftsdiskursen schon seit der Frühen Neuzeit außerordentlich beliebten – astronomischen Beispiel. «Man müsse verstehen,» sagte sie einem Pressebericht zufolge, «dass Wissenschaftler nie vollkommen sicheres Wissen produzierten. Unsicherheit bedeute aber nicht, dass man nichts wisse, sondern lediglich, dass man sich an vorderster Forschungsfront befinde. ‹Ihr Politiker solltet das besser verstehen›, machte sie ihrem Ärger Luft. Wenn ein Komet mit 96-prozentiger Wahrscheinlichkeit die Erde treffe, dann hieße das, dass er die Erde trifft. Und die fehlenden vier Prozent würden nicht bedeuten, dass Wissenschaftler ihre Arbeit schlecht gemacht hätten.»[4]

So darf man das gewiss sagen. Auch tut man bei der prognostizierten Einschlagswahrscheinlichkeit in der Tat gut, den Kometen trotz aller methodischen Skepsis als echte Gefahr zu betrachten. Insofern ist die astronomische Entdeckung gesellschaftlich und politisch höchst relevant. Was aber folgt aus ihr? Soll man sich entscheiden, die Bedrohung zu ignorieren, soll man sie leugnen, weil der Wissenschaft ohnehin nicht zu trauen sei, oder soll man auf sie reagieren? Aber wie? Mit Beten? Mit Evakuierungsprogrammen? Doch wer soll wann, wie und wohin evakuiert werden und nach welchen Gesichtspunkten löst man dabei eventuell auftretende Fragen der Triage? Wäre es nicht eine erfolgversprechendere Alternative, den Kometen zu bombardieren? Und was ist mit den Risiken jeder Reaktion? Welche Lateralschäden ist man bereit in Kauf zu nehmen? Und so weiter, und so fort.

Die wissenschaftliche Entdeckung und ihre Mitteilung an die Gesellschaft ist also keine Lösung, sondern eine Störung. Sie erzeugt, sobald man von ihr weiß, zunächst einmal Anschlussprobleme. Einige von ihnen hat Adam McKay's grellbunter Spielfilm *Don't look up* just am Beispiel eines Kometeneinschlags durchdekliniert. Unter anderem wird in dieser scharfen Satire auf Wissenschaft, Gesellschaft, Populismus, Medien und Tech-Kapitalismus in den USA die Leugnung der astronomischen Entdeckung zum parteipolitischen Programm: *Don't look up!* Sodann misslingt die Ausbeutung der Seltenen Erden des Kometen, seine Bombardierung scheitert an technischen Schwierigkeiten, am Ende rettet sich die Machtelite um die Präsidentin und einen Elon Musk-artigen Tech-Milliardär mit einem Raumschiff ins All.[5]

In dieser Netflix-Produktion wie zuvor schon in Maria Leptins Beispiel besitzt wissenschaftliche Erkenntnis konkrete Relevanz für Gesellschaft und Politik. Für die Lösung der damit aufgeworfenen Probleme besagt das indes wenig. Hier wie da liefert Erkenntnis den politisch Mächtigen einen Hinweis auf Bedarf an Expertise, den sie selbst nicht decken kann. Nach dem Schema des Transportwesens sagt Wissenschaft hier wie da der Politik die Wahrheit über den Kometen, doch damit erzeugt sie bloß eine unabsehbare Fülle individueller und gesellschaftlicher, administrativer oder politischer Anschlussprobleme. Im Politiksystem steht man mit der angelieferten Information nicht vor einem Erkenntnis-, sondern vor einem Entscheidungsproblem. Man kann nicht nicht entscheiden und muss bei ganzen Kaskaden von Handlungsalternativen Auswahlen treffen, die wissenschaftlich nicht vorentschieden werden können.

Was Expertise sei, zeigen die beiden hier eingefügten Beispiele nicht. Sie erzählen vielmehr als Parabeln von einer einseitig linearen, direkten und störungsfreien Übertragung gesicherter Informationen aus dem Raum akademischer Wissensproduktion über die Systemgrenze hinweg in den Bereich eines dieses Wissen anwendenden Staatshandelns.[6] Und das heißt, die Kometenexempel gehen von dem praktisch zwar häufigen, systematisch jedoch sehr speziellen Fall aus, dass epistemische und politische Autorität ebenso reibungslos wie konstruktiv kooperieren. Sie verfahren so, wie landläufige Auffassungen des Verhältnisses von Wissen und Macht und wie auch der Wissenschaftsaktivismus oder die szientistische Politik sich das vorstellen: Der Voraussetzungsreichtum des fragilen Sonderfalls eines *Speaking truth to power* wird einfach übersehen, sodass dieser Sonderfall verallgemeinert werden kann als verbindliches Modell für die wissenschaftliche Beratung von Politik überhaupt. Und hierin sind die Kometenbeispiele übrigens auch repräsentativ für die ideologische Verdeckung der genuin politischen Verwobenheit von Sach- und Machtfragen, wie sie etwa in der frequenten Forderung nach mehr ‹evidenzbasierter Politik› oder auch in Lauterbachs «Mehr Wissenschaft wagen» geschieht.[7]

Bezüglich dieses Sonderfalls, der vor allem im Bereich staatlicher Regulatorik begegnet, will ich von instrumenteller Expertise sprechen. Und damit sind nun nicht routinemäßige Anwendungen wissenschaftlichen Wissens in administrativen oder hoheitlichen Kontexten gemeint.[8] Instrumentelle Expertise sollen vielmehr solche Konstellationen heißen, in denen zum Zwecke der Rationalität des Staatshandelns neues Wissen methodisch produziert werden muss. Unentwegt fallen in der modernen wissenschaftlich-technischen Zivilisation staatliche Entscheidungen an, mit denen Pharmazeutika zugelassen oder verboten, Impfungen empfohlen oder vorgeschrieben, Grenz- oder Schwellenwerte der Lärm-, Feinstaub- oder Schadstoffbelastung festgesetzt, Lebensmittelzusatzstoffe eingeschränkt, biologischer Artenschutz befördert, Massenmedien reguliert, Kartellrechtsentscheidungen getroffen oder Sicherheitsvorschriften für Bauwerke und technische Apparaturen erlassen werden. Das geschieht normalerweise auf der Grundlage von wissenschaftlichen ‹Studien›, die Sachverhaltsänderungen feststellen, Wirkzusammenhänge freilegen oder Wahrscheinlichkeiten abschätzen und damit die politischen oder administrativen Entscheidungsinstanzen zu Maßnahmen veranlassen.

Um für solche verbreitete instrumentelle Expertise ein einfaches Beispiel zu geben, verweise ich auf die sogenannte MAK-Liste der *Ständigen Senatskommission zur Prüfung gesundheitsschädlicher Arbeitsstoffe* bei der *Deutschen Forschungsgemeinschaft*. Die Mitglieder dieser Kommission ermitteln nach dem jeweiligen Forschungsstand für unterschiedlichste Substanzen die gesundheitlich noch zuträgliche maximale Arbeitsplatzkonzentration (daher: MAK). Mit ihren Ergebnissen, die jährlich in einem voluminösen Handbuch vorgelegt werden, berät die Kommission Politik und Staatsverwaltung – in der Bundesrepublik wie in einer Reihe anderer Staaten – seit vielen Jahrzehnten zu der Frage, wie im Arbeitsschutz mit Gefahrstoffen umzugehen sei. Und der Ausdruck der wissenschaftlichen Politikberatung steht dabei für einen Vorgang, in welchem die von der Kommission ermittelten jeweiligen Grenzwerte allermeist ohne weiteres direkt in staatliche Vorschriften umgesetzt werden.[9]

Beratungsformen dieses Typs sind, wie gesagt, nicht nur weit verbreitet[10], sondern für das Funktionieren der wissenschaftlich-technischen Zivilisation von erheblicher Bedeutung. Ihre instrumentelle Expertise vermittelt wissenschaftliches Wissen mit staatlicher Regulatorik[11] in einer im Regelfall derart reibungslosen Weise, dass die Metapher vom Lieferdienst oder die Formel des *Speaking truth to power* nicht abwegig wirken. Regulatorische Festlegungen in Politik wie Ministerial- und Vollzugsverwaltung scheinen dann aus den Beständen empirischer Daten ohne viele Zwischenschritte schlicht linear deduziert zu sein.[12] Wenn man dies allerdings nicht nur für praktisch möglich, sondern vielmehr für verbindlich modellhaft generalisierbar halten wollte, dann würde man politischen Entscheidungen ihren genuinen Entscheidungscharakter entziehen und eine mechanistische Ableitung an die Stelle der kontingenten (und eben deswegen auf dem Wege der Mehrheitsbildung stattfindenden) Wahl zwischen rechtfertigungsfähigen Alternativen rücken: die Ableitung staatlicher Maßnahmen aus der Faktenwahrheit von ‹Evidenz›. Dissens würde dabei zur ‹bloßen› unwissenschaftlichen ‹Meinung›, Lernprozesse jederzeit fortsetzbarer Beratschlagung erübrigten sich durch die abschließende Beschlussfassung.

Mindestens seiner Tendenz nach liefe das auf autoritären Szientismus hinaus, denn es würden die fragilen pragmatischen Voraussetzungen solcher Vorgänge negiert. Instrumentelle Expertise hängt, um es so zu sagen, «von wissenschaftlich-technischem Konsens unter den Experten, aber auch von sozialem Konsens im Hinblick auf Ziele *und* Verfahren ab.»[13] Das aber heißt, es darf auf der Seite der Forschung in epistemischer Hinsicht im Moment nicht weiter gefragt werden, weil anders Erkenntnisfortschritt und -revision möglich wären. Und in sozialer Hinsicht muss auf Seiten von Politik auf Politisierung verzichtet werden, weil sonst jederzeit Machtkonflikte auftreten können und mit der Interferenz einer unabsehbaren Zahl weiterer Gesichtspunkte zu rechnen ist (von der Ökonomie bis zur Geopolitik, von der gesellschaftlichen Akzeptabilität bis zur Administrierbarkeit). Auf beiden Seiten muss also der Eigensinn der jeweiligen gesellschaftlichen Teilordnung – die Verfolgung von Forschungsfragen wie der Kampf um Durchsetzungsmacht – vorübergehend angehalten sein, damit instrumentelle Expertise funktionieren kann.

Pragmatisch kann man mit diesen Voraussetzungen rechnen in Feldern mit gut etablierten Forschungsständen, wenn eine auch politisch alternativarme Situation mit geringer Entscheidungslast vorliegt und wenn zudem das öffentliche Interesse am Beratungsgeschehen wenig ausgeprägt ist. Droht eine Weltverwüstung durch den Einschlag eines großen Kometen, dann sind diese Voraussetzungen sehr viel weniger wahrscheinlich als bei lokalen Gefährdungen, die von seltenen toxischen Substanzen ausgehen mögen. Sie sind jedenfalls umso wahrscheinlicher, je strenger umrissen, je klarer definiert, je bloß ‹technischer› sich die Wissens- und die Entscheidungsfrage darstellen. Doch darf das nicht, wie im Postulat der evidenzbasierten Politik, darüber hinwegtäuschen, dass diese Voraussetzungen – gewissermaßen jederzeit und auch radikal – entfallen können. Die Corona-Pandemie war ein Beispiel dafür, wie schnell und durchgreifend das gegebenenfalls geschieht. Ebenso eindrucksvoll wird es durch die Geschichte der öffentlichen Debatten der ‹Risikogesellschaft›[14] – unter Titeln wie Atomenergie, FCKW (Fluorchlorkohlenwasserstoffe), Glyphosat, GMO (gentechnisch veränderte Organismen), Fracking, CCS (Carbon Capture and Storage) etc. – vor Augen geführt; und von dem Film *Don't look up* als groteske Satire.

Die normative Generalisierung von instrumenteller Expertise, wie sie etwa auch im Postulat der ‹Evidenzbasierung› vorgenommen wird, ist kontrafaktisch. Auf der einen Seite muss wissenschaftliche *evidence* prinzipiell damit rechnen, revidiert oder falsifiziert zu werden – jedenfalls so lange vom Fortschritt wissenschaftlichen Erkennens ausgegangen wird. Und ebenso prinzipiell sind andererseits auf instrumentelle Expertise zurückgreifende *policies* jederzeit politisierbar – jedenfalls solange der Raum des Politischen nicht autokratisch verengt wird; und Politisierbarkeit meint hier nicht nur den Machtkampf, sondern mit ihm zugleich den Umstand, dass mögliche Entscheidungsgesichtspunkte nicht allgemeinverbindlich begrenzt werden können durch Kriterien wie Rationalität, Sachlichkeit, Relevanz usw.[15] Umso wichtiger sind Konzepte und Verfahren der Beratung politischer Willensbildungsprozesse und Entscheidungen in der wissenschaftlich-technischen Zivilisation, die sich nicht in den Widersprüchen des autoritären Szientismus verheddern. Die nachfolgenden Abschnitte setzen noch einmal anders an als das Lieferdienst-Modell des *Speaking truth to power*, um Grundlinien einer solcherart tragfähigeren Auffassung von Expertise zu markieren.

Wissenschaftliche Politikberatung

Das elementare Schema jeder Expertise ist ein Wissensgefälle: Jemand nimmt jemand anderen als kundigen Berater im Hinblick auf eine spezielle Fragestellung in Anspruch. Doch ist damit offensichtlich noch zu wenig gesagt: Fragte jemand seinen Nachbarn, wie spät es sei, dann würde man nicht meinen, dass dieser als ‹Experte› für die Uhrzeit angesprochen wäre. Kategorial schon deutlich anspruchsvoller versteht sich Expertise daher als «die institutionalisierte Kompetenz zur Konstruktion von Wirklichkeit».[16] Denn damit ist ausgedrückt, dass Expertise einerseits die nackte Information zudem mit diesbezüglichen Einordnungs-, Deutungs- und Orientierungsleistungen versieht. Zum anderen wird damit gesagt, dass Expertise nicht rein okkasionell ist, sondern im Rahmen sozial geregelter, etablierter und verstetigter Arrangements ihren Platz hat; Experten und Entscheidungsträger, Beratungsgremien mit Mandaten, Geschäftsordnungen und Geschäftsstellen, kommunikative Gattungen wie Gutachten, Anhörungen, ‹Kamingespräche› und dergleichen mehr könnten in diesem Zusammenhang genannt werden.

Auch diese Begriffsbestimmung ist immer noch recht weit. Doch zieht sie immerhin Zusatzkriterien ein, während die zunehmend häufigere Verwendung von ‹Experte› heutzutage mit erheblichem semantischem Verschleiß einhergeht.[17] Kaum ein Podium, eine Nachrichtensendung oder Talkshow kommt mehr ohne Experten aus, ähnlich wie die Promis im Trash-TV gehört man nur beim allerersten Auftritt noch nicht dazu. So behauptet ‹Expertise› in den meisten Fällen öffentlichen Sprachgebrauchs wenig mehr als den Anspruch, dass man sich mindestens schon zum zweiten Mal mit einem Thema befasse. Der Sachgehalt wird insofern vom Schau- und Prominenzwert der Expertise verdeckt.

Um derartige Trends der modernen Wissensgesellschaft soll es hier nicht gehen. Doch breitet sich vor ihrem Horizont jenes Feld einer institutionalisierten Vermittlung von Wahrheiten und Mehrheiten aus, das hier interessiert. Expertise in diesem allgemein als ‹wissenschaftliche Politikberatung›[18] bezeichneten Sinne, das sind Prozesse und «Einrichtungen struktureller Kopplung» von Wissenschafts- und Politiksystem. Dabei überkreuzt sich das eingangs angesprochene Wissensgefälle mit gegenläufigen Asymmetrien, etwa der praktischen Kompetenz im Umgang mit öffentlichen Medien, Politikprozessen oder Verwaltungsapparaten. Schon insofern werden in der Expertise wahrheitsfähige Wissensansprüche sowie Mehrheitsentscheidungen in einer höchsten komplexen Weise so aufeinander bezogen, dass dies «nicht mehr zureichend als Anwendung vorhandenen Wissens begriffen werden» kann.[19]

Und eben darin unterscheidet sich Expertise allgemein, auch wissenschaftliche, vom Sonderfall der oben so genannten instrumentellen Expertise. Im eigentlichen Sinne ist sie etwas anderes als jener Lieferdienst des *Speaking truth to power*, für den sie verbreitet gehalten wird. Sie ist auch nicht eine Fortsetzung des Forschungs*prozesses*, sondern beruht auf Fest-Stellungen des Forschungs*standes*. Problembezogen recherchiert, aggregiert und übersetzt Expertise wissenschaftliches Wissen, «sodass andere entscheiden können, wie damit umgegangen werden soll.»[20] Schon wegen seiner Spezialisiertheit, Kompliziertheit und Schwerzugänglichkeit muss sie dieses Wissen aufbereiten, aber auch wegen des vielstimmigen Pluralismus vernünftiger Wissensansprüche[21]; so erwies die Corona-Pandemie – wie schon die Namen von Christian Drosten, Hendrik Streeck oder Jonas Schmidt-Chanasit in Erinnerung rufen –, dass es unter Umständen nicht einmal für eine so relativ kleine medizinische Subdisziplin wie die Virologie einen repräsentativen Sprecher gibt. Nicht Forschung, sondern Aufbereitung methodischen Wissens ist überdies auch deswegen ein Operationsmodus von Expertise, weil das Wissen der Wissenschaften unter anderem auf nichtakademisches Professions- und Erfahrungswissen abzustimmen ist[22] und gegebenenfalls auch auf das politische Beratungsmandat. Wissenschaftliche Papers müssen in *policy*-fähige Vorlagen übersetzt werden. Und das geschieht des Öfteren auch durch öffentlich schwer einsehbare, schwach formalisierte administrative Vermittlung; zum Beispiel im Austausch zwischen Mitgliedern von Kommissionen und deren Geschäftsstellen in Ministerien oder Parteizentralen. Der Politik wie der Wissenschaft erlaubt das dann, gemäß der je eigenen Logik daran anzuschließen, also beispielsweise einerseits die mühsam erreichte politische Handhabbarkeit und anderseits die wissenschaftliche Güte der Expertise zu betonen.

Es überrascht nicht, dass bei der strukturellen Kopplung von Wissenschaft und Politik neben epistemischer auch soziale Autorität ins Spiel kommt. Wie jegliches Wissen ist auch Expertenwissen kommunizierte Information, keineswegs kann es also indifferent sein gegenüber der Geltung, Reputation, Vertrauenswürdigkeit derer, die personell oder institutionell kommunizieren, sowie gegenüber den Verfahren seiner Validierung und Approbation.[23] Zudem konnte zum Beispiel in der Corona-Krise das Publikum bei den Auftritten von Wissenschaftlern vor der *Bundespressekonferenz* zuweilen den Eindruck gewinnen, dass Beratungserfolge nicht allein auf epistemischer Autorität beruhen, sondern auch etwas mit Mediengewandtheit, rhetorischer Virtuosität, gar Charisma von Forscherinnen zu tun haben mögen, oder mit Institutionengeltung, wie sie nicht zuletzt dem Berliner *Universitätsklinikum Charité*, dem *Robert-Koch-Institut*, der *Nationalakademie* oder dem *Deutschen Ethikrat* zugeschrieben wird. Weil das Wissen der Wissenschaften in außerwissenschaftlichen Sozialbereichen kaum ernsthaft geprüft werden kann, zeigt sich seine *Wahrheit* hier wie da zumal als Funktion der – allermeist massenmedial mitkonstruierten – Wahr*haftigkeit* derer, die es kommunizieren. Nicht zuletzt sind es also ebenso elastische wie komplexe soziale Mechanismen, welche die Rezeption und politische Anerkennung von Expertise qua Vertrauenswürdigkeit der Wissensträger sichern, nämlich deren Wahrhaftigkeit, Redlichkeit oder Moralität. In diesem Sinne hat man die gute wissenschaftliche Politikberaterin zum Beispiel als *honest broker* bezeichnet oder Expertenkonsens – als Antwort auf die Frage *Why trust science?* – an den *good faith* der Beteiligten geknüpft.[24]

Wiederum war es die Corona-Krise, die diese komplexen Aspekte des Spannungsfeldes, das wir Expertise nennen, in ungewöhnlicher Weise öffentlich ausleuchtete.[25] Sichtbar machte sie jenes vielschichtige, auf Beratung spezialisierte Institutionengefüge von Akademien, Wissenschaftlichen Beiräten, Sachverständigenräten, ständigen Kommissionen, Ressortforschungseinrichtungen oder Think Tanks, das Politik zu beeinflussen sucht und auf welches diese zurückgreifen kann; wer hätte denn vor der Pandemie schon zu sagen gewusst, was zum Beispiel die *Ständige Impfkommission* sei? Zudem erwies sich der besondere

Krisendruck auch daran, dass daneben vermehrt informelle, auch spontane Austauschgelegenheiten zwischen Wissenschaft und Politik gesucht wurden. So haben etwa einzelne Ministerpräsidenten *ad hoc*-Kommissionen einberufen, während der Leiter der Virologie an der *Charité*, Christian Drosten, medial beinahe wie der private Pandemieberater der Bundeskanzlerin erschien. Überdies wurde auf den Bühnen multipler Medienöffentlichkeiten deutlich, dass neben akademischer Forschung weitere Quellen – und Geltungsquellen – für politisch relevantes Beratungswissen existieren. Es gibt nicht nur Professorenexpertise, sondern auch Professionsexpertise, Erfahrungsexpertise, Zuständigkeitsexpertise. Wer als Juristin oder Verwaltungsfachmann in einem Fachverband des Gesundheitssystems oder in einer organisierten Interessenvertretung zum Beispiel der Patientinnen, Pfleger, Ärztinnen, Krankenhäuser, *Public Health*-Verwaltung oder Medizintechnik tätig ist, erwirbt Spezialwissen, das institutionell autorisiert und als Expertise politisch nützlich sein kann. Erst im Verein mit diesem Erfahrungs- und Professionswissen aus der Gesundheitsverwaltung wurde das Wissen der Wissenschaftlerinnen, so kann man sagen, in Pandemiepolitik übersetzbar.

Auch Lobbyverbände oder zivilgesellschaftliche Organisationen und ihre Think Tanks besitzen Spezialwissen, das sie in der Politikberatung als Expertise zur Geltung zu bringen versuchen. Deswegen sind, wie unter dem Krisendruck der Pandemie besonders sichtbar wurde, die Grenzen zwischen Beratungsfunktion, partikularistischer Einflussnahme, politischer Entscheidungslegitimierung und gesellschaftlicher Partizipation bisweilen durchlässig, und es können schwer entwirrbare Gemengelagen entstehen.[26] Und all dies in einem Horizont pluraler Expertisen, die sich gegenseitig kontextualisieren und einander ebenso ergänzen wie miteinander konkurrieren können.

Gegenexpertisen

Wissenschaftliche Politikberatung ist institutionalisierte Kommunikation aufbereiteten und autorisierten Expertenwissens. Dessen Träger müssen dabei allerdings nicht nur «einerseits die in der Wissenschaft noch bestehenden Unsicherheiten in der Kommunikation zurückhalten oder doch abschwächen», sondern sie sollten es auf der anderen Seite auch «vermeiden, politische Fragen als Wissensfragen vorzuentscheiden.»[27] Als eine Heuristik politischen Entscheidens[28] hebt Expertise vor dem unabsehbaren Horizont des Möglichen konkrete Handlungsalternativen ab, so dass überhaupt entschieden werden *kann*. Zugleich muss sie diese Optionen aber aufrechterhalten, so dass zwischen ihnen auch entschieden werden *muss*. Anders wären politisches Agieren und demokratisch legitime Entscheidungen nicht möglich. Als Entscheidungshilfe, die reale Optionen von allem Möglichen unterscheidet, hat Expertise es demnach weder mit dem Notwendigen noch mit dem Zufälligen zu tun. Sie gehört konstitutiv in kontingente Konstellationen.

Es mag gleichzeitig trivial und abstrakt klingen und muss dennoch ausdrücklich wiederholt sein: Expertise, auch wissenschaftliche Expertise ist nicht Forschung. Sie behandelt nicht Erkenntnisprobleme, sondern transformiert wissenschaftliche Erkenntnis so, dass daran politisch bei der Bearbeitung von Entscheidungsproblemen angeknüpft werden kann. Dies schließt nicht aus, dass es zu Rückkoppelungen mit dem Wissenschaftssystem kommt, etwa zu Auswirkungen sozialer Art, wenn die politische Expertenfunktion auf die Sozialposition ihres Trägers im Wissenschaftssystem zurückwirkt – als Einflussmehrung oder Reputationsschmälerung zum Beispiel. Auch epistemische Rückkoppelungen sind möglich, wenn etwa in der Expertisekommunikation Irritationen auftreten, die sich als Forschungsfrage weiterverarbeiten lassen. Weder die einen noch die andern *feed backs* sind indes entscheidend. Entscheidend ist, dass Expertise, funktional gesehen, zu den Operationen des Politiksystems gehört.[29]

Schon daraus ergibt sich, dass sie vielfach umstritten ist und stets umstritten sein kann. Zwar ist die «Depolitisierung politischer Beratung»[30] immer wieder versucht worden: Mit großer Selbstgewissheit hat man in den fünfziger und frühen sechziger Jahren des vergangenen Jahrhunderts die Auflösung gesellschaftlicher oder politischer Konflikte in den ‹Sachnotwendigkeiten› des ‹technischen Staats› (Helmut Schelsky) erwartet.[31] Mit gleicher Unbeirrbarkeit behandeln derzeit szientistische Denkungsarten die allgegenwärtige Umstrittenheit von Expertise, die qua medial vermittelter Öffentlichkeiten unübersehbar scheint, schlicht mit einer Unterscheidung von Expertenkonsens und Außenseitermeinungen, die sie für unproblematisch, ja für selbstevident halten.[32] Doch ändert dies nichts daran, dass Expertise schon als Teil des Politiksystems nicht alternativlos ist – man kann sich politisch entscheiden, sie zu neutralisieren, sie zu ignorieren oder auf sie zu verzichten. Ebensowenig ändert es daran, dass alternativlose Expertise systematisch rar ist. Im Grunde ist sie nämlich nichts anderes als die momentane, jederzeit und allseits aufkündbare Stillstellung von sachlicher Wahrheits- und politischer Geltungsfrage: der regulatorische Sonderfall instrumenteller Expertise. In der Regel aber ist Expertise ein Anspruch auf Expertise, der in Anspruchskonkurrenzen wissenschaftlich wie politisch behauptet und beglaubigt werden muss, und der bestritten werden kann. Es handelt sich um einen Kollektivsingular, oder um es paradox zu formulieren: Expertise ist tatsächlich Gegenexpertise.[33]

Die wichtigsten Gründe dafür wurden bereits genannt. Zu ihnen zählt die Revisionsoffenheit der in die Expertise eingegangenen wissenschaftlichen Wissensgrundlagen. Zu ihnen zählt auch das expandierende Angebot und die nicht weniger wachsende politische Nachfrage nach Expertise, die längst zur Herausbildung von Beratungsunternehmen und Beratungsmärkten mit eigenen Wettbewerbsstrukturen geführt haben.[34] Nicht zuletzt besitzt Expertise aus Gründen des politischen Machtkampfes grundsätzlich eine Dimension der Gegenexpertise. Ihre Sachverhaltsdeutung ist ein wichtiges Mittel dieses Machtkampfes und kann eben deswegen auch politisiert werden.

Auch dies wurde durch die Corona-Pandemie in bemerkenswerter Weise öffentlich sichtbar. Erstens vertraten die Experten immer wieder divergierende Positionen und trugen ihre Auffassungsunterschiede auch auf offener Bühne aus; und ob solch öffentlich ausgetragener Hypothesenwettstreit das Beratungswissen letztlich verbesserte[35] oder eher als Einladung wirkte, Expertise überhaupt politisch zu ignorieren[36], blieb von Fall zu Fall zu beurteilen. Zweitens kritisierten auch Beratende und Beratene einander. Sie beobachteten sich stets gegenseitig aus der Perspektive differenter Funktionssysteme und hielten öfters dem Gegenüber die Nichtbeachtung der je eigenen Operationsbedingungen vor. Die Wissenschaftlerinnen reklamierten dann größere politische Folgewirkung für ihre Expertise, die Politiker erwarteten demgegenüber schnelleren, konkreteren, eindeutigeren Rat. Selbstverständlich stritten in der Pandemie sodann drittens die auf wissenschaftliche wie Professionsexpertise angewiesenen Entscheidungsträgerinnen, weil demokratische Politik genuin konflikthaft und die sachliche Entscheidungshilfe der Expertise dabei zugleich ein Rechtfertigungs- und Machtmittel ist; weil Expertise widerstreitende politische Positionen selten gleichmäßig sachlich rechtfertigt oder symbolisch stützt und weil die politischen Folgerungen aus Expertenwissen ihrerseits kontingent sind. Und schließlich verlängerten sich viertens die pandemiepolitischen Auseinandersetzungen ins Publikum, welches die Konfliktdynamiken der Expertise beobachtete. Die Medien sahen, wie die Politikerinnen dem Expertenrat folgten oder nicht folgten oder Gegenexpertise organisierten. Das Publikum erwartete ‹wahre› Politik oder ‹demokratische› Wissenschaft. Gestritten wurde, weil Politik unwissend oder Wissenschaft ohnmächtig wirken mochten; weil Sachrichtigkeit noch keine politische Legitimität stiftet, während Serien von Entscheidungen, die für sachwidrig gehalten werden, gleichwohl Legitimitätsressourcen verschleißen. Und weil sich in pluralistischen Gesellschaften die Konkurrenzen um Macht, Mehrheiten und Interessen, Weltzugänge, Wissen und Wahrheiten grundsätzlich nicht stillstellen lassen.

In der Pandemie zeigte sich exemplarisch, was generell der Fall ist. Expertise ist kontingent und stets politisierbar. «The reality is of course, that the politicization of policy is unavoidable and in fact desirable.»[37] Eben deswegen ist sie allerdings auch einem grundsätzlichen Verdacht ausgesetzt, der jederzeit aktualisiert und auch massenmedial dramatisiert werden kann. Es ist der Verdacht, dass nicht die politische Entscheidung der Expertise folge und insofern epistemisch gut begründet sei, sondern dass umgekehrt die Expertise bereits «im Hinblick darauf ausgewählt wurde, ob der Zuschnitt ihrer Informationsvorselektion geeignet ist, eine bestimmte politische Entscheidung zu legitimieren oder vorwegzunehmen.»[38] Expertise kann als solche des politischen Gegners verdächtigt oder für illegitim gehalten werden. Sie kann überdies dem Misstrauen ausgesetzt sein oder strategisch ausgesetzt werden, die Freiheit demokratischer Willensbildung zu beschneiden, wie am Beispiel Michael Goves sowie an der querdenkerischen Heterodoxie zu sehen war.

Insofern sie Element des Politiksystems ist, kann der Sachbezug von Expertise selten verlässlich und einvernehmlich davon getrennt werden, dass sie in ihrem Machtbezug stets zugleich auch Gegenexpertise ist, eine Gegenexpertise, welche die Expertise politischer Gegner oder konkurrierender Experten kontert. Die vor wenigen Absätzen geprägte Formel ließe sich also in der folgenden Formulierung entparadoxieren. Expertise ist ein Strukturelement in den streitigen Prozessen politischer Beratschlagung, nämlich Gegenexpertise, die durch Gegenexpertise herausgefordert werden kann. Oder knapper: In den Dissens- und Konkurrenzlagen pluralistischer Demokratie kann *sachliche* Expertise immer auch zur *politischen* Gegenexpertise werden.

Kein Abschluss

Zumutungen statt Dystopien: Sachlich wie aufgrund ihrer Begründungskraft im Rahmen des Rationalitätsversprechens demokratischer Herrschaft ist Expertise für moderne Politik notwendig. Zugleich trägt sie indes den Charakter einer Zumutung – sei es, dass sie überhaupt als Einengung politischen Entscheidungsspielraums wahrgenommen wird, sei es, dass sie im Widerspruch zu den je eigenen politischen Präferenzen steht. Es ist dies die Zumutung, dass angesichts der unhintergehbaren Pluralismen von Wissenschaft, Öffentlichkeit und Politik weder in epistemischer noch in gesellschaftlicher noch in politischer Hinsicht die allgemeine Unstrittigkeit einer Expertise gewährleistet werden kann – und, normativ gesehen, auch nicht versprochen werden dürfte. Moderne Wissenschaften wie liberale Demokratien sind konstitutiv verzeitlichte und zukunftsoffene Prozesse. Dass sie Suchbewegungen unter ungewissen und unsicheren Bedingungen darstellen, ist nicht ein Manko, sondern ihre Stärke, nämlich die strukturelle Stabilisierung fortgesetzten Lernens angesichts überkomplexer Wirklichkeiten.

Ideologische Gegenbewegungen oder rebellische Proteste gegen diese konstitutive Zumutungshaftigkeit der Moderne prägen die Gegenwartsgesellschaft.[1] So widerspricht der Szientismus in Wissenschaft wie Politik fallweise oder grundsätzlich den Bedingungen der Möglichkeit der kategorischen Strittigkeit von Expertise, indem er wissenschaftliches Wissen als eine geschlossene und direkt normative Faktenordnung missdeutet, die ihrer Tendenz nach in ein autokratisches Wahrheitsregime mündet. Jede Frage wäre demzufolge epistemisch sowohl als politisch abschließend geklärt, sobald die Wissenschaft gesprochen hat. *Scientia locuta, causa finita.*

Auf der Gegenseite widerspricht der heterodoxe *denialism*, ob er nun den anthropogenen Klimawandel oder ein virales Infektionsgeschehen in Abrede stellt, nicht der Logik von Expertise und Gegenexpertise samt ihren Voraussetzungen, sondern er unterläuft sie gewissermaßen. Ich habe derartiges Revoltieren hier gedeutet als Grenzfall einer Reaktion auf Szientifizierung, ja Szientokratisierung von Politik, wie sie zum Beispiel in der Corona-Pandemie immer wieder zu beobachten war. Monokausale Zusammenhänge sind damit nicht behauptet. Doch mag diese Deutung verständlich machen, dass sich das ‹Querdenken› jeglicher Expertisenkonkurrenz und demokratisch verfasster politischer Alternativität entzieht. Den dort geltenden Maßstäben der Diskursivierbarkeit wie der Bestimmtheit kritischer Opposition entweicht es in die diffuse Dissidenz subjektivistischer Selbstermächtigung und generalisierter Verdächtigungen. Derlei ist in demokratischer Perspektive nicht von vorneherein illegitim, zumal dann nicht, wenn – wie es hier vertreten wird – die Ansprüche an die epistemischen Standards demokratischer Meinungsbildung im Interesse der Freiheitlichkeit der gesellschaftlichen Verhältnisse flexibel gehalten werden müssen. Gleichwohl bringen solche heterodoxen Protestgruppen in problematischer Weise das für moderne Demokratien entscheidende Verhältnis von reflexivem Beratschlagungsprozess einerseits und Beschlussfassung in der Mehrheitsentscheidung andererseits aus der Balance. Anders als jede Gegenexpertise, die den Namen verdient, bieten sie nämlich gerade keine «Informationsgrundlagen für alternative Entscheidungsszenarien».[2] Sie suchen vielmehr die Informativität von Expertise in der Weise zu einem beliebigen Meinen zu nivellieren, dass die in der Mehrheitsentscheidung gezogene politische Folgerung als blanke Willkür und daher illegitim erscheinen soll.

Nicht allein unter je besonderen und besonders spürbaren Umständen wie Klima- oder Corona-Krise wirken die pluralistischen Konkurrenzen wissenschaftlicher Expertise und politischer Gegenexpertise als beachtliche Zumutung. Sie tun es, wie gesagt, überhaupt in der liberalen Demokratie. Sie scheinen Politik vielfach langsam, uneindeutig und ineffizient zu machen. Nicht einmal der grundsätzliche und stabile wissenschaftliche Konsens der Klima- und Biodiversitätsforschung vermag, wie es aussieht, dem ewigen Expertenstreit über die Tauglichkeit konkreter Gegenmaßnahmen ein Ende zu bereiten. Gerade in jenen Aufgabenfeldern, in denen der Problem- und Zeitdruck dramatisch, ja sprunghaft steigt, scheint er politisches Handeln zu paralysieren.

Der Pluralismus der Wissenschaften und Expertisen mutet in der Tat Ungewissheit und Kontingenz zu. Er verlangt, enorme Komplexität zu verarbeiten und anzuerkennen, dass die prinzipielle Revidierbarkeit von Wahrheitsansprüchen wie Mehrheitsentscheidungen zu den konstitutiven Bedingungen der Möglichkeit einer freien, pluralistischen und demokratischen Gesellschaft gehört. Empirisch gesehen kann derartige Zumutungstoleranz zu einer Überforderung werden, normativ gesehen müssen die Kontingenzzumutungen der Moderne ausgehalten werden.[3] Denn wer ihnen entkommen wollte, ohne in das ebenso universelle wie unbestimmte Misstrauen des Alternativ-Faktizismus auszuweichen, der oder die müsste das neugierig forschende Fragen ebenso wie gesellschaftliches Lernen einstellen und sich den Gewissheitsprätentionen des szientistischen Autokratismus unterwerfen.

Der Traum, ohne die Zumutungen der epistemischen Vielstimmigkeit und Vorbehaltlichkeit modernen wissenschaftlichen

Wissens sowie ohne diejenigen streitbarer Dauerreflexion und kontingenten politischen Entscheidens auskommen zu können, ist ein Albtraum. Es ist der Albtraum einer finalen Theorie[4], welche den Wissenschaften wie dem Fortschreiten ihrer Erkenntnisproduktion nurmehr wenig Zukunft abgewinnen könnte; finales Wissen wäre das Ende aller Theorie. Und diesem Phantasma einer Wissenschaft des *posthistoire,* die nichts mehr erkennen will, würde die Sehnsucht, von den angesprochenen Zumutungen entlastet zu sein, auf der anderen Seite den Schrecken einer Politik zur Seite stellen, die nichts mehr zu entscheiden hätte. Denn ihre Festlegungen und Maßnahmen wären je schon vollständig determiniert durch die vorpolitische Wahrheit jener einheitlichen und endgültigen Theorie. Der autoritäre Szientismus, den dieser Essay kritisiert, würde sich zum monistischen Wahrheitsregime, zu einer szientokratischen Despotie radikalisieren. Es gibt Staaten auf dieser Welt, zum Beispiel Singapur oder China, in denen man einen Schaudern machenden Vorschein dieser Dystopie studieren kann.

Die Alternative zur zumutungsreichen Kontingenz und zum pluralistischen Alternativenreichtum moderner Wissenschaften und liberaler Demokratie: Unter den Bedingungen hochtechnologischer Zivilisation wäre dies die Dystopie einer Welt ohne Unwissen und Ungewissheiten und ohne politische Freiheit.[5] Minderheiten könnte es unter einer solchen Herrschaft der Wahrheitsbesitzer allein noch als kriminelle oder therapiebedürftige Wahrheitsleugner geben, als Verbrecher oder als Irre. Jegliches wissenschaftliche wie politische Streiten erstickte im Keim. Konzeptionell wäre in dieser Welt eines verabsolutierten normativen Stils alle Irritation durch die Wirklichkeit ebenso ausgeräumt wie jedwedes Lernen.

Szientismus und Erdsystem: Dystopisch sind die Aussichten einer Wissenschaft, Gesellschaft und Politik, die gegen ihren genuinen Begriff vollständig zumutungsfrei sein sollen. Sie sind es in Sonderheit angesichts jener dramatischen und dramatisch sich verschärfenden Gefahren für die menschlichen Zivilisationen, die sich aus Zustand und Entwicklungsdynamiken des gesamten geophysikalischen wie biochemischen Erdsystems ergeben. Zu einer diese Aspekte berücksichtigenden politischen Perspektive will ich am Ende des vorliegenden Essays seine bisherige Argumentation mit wenigen skizzenhaften Anmerkungen ausziehen.

Der autoritäre Szientismus, so viel dürfte absehbar sein, wird mit den aus Klima- und Umweltveränderungen resultierenden Gefahren kaum zu Rande kommen – weder in Gestalt eines *science activism*, dem Forschung letztlich bloß ein Hindernis bei der politischen Umsetzung früherer Resultate ist, noch als Klima-Schmittianismus, noch in anderer Weise. Ausgerechnet im Anblick globaler Herausforderungen, die Individuen wie Gesellschaften in ungekannter Massivität überfordern, will er Politisches durch Wissenschaft verdecken, programmieren oder ersetzen. Letztlich baut er auf Entdifferenzierung der Gesellschaftsbereiche, wenn der Grund politischer Entscheidungen, die zugleich als gesamthafte Steuerung des gesellschaftlichen Ganzen verstanden sind, von der pluralistisch vorbehaltlichen Logik wechselnder Mehrheiten verschoben wird zu den monistischen Gewissheitsprätentionen szientistischen Wissens. Jene funktionalen Spezifikationen zwischen verschiedenen gesellschaftlichen Domänen, denen sich die enorme Leistungsfähigkeit moderner Gesellschaften allererst verdankt, sollen also gerade eingeebnet werden.

Zugleich würden, zweitens, mit den Gewissheitsprätentionen dieser szientistisch reduzierten und versteiften Wissenschaft sowohl für deren Erkenntnisarbeit wie für politische Entscheidungen die Möglichkeiten des Lernens wo nicht konzeptionell geradezu ausgeschlossen, so doch jedenfalls unberücksichtigt gelassen. Die ‹Anpassung› (Philipp Staab) an den Ausnahmezustand, auf welche die Spielarten des autoritären Szientismus im Falle der ökologischen Krise setzen, ist eher ein Erstarren. Sie verschließt die Zukunft, denn sie ist fehlerintolerant und irrtumsfeindlich.[6] Indem sie an die Erfahrung eines aktuellen Ausnahmezustands adaptierte, träte zugleich aus dem Blick, dass die Umstände sich ändern werden – zum Schlechteren oder zum Besseren, hier so, dort anders – und dass es daher zukünftig auf veränderte Anpassungsleistungen ankommen wird.

Überdies wäre, drittens, ein entscheidender Aspekt der *condition humaine* übersehen: Denn die Naturverhältnisse des Gattungswesens Mensch sind bestimmt durch das, was man etwa in der Tradition der Philosophischen Anthropologie mit einem Ausdruck von Helmuth Plessner als ‹exzentrische Positionalität› beschreiben kann.[7] Mit ihr geht einher, dass dieses Gattungswesen nicht nur sich der Natur, sondern auch die Natur sich selbst ‹anpasst›. Dieses Vermögen gehört zu den Voraussetzungen der anthropogenen ökologischen Krise, jedoch ebenso zu den Möglichkeitsbedingungen ihrer Bearbeitung. Der Verzicht auf technische Naturbeherrschung, wie er in Imaginationen bloßer ‹Anpassung› mitschwingt, ist keine tragfähige Option. Sondern allenfalls ein Rousseauismus, der sich den Dimensionen wie den Komplexitäten der Probleme verschließt.

In dem Diskursmuster, das hier an Beispielen für technokratische Ausweichbewegungen in vermeintliche Alternativlosigkeiten, für Wissenschaftsaktivismus und für eine Szientokratie des Ausnahmezustands beschrieben wurde, muss demzufolge offenbleiben, wie eigentlich wirksame Möglichkeiten der gesellschaftlichen Bearbeitung von Klimawandel und Artensterben strukturell und über den Augenblick hinaus gesichert werden können. Am Ende wird im Rahmen dieses Dispositivs vermutlich wenig anderes übrigbleiben als verschärfte Appelle an Moral. Oder Anrufungen der Soziodizee eines großen ‹Wir›[8], die sich angesichts weltumgreifender ökologischer Gefährdungen sowie der daraus global resultierenden sozialen Verwerfungen auf die Beschwörung von Gemeinsamkeit und Gemeinschaftlichkeit zurückziehen.

Politische Klugheit: Erfolgversprechender scheint es, auf politische Klugheit zu bauen. Und darunter möchte ich, um es mit den am Eingang dieses Buches bereits zitierten Worten des amerikanischen Philosophen Richard Rorty zu sagen, zunächst eine Form des Engagements verstehen, die ihre Kraft nicht zuletzt aus einem Sinn für die Kontingenz dieses Engagements bezieht.[9] Sie verbindet sich also mit einer gewissen Ambiguitätstoleranz, die unter anderem in der Komplexität demokratisch verfasster pluralistischer Gesellschaften nicht allein zeitraubende Trägheit und Ineffektivität entdeckt, sondern zugleich jene Zeitstabilität, Resilienz und Produktivität, auf die es unter dem Druck außerordentlicher Gefährdungen gerade ankommt. Die Komplexität funktionaler Differenzierung lässt sich als Zumutung reflektieren und bearbeiten. Sie lässt sich jedoch auch nützen als die – nach allem, was man weiß – bei weitem leistungsfähigste soziale Strukturierungsform für soziokulturelle, gesellschaftliche oder ökonomische Veränderungen, die den ökologischen Wandel und seine Folgen abdämpfen können. Zudem zeichnet sich politische Klugheit durch die Präferenz für das aus, was hier auch als kognitiver Stil bezeichnet wurde: eine Präferenz für kollektive Lernprozesse in differenzierten Gesellschaften, wie sie in modernen Wissenschaften und liberalen Demokratien institutionell wahrscheinlich gemacht sind.

Über die Dysfunktionen jener Institutionen darf nicht einfach hinwegsehen werden. Gleichwohl tut sich mit der Revisionsoffenheit wissenschaftlicher Erkenntnisse und politischer Entscheidungen sowie mit den Möglichkeiten der gesellschaftlichen Arbeitsteilung zwischen unterschiedlichen Funktionssystemen doch eine Perspektive auf, die jenseits von autoritär-szientistischen Stillstellungen einerseits wie auch jenseits einer ökologischen Blindheit andererseits liegt, die sich ja als diffuse Dissidenz ebenso manifestieren kann wie als zynisches Kalkül ökonomischen oder politischen Krisengewinnlertums. Diese Perspektive ist selbstverständlich keine ‹Lösung› der anstehenden ‹Probleme›. Sie schlägt lediglich eine Diskussion vor, deren Verlauf offen ist und die sich nicht zuletzt um die Frage dreht, wie sich jene sozialen Energien, die in den hier beobachteten Diskursen durch Gewissheitsfragen absorbiert werden, auf die pragmatischen Erfordernisse der gesellschaftlichen und politischen Transformationsprozesse umlenken lassen.

In solcher Perspektive ist Politik wie Wissenschaft zunächst von jenem Druck entlastet, unter den sie der autoritäre Szientismus setzt, indem er sie ebensowohl über- wie unterfordert. Von Wissenschaft verlangt er ja, normative Letztinstanz für die Entscheidung aller möglichen gesellschaftlichen, ökonomischen, politischen Fragen zu sein und zugleich bisherige Erkenntnis lediglich solutionistisch zu verwalten. Politik konzipiert er als bloße Ausführung vorpolitischer Wahrheit und zugleich als übergeordnete Lenkungsinstanz, über welche Gesellschaft gesamthaft und direkt gesteuert werden könne. Hier wie da liegen widersprüchliche Leistungserwartungen vor, die notwendig in Enttäuschungen führen. Der autoritäre Szientismus verlangt von den gesellschaftlichen Teilsystemen zugleich weniger und mehr, als diese funktional zu leisten imstande sind. Demgegenüber würde man in jener Perspektive, die ich hier abstecken will, weder den Wissenschaften allgemeinverbindliche Entscheidungen ansinnen, noch der Politik epistemische Innovationen, noch zum Beispiel den Märkten gesellschaftliche Moralisierung. Dass diese Funktionssysteme arbeitsteilig nach ihrer je eigenen Logik operieren und kooperieren, wäre vielmehr gerade die Produktivkraft vielfältiger Wandlungsprozesse hin zu nachhaltigen Vergesellschaftungsformen.

Was dies für die Wissenschaft heißt, braucht hier nicht mehr ausgeführt zu werden: «Sie hat die spezifische Funktion, die Welt für die Gesellschaft offen zu halten. Für diese Funktion wird sie freigestellt.»[10] Für demokratisch verfasste Politik folgt auf der anderen Seite, dass Entscheidungen nicht erst bei Zweifelsfreiheit fallen, wenn sie also keine mehr sind, sondern dass sie im Gegenteil konstitutiv unter den Bedingungen von Unwissen und Ungewissheit getroffen werden. Für einen solchen ‹starken› Begriff von Politik liegt es fern, aus der Übergröße der ökologischen Herausforderungen auf den Absolutismus eines einzigen Lösungspfades zu folgern. Vielmehr steigert es politische Handlungsfähigkeit, wenn man mit Kontingenzen, mit Irrtümern und Fehlern rechnet und daher mit der Alternativität vielfältiger Optionen und Anschlussoptionen.

Der normative Ausgangspunkt einer solchen Perspektive mag denkbar schlicht wirken: Weder können die pluralistischen Gesellschaften der liberalen Demokratien (und auch nicht die andern) mit ihren Wirtschaftsformen, Konsummustern und Lebensstilen einfach so weitermachen wie bisher. Noch auch muss alles neu werden. Vieles muss sich ändern – und das wird mit wahrlich einschüchternden Schwierigkeiten verbunden sein –, aber nicht alles. Wenn die Einsicht zutrifft, und so sieht es aus, «dass die ‹große Transformation› eine eher unwahrscheinliche Form der Veränderung ist»[11], dann scheint es politisch klüger, für eine Vielzahl von Transformationen unterschiedlicher Art und Größe, Geschwindigkeit, Erfolgswahrscheinlichkeit und Akzeptanzaussicht an unterschiedlichen gesellschaftlichen Orten zu optieren.

Man kann dann Probleme, auch solche von globaler Dimension, im politischen Raum sachlich kleinarbeiten; die Erforschung sogenannter *grand challenges* tut auf Seiten der Wissenschaften nichts anderes. Und weil den Menschen Komplexität zumutbar ist, kann man dieses – gesellschaftliche Veränderungen induzierende – Kleinarbeiten auch mit der Steigerung von Komplexität auf der Sachebene verbinden. So mag dann zum Beispiel für die Beteiligten sichtbar werden, dass es tatsächlich Zielkonflikte gibt, die sich nicht lediglich der Halsstarrigkeit einzelner Kontrahenten verdanken oder in den eingeübten Schemata politischer Zurechnung sortiert werden können; in diesem Sinne reale Zielkonflikte tun sich zum Beispiel immer wieder just *zwischen* Klima- und Biodiversitätspolitik auf.[12] Komplexitätssteigerung auf der Sachebene kann überdies erkennen lassen, dass Positionen in der Regel nicht allein mit Gegenpositionen zu kämpfen haben, sondern auch mit inneren Widersprüchen; worin Kontrahenten dann eine Gemeinsamkeit entdecken mögen. Solcherlei erschwert die normative Aufladung von Dissensen und macht den Erfolg von Vetospielern unwahrscheinlicher. Leichter kann es hingegen werden, tatsächlich die Sachebene zu erreichen. Und auf ihr dann auch Verständigungen zu erzielen, weil die Komplexitätsreduktionen lange gepflegter Gegensätze sich womöglich angesichts von sachlichen Schwierigkeiten verflüssigen. Oder weil praktischere Fragen sich abzeichnen, bei deren Bearbeitung Kompromisse möglich sind und auch funktionsäquivalente Alternativen, Zwischenschritte, Anpassungsprozesse, gewisse Fehlertoleranzen, Revisionen und dergleichen mehr.[13] Um es am Beispiel eines spezifischen Sektors zu sagen: Nicht, ob überhaupt das Agrar- und Ernährungssystems nachhaltiger werden muss, bindet dann alle Aufmerksamkeit und Energie, sondern Fragen folgender Art: Wie kommt man von der gegenwärtigen staatlichen Subventionierung von Agrarproduktion zu einer gesellschaftlichen Honorierung, die landwirtschaftliche Ökosystemleistungen (wie Humusaufbau, Treibhausgasbindung, Biodiversitätsförderung etc.) betriebswirtschaftlich vorteilhaft macht? Wie können die Regularien auf Agrar- und Lebensmittelmärkten so modifiziert werden, dass die Externalisierung tatsächlicher Kosten zu Lasten von Gemeingütern wie Boden, Wasser, Luft, Klima und Landschaft schrittweise unwahrscheinlicher wird, hingegen ihre Internalisierung in die Preisbildungsprozesse immer wahrscheinlicher? Wie sollten Lebensmittel besteuert werden, um die Ausbildung ökologisch wie gesundheitspolitisch verantwortbarer Ernährungsstile zu befördern? Die Zahl solcher Fragen ist enorm. Und es ist klar, dass in jeder von ihnen eine schwer abschätzbare Menge strittiger Anschlussfragen steckt. Doch sind es Fragen, die auf die Effektivität von gesellschaftlichen Arbeitsteilungen abstellen – hier etwa zwischen Politik, Wirtschaft, Recht und ihren jeweiligen Untereinheiten – sowie auf eine Beantwortung in Veränderungsschritten, welche Ausprobieren, Nachjustierungen, lokale Vorstöße usw. zulassen. Sehr unterschiedliche gesellschaftliche Interessen und politische Positionen können in solchen Fragen übereinkommen, und diese Fragen sind es auch, die politischer Beratung und Entscheidung tatsächlich zugänglich sind.

Der hier angedeuteten Perspektive kommt es angesichts der globalen ökologischen Gefährdungen auf die Wirksamkeitsmöglichkeiten politischer Klugheit an. In dieser sehe ich nicht ein Handlungshemmnis, sondern im Gegenteil eine Möglichkeit, im Angesicht von Klimawandel, Artensterben und Umweltverschmutzung Handlungsmächtigkeit zu steigern. Daher muss sie auch nicht durch eine szientistisch verkürzte Wissenschaft camoufliert, programmiert oder substituiert werden.

Die Dramatisierung von Grundsatzfragen, wie sie den in diesem Buch analysierten autoritären Szientismus kennzeichnen kann, gar deren apokalyptische Aufladung gehen demgegenüber mit dem Effekt einher, von der Sachebene eher abzulenken. Sie vereinfachen die Vielschichtigkeit, Komplexität und Kontingenz der Verhältnisse, indem sie sie letztlich zu einer Bekenntnisfrage stilisieren. Das bindet gesellschaftliche Energie an Stellen, die für die politischen Belange praktischer Entscheidungen womöglich längst hinreichend geklärt sind. Und es geht mit dem Risiko der Blockierung politischen Handelns einher, indem, je drängender das gesellschaftliche *Problem* sich darstellt, seine politische *Bearbeitung* umso stärker normativ vorweg entschieden wäre, anstatt zum Thema von Beratschlagungen und kollektiven Lernprozessen gemacht zu werden. Vor allem aber lassen Bekenntnisse wenig mehr als völlige Zustimmung und gänzliche Ablehnung zu. Sie liegen näher bei Kulturkriegen als bei Ambiguitätstoleranz. So stellen Bekenntnisse das Gegenteil jener revisionsoffenen Prozesse der Wissenschaften dar, in denen Wissensansprüche in streitigen Verhältnissen behauptet und kritisiert – und verbessert! – werden. Und ebenso negieren sie jene durch revidierbare Entscheidungen strukturierte Dauerreflexion, in welcher das Prinzip der liberalen Demokratie die Sicherung von Freiheit mit Möglichkeiten von Rationalisierung verbindet.

Notiz

Gegenstand und Thema dieses Textes liegen jenseits meines literaturwissenschaftlichen Metiers. Das Verhältnis von Wissensansprüchen und Entscheidungslegitimität interessiert mich indes seit längerem und über einige Jahre hin auch in der Doppelperspektive jemandes, der in der Grenzzone von Wissenschaft, Expertise und Politik institutionell agierte und gleichzeitig dazu eine gewisse beobachtende Distanz zu wahren suchte. Indem es an dabei gewonnene Erfahrungen und Einsichten anschließt, hat dieses Buch Vorläufer. Direkt vorausgegangen ist unter dem Titel *Zumutungen* ein Essay über *Wissenschaft in Zeiten von Populismus, Moralisierung und Szientokratie* (Hamburg 2020). An einigen Stellen greife ich dortige Überlegungen wieder auf, und wenn sie mir noch immer vernünftig formuliert schienen, dann habe ich hier selbstverständlich darauf verzichtet, Neuigkeit sprachlich bloß zu simulieren. Des Weiteren sollte ich wohl ausdrücklich sagen, dass einige wenige Male in diesem Buch Institutionen genannt sind, mit denen ich selbst als Funktionsträger oder Mitglied verbunden war oder bin.

Seinen Anfang nahm dieser Text während einer Fellowship in den so inspirierenden wie blickweitenden Freiräumen und Freizeiten des Berliner Wissenschaftskollegs. Dafür bin ich dem ganzen Kolleg und seiner Rektorin Barbara Stollberg-Rilinger sehr verbunden. Besonders dankbar bin ich auch jenen ersten Lesern, ohne deren Kritik und Zuspruch der Abschluss des Manuskriptes womöglich noch schwerer gefallen wäre: Karsten Fischer, Armin Nassehi, Wolfgang Rohe und Moritz Strohschneider.

Ich beende dieses Buch in Gedanken an meine beiden Enkelkinder Gustav und Viola, deren staunend offene, fragende Weltzugewandtheit Vorbild und Ansporn ist.

München, September 2023

Anmerkungen

Eine Einleitung

1 Zitiert nach URL: https://www.europarl.europa.eu/news/en/headlines/society/20200227STO73520/greta-thunberg-urges-meps-to-show-climate-leadership (6.9.2023).
2 Dazu Donald J. Trump (with Tony Schwartz), Trump: the art of the deal. New York: Random House 1988. Belege für Trumps Klimawandel-*denialism* etwa bei Durnová 2019, S. 348 et pass.
3 Vgl. Soeffner 2004, S. 18 ff.; Nassehi 2021, bes. S. 254 ff., 328 ff.
4 Videoaufzeichnung unter URL: https://www.youtube.com/watch?v=9dAaJJKKEBg (14.7.2023), die zitierten Äußerungen ab Minute 1:21:05 und 1:22:40.
5 Zit. nach Frankfurter Allgemeine Zeitung vom 2.1.2023 (URL: https://www.faz.net/aktuell/politik/volker-wissing-will-akw-laufzeiten-von-experten-festlegen-lassen-18574367.html [13.7.2023]). – In der Sache geht es um die Richtlinienentscheidung des deutschen Bundeskanzlers, die Beendigung der Atomstromproduktion bis zum 15. April 2023 hinauszuschieben. Die jahrzehntelangen gesellschaftlichen Auseinandersetzungen sind damit keineswegs beendet, nicht nur die FDP argumentiert klimapolitisch für eine Wiederaufnahme atomarer Energieproduktion; vgl. Corinna Budras / Christian Geinitz, Wissings Strohhalm. In: Frankfurter Allgemeine Zeitung vom 4.1.2023.
6 Vgl. z. B. Rorty 1991; Möllers 2020; Séville 2022.
7 Vgl. Jessica Wang, Merton's shadow: Perspectives on science und democracy since 1940. In: Historical Studies in the Physical and Biological Sciences 30 (1999), H. 1, S. 279–306; Hagner 2012, S. 19 ff.; Stehr / Adolf 2015, S. 195 ff.; Wilfried Hinsch / Daniel Eggers (Hg.), Öffentliche Vernunft? Die Wissenschaft in der Demokratie. Berlin – Boston, MA: de Gruyter 2019; Vogelmann / Nonhoff 2021.
8 MacLeod 1997, S. 378. Diese Auffassung muss freilich bedenken, dass etwa auch die Sowjetunion oder China leistungsfähige Forschungssysteme ausbilden konnten.
9 Vgl. Robert K. Merton, A Note on Science and Democracy. In: Journal of Legal and Political Sociology 1 (1942), H. 1–2, S. 115–126; Merton 1985, S. 86 ff.; Popper [1934] 2005; Karl R. Popper, Die offene Gesellschaft und ihre Feinde. 2 Bde. Tübingen: Mohr [8]2003; Dahrendorf 1972; Hagner 2012.
10 Hauke Brunkhorst, Entkoppelung von Wahrheit und Demokratie. Autoritärer Liberalismus im globalen Strukturwandel der Öffentlichkeit. In: WestEnd. Neue Zeitschrift für Sozialforschung 16 (2019), H. 2, S. 47–76, hier S. 47. – Der Ausdruck ‹Wahrheitsregime› ist auch ein Topos von Michel Foucaults Arbeiten zur Gouvernementalität; vgl. Susanne Krasmann, Gouvernementalität: Epistemologie, Macht und Subjektivierung. In: Schützei-

chel 2007, S. 281–289; Fischer 2014, S. 124 f.; Roberto Nigro, Wahrheitsregime. Zürich – Berlin: diaphanes 2015; Bora 2022, S. 310 ff.

11 Frank-Walter Steinmeier, Demokratie braucht Wissenschaft. [Rede am 26.9.2019] In: MaxPlanckForschung 2019, H. 4, S. 10–15, hier S. 12. – Ähnlich etwa auch «TruSD: 10-Punkte-Programm zur Stärkung des Vertrauens in Wissenschaft und Demokratie in Österreich» (2022) des *Bundesministeriums Bildung, Wissenschaft und Forschung* in Wien (URL: https://www.bmbwf.gv.at/Themen/HS-Uni/Aktuelles/NB-TrUSD22.html [6.9.2023]).

12 Dwight Eisenhower, Farewell Address (17.1.1961), zitiert nach URL: https://www.americanrhetoric.com/speeches/PDFFiles/Dwight%20D.%20Eisenhower%20-%20Farewell%20Address.pdf (6.9.2023). – Übrigens soll 1794 schon einer der ersten modernen Chemiker, Antoine Laurent de Lavoisier, auf die Guillotine gestiegen sein mit dem Satz «La république n'a pas besoin de savants» (zit. nach MacLeod 1997, S. 369).

13 Vgl. Heinz-Elmar Tenorth, «Zeitdiagnostik». Praktiken einer pädagogischen Argumentation. In: Kathrin Berdelmann et al. (Hgg.), Transformationen von Schule, Unterricht und Profession. Wiesbaden: Springer 2019, S. 93–112, hier S. 109.

14 Nur zum Beispiel Habermas 1968, S. 146 ff.; Arendt 2016, S. 327 ff.; Vogelmann 2022.

15 Nur zum Beispiel Münkler 2020 (mit instruktivem Überblick über das ausgedehnte Problemfeld) sowie Grunwald 2008; Hagner 2012, S. 32 ff.; Séville 2017; Frankenberg 2020, S. 229 ff.

16 Nur zum Beispiel Mouffe 2007 sowie 2014, S. 174 ff.; Colin Crouch, Postdemokratie. Frankfurt / Main: Suhrkamp 2008; Blühdorn 2013; Michelsen / Walter 2013; Bogner 2021.

17 Stichworte auf der Wissenschaftsseite: Krise der *Peer Review*, Publikationsökonomie, Verwettbewerblichung, Aporien des Exzellenzdiskurses, Replikationskrise, Wissenschaftliches Fehlverhalten etc.; Stichworte auf der Demokratieseite: Repräsentationsdefizite, ‹Strukturwandel› der Öffentlichkeiten, Populismus und ‹illiberale Demokratie›, demokratisch schwach legitimierte Herrschaftsinstanzen (Zentralbanken, Verfassungsgerichte, Expertengremien, suprastaatliche Institutionen), Spannung von Legitimität und Effizienz etc.

18 Vgl. Evie Papada et al., Defiance in the Face of Autocratization. Democracy Report 2023. University of Gothenburg: Varieties of Democracy Institute 2023; sowie zum Beispiel: Steven Levitsky / Daniel Ziblatt, Wie Demokratien sterben. München: Pantheon 2019; Adam Przeworski, Krisen der Demokratie. Berlin: Suhrkamp 2020; Schäfer / Zürn 2021; die Beiträge in: Aus Politik und Zeitgeschichte 71 (2021), H. 26–27: «Zustand der Demokratie»; Herfried Münkler, Die Zukunft der Demokratie. Wien: Brandstätter 2022.

19 Nähere Erläuterungen dazu in Kap. 2. Im öffentlichen Sprachgebrauch fungiert der Ausdruck ‹Wissenschaft› auch als Platzhalter für so Unterschied-

liches wie Wissenschaft als Funktionssystem, Forschung, Anwendung oder industrielle Produktentwicklung, Erkenntnis, Lehre und Studium, akademische Einrichtungen oder auch als Label für Rationalitäts oder Bedeutsamkeit.

20 Vgl. Weingart / Carrier / Krohn 2015; Maasen / Dickel 2016.

1. Aktivistische Wissenschaft

1 Zu den einschlägigen *buzz words* gehören etwa ‹*impact*›, ‹Anwendung›, ‹Praxisbezug›, ‹Wettbewerbsfähigkeit›, ‹Vernetzung›, ‹Transfer› ‹*Third Mission*›, ‹Wissenschaftskommunikation› oder ‹*citizen science*›. Eine neuere Zusammenstellung findet sich zum Beispiel in der *Zukunftsstrategie Forschung und Innovation* der deutschen Bundesregierung (Februar 2023); URL: https://www.bmbf.de/SharedDocs/Publikationen/de/bmbf/1/730650_Zukunftsstrategie_Forschung_und_Innovation.pdf?__blob=publicationFile&v=4 (6.9.2023).

2 Vgl. Griem 2022. – Göpel und von Hirschhausen sind Mitautoren des im Folgenden wiederholt zitierten Manifestes Hagedorn et al. 2019.

3 Vgl. z. B. URL: https://www.zeit.de/gesellschaft/zeitgeschehen/2022-10/scientist-rebellion-klimaaktivisten-bundesverkehrsministerium (6.9.2023).

4 Deutlich unspezifischer ist ein Gebrauch des Ausdrucks, der unter ‹Aktivismus› überhaupt Formen einer politisierten akademischen Wissensproduktion versteht; vgl. zum Beispiel die geisteswissenschaftlichen Diskussionsbeiträge zur Frage «Wer hat Angst vor Aktivismus?» In: Jahrbuch der Deutschen Schillergesellschaft 66 (2022), S. 429–462; vgl. Gärditz 2018, S. 257 ff., sowie 2023, S. 41 ff. et pass.

5 Ich nenne lediglich 1. Joh. 3,18 («Meine Kinder, lasst uns nicht lieben mit Worten noch mit der Zunge, sondern mit der Tat und mit der Wahrheit»); Goethe, Faust I, v. 214 ff. («Der Worte sind genug gewechselt, | Laßt mich auch endlich Taten sehn»); Marx' 11. «Feuerbach-These» («Die Philosophen haben die Welt nur verschieden interpretirt; es kommt aber darauf an, sie zu verändern»); der politische Gemeinplatz, man habe kein Erkenntnis-, sondern ein Umsetzungsproblem. – Die sprechakttheoretische Einsicht, dass auch mit Worten gehandelt werden kann, vermochte dem Topos wenig anzuhaben.

6 Bradley Campbell / Jason Manning, The Rise of Victimhood Culture. Microaggressions, Safe Spaces, and the New Culture Wars. New York, NY: Palgrave 2018. Vgl. auch David Kaldewey, Political Correctness, Identity Politics, Campus Wars: Transformation oder Erosion der normativen Struktur der Wissenschaft. In: Blamberger / Freimuth / Strohschneider 2018, S. 33–45; Strohschneider 2020, S. 214 ff.

7 So Durnová 2019, S. 354. Vgl. Karsten Fischer / Peter Strohschneider, «Dafür gehen wir meilenweit» [Originaltitel: Kulturen des Vorbehalts. Über Demokratie und Wissenschaft in Zeiten des Populismus]. In: Frankfurter

Allgemeine Zeitung vom 21.4.2017; Strohschneider 2020, S. 175 ff.; Vogelmann 2022, S. 319 ff.

8 Vgl. Charta von *Scientists for Future* (URL: https://de.scientists4future.org/ueber-uns/charta/ [6.9.2023]); systematisch Niklas Luhmann, Systemtheorie der Gesellschaft. Berlin: Suhrkamp 2017, S. 238 ff.

9 Reichhaltige Materialsammlungen bieten die einschlägigen Wikipedia-Artikel. Vgl. weiterhin Moritz Sommer et al., Fridays for Future. Profil, Entstehung und Perspektiven der Protesbewegung in Deutschland. Berlin: ipb working paper 2/2019; Dieter Rucht, Faszinosum Fridays for Future. In: Aus Politik und Zeitgeschichte 69 (2019), H. 47–48: «Klimadiskurse», S. 4–9; Haunss / Sommer 2020; Strohschneider 2020, S. 160 ff.; Fopp 2021, zu *Scientists for Future* bes. S. 157 ff., 208 ff. 253 ff.; Thomas Kern / Dahla Opitz, Disruptive Wissenschaft? Die Mobilisierung von *Fridays for Future* in den USA und Deutschland. In: Büttner / Laux 2021, S. 294–317; Staab 2022, S. 125 ff.; Konstantin Petry, Ökologie und Radikalität. Anmerkungen zur ‹Letzten Generation›. In: Merkur 77 (2023), H. 885, S. 85–91; vgl. auch unten S. 124 ff.

10 Vgl. Laux 2021; weiterhin unten Kap. 7, Anm. 2.

11 Vgl. Nils C. Kumkar, Die Radikalisierung der Radikalisierungsbehauptung. Zum Diskurs über die Letzte Generation. In: Soziopolis 16.11.2022, URL: https://www.soziopolis.de/die-radikalisierung-der-radikalisierungsbehauptung.html (25.8.2023).

12 Zum Beispiel unter dem Problemtitel ‹ziviler Ungehorsam› (vgl. Andreas Braune [Hg.], Ziviler Ungehorsam. Texte von Thoreau bis Occupy. Ditzingen: Reclam 2017; Grimm 2022, S. 158 ff., 245 ff.; Celikates 2022; demnächst auch Samira Akbarian in der *Edition Mercator*), als Spannung zwischen der Störung der Gesellschaft und dem Werben um ihre Zustimmung, als Missverhältnis zwischen Tempolimit und Klimaapokalypse.

13 So etwa, wenn der Protest von einer Seite inkriminiert und dies von der Gegenseite als politische Strategie der Kriminalisierung zurückgewiesen wird. – Der liberale Rechtsstaat kennt Übergangszonen von Illegalität, Kriminalität und Strafbarkeit auch in anderen Fällen, weil dogmatisch zu scharf gezogene Grenzlinien mit Legitimitätsrisiken einhergehen können.

14 Gerade aber, wenn das Gewicht der Zwecke überwältigend scheint, kommt es für ihre Verfolgung auf die besten und wirksamsten Mittel an. Diese dürfen also nicht dem Diskurs entzogen sein. Vielmehr muss man Nebenfolgen abwägen, die Auswahl zwischen alternativen Mitteln (sagen wir: Kernenergie oder Agri-Photovoltaik) und den Abgleich eventuell konfligierender Ziele (also etwa: Treibhausgasreduktion und Welternährung) kollektiv aushandeln können.

15 Vgl. Luhmann 1997, S. 850 ff.; Boris Holzer, Protest. Systemtheorie und soziale Bewegungen (1996). In: Oliver Jahraus et al. (Hgg.), Luhmann-Handbuch. Leben – Werk – Wirkung. Stuttgart – Weimar: Metzler 2012, S. 193–196; Nassehi 2020; Celikates 2022, S. 11 ff.

16 URL: https://de.scientists4future.org/ (6.9.2023); vgl. Fopp 2021, S. 211 ff.

17 Kommission «Wachstum, Strukturwandel und Beschäftigung»: Abschlussbericht. Berlin 2019 (URL: https://www.bmwk.de/Redaktion/DE/Downloads/A/abschlussbericht-kommission-wachstum-strukturwandel-und-beschaeftigung.pdf?__blob=publicationFile&v=1 [9.8.2023]); vgl. David Löw Beer et al., Wie legitim ist der Kohlekompromiss? Spannungsfelder und Verhandlungsdynamiken im Prozess der Kohlekommission. In: Zeitschrift für Politikwissenschaft 31 (2021), S. 393–416; Marc Zeccola / Roman Pfleiderer, Legitimation durch Partizipation? Verfassungsrechtliche Hürden am Beispiel der Kohlekommission. In: Die öffentliche Verwaltung 74 (2021), H. 2, S. 59–69.

18 Stärkung von Versorgungssicherheit und Klimaschutz – Klarheit für die Menschen im Rheinischen Revier. Politische Verständigung zwischen dem Bundesministerium für Wirtschaft und Klimaschutz, dem Ministerium für Wirtschaft, Industrie, Klimaschutz und Energie des Landes Nordrhein-Westfalen und der RWE AG zum vorgezogenen Kohleausstieg 2030 im Rheinischen Revier. Bundesministerium für Wirtschaft und Klimaschutz. Berlin, 4.10.2022, URL: https://www.bmwk.de/Redaktion/DE/Downloads/Energie/221004-Eckpunktepapier-RWE-Kohleausstieg.pdf?__blob=publicationFile&v=1 (6.9.2023).

19 URL: https://climatejustice.global/@scientistrebellion_GER/109853221036618218 (6.9.2023).

20 URL: https://de.scientists4future.org/offener-brief-ein-moratorium-fuer-die-raeumung-von-luetzerath/ (6.9.2023).

21 Vgl. URL: https://eur-lex.europa.eu/legal-content/DE/TXT/PDF/?uri=CELEX:22016A1019(01)&from=SV (6.9.2023); Bundesverfassungsgericht, Beschluss des Ersten Senats vom 24. März 2021–1 BvR 2656/18.

22 Vgl. Charta von *Scientists for Future*, URL: https://de.scientists4future.org/ueber-uns/charta/ (6.9.2023).

23 Knappe Zusammenfassung der Gutachtenkontroversen in einer *rapid reaction* «Welche Rolle spielt Lützerath für Klimaschutz und Energiesicherheit» des Science Media Center Germany vom 11.1.2023, URL: https://www.sciencemediacenter.de/alle-angebote/rapid-reaction/details/news/welche-rolle-spielt-luetzerath-fuer-klimaschutz-und-energiesicherheit/ (6.9.2023).

24 Nassehi 2020, S. 98.

25 Vgl. z. B. Hagedorn et al. 2019; URL: https://de.scientists4future.org/ueber-uns/charta/ (6.9.2023); https://climatejustice.global/@scientistrebellion_GER/109853221036618218 (6.9.2023).

26 Mit Armin Nassehi, Gab es 1968? Eine Spurensuche. Hamburg: kursbuch.edition 2018, S. 189: «Die Pose ist gewissermaßen die nicht diskursive Form der Bedeutung, die sich zeigen, sich ereignen muss.»

27 URL: https://climatejustice.global/@scientistrebellion_GER/109853221036618218 (6.9.2023). – Vgl. auch unten S. 65 ff.

28 Nassehi 2020, S. 66; oder zugespitzt: «Vielleicht ist ‹Gesellschaft› eine

Chiffre für den Verlust von Unmittelbarkeit und Wirkmächtigkeit des ‹Handelns›» (S. 105).

29 Statt zahlreicher ähnlicher Formulierungen Hagedorn et al. 2019, S. 83: «[...] sehen wir es als unsere gesellschaftliche Verantwortung an, auf die Folgen unzureichenden Handelns hinzuweisen [...]»; Scientist Rebellion: «Wir Wissenschaftler:innen haben eine moralische Verantwortung, [...] den größtmöglichen Druck auszuüben, um diese Katastrophe aufzuhalten.» (URL: https://scientistrebellion.com/wp-content/uploads/2022/03/Strike_overview_GERMAN.pdf [29.3.2023]). – Als nützliche Zusammenstellung der Begründungsfiguren für den neueren *science activism* bieten sich auch an die Beiträge in: Journal of Science Communication 14 (2015) Issue 2 (URL: https://jcom.sissa.it/issue/52/info/ [9.8.2023]).

30 Stehr / Adolf 2015, S. 204. – Anders Vogelmann 2022, dazu Ladwig 2022.

2. Erkenntnisfortschritt und Revisionismus

1 Vgl. wissenssoziologisch z. B. Stehr / Adolf 2015; philosophisch z. B. Rorty 1991 und 2023; in anderer Tradition Hardwig 1991.

2 Zur Übersicht vgl. Fleck [1935] 1980; Kuhn 1969; Luhmann 1992; Karin Knorr-Cetina, Die Fabrikation von Erkenntnis. Zur Anthropologie der Naturwissenschaften. Frankfurt / Main: Suhrkamp 2002; Weingart 2003; Hans-Jörg Rheinberger, Experimentalsysteme und epistemische Dinge. Eine Geschichte der Proteinsynthese im Reagenzglas. Frankfurt / Main: Suhrkamp 2006; Rainer Schützeichel, Soziologie des wissenschaftlichen Wissens. In: Schützeichel 2007, S. 306–327; Bauer / Heinemann / Lemke 2017; Oreskes 2019, S. 15 ff.; Bora 2022.

3 Weil die ‹Wahrheit› genannten Weltsachverhalte selbst als Wahrheitsfragen wissenschaftlich behandelt werden können und es deswegen verschiedene, teilweise miteinander konkurrierende Auffassungen und Theorien von Wahrheit gibt (vgl. z. B. Gunnar Skirbekk [Hg.], Wahrheitstheorien. Eine Auswahl aus den Diskussionen über Wahrheit im 20. Jahrhundert. Frankfurt / Main: Suhrkamp 1977; Poser 2012, S. 111 ff.; Rorty 2023, v. a. S. 139 ff.), wird der Ausdruck hier und im Folgenden ohne Festlegung auf ein bestimmtes Wahrheitskonzept verwendet als ein Oberbegriff für epistemische Ansprüche auf Korrektheit, Richtigkeit, Verlässlichkeit, Evidenz, Adäquatheit, Konsistenz, Robustheit usw.

4 Vgl. Luhmann 1997, S. 789 ff.

5 Von der Universitätsarchitektur bis zu Wissenschaftspreisen, von der Fachsprache über den Laborkittel bis zu jenem ikonographischen Panorama, zu dem neben Einsteins Frisur auch das nach rechts aufsteigende Kurvendiagramm, der Blick durchs Mikroskop oder endlos abrollende Ketten von Binärcodes gehören.

6 Vgl. Habermas 1973; Weingart 2003, S. 136 ff.; Hagner 2012, S. 39 ff.; Stichweh 2014, S. 338 ff.; Stehr / Adolf 2015.

7 Auf der Ebene wissenschaftlicher Disziplinen ist einschlägig die Aussortierung mantischer *artes* (Astrologie) oder der Rhetorik aus dem wissenschaftlichen Kanon, im Zentrum aktuellerer Konflikte stehen zum Beispiel Psychoanalyse oder Geschlechterforschung; um die Vielfalt möglicher Perspektiven auf den Problemkomplex anzudeuten, verweise ich lediglich auf Thomas F. Gieryn, Boundary-Work and the Demarcation of Science from Non-Science: Strains and Interests in Professional Ideologies of Scientists. In: American Sociological Review 48 (1983), S. 781–795; Dirk Rupnow et al. (Hgg.), Pseudowissenschaft – Konzeptionen von Nichtwissenschaftlichkeit in der Wissenschaftsgeschichte. Frankfurt / Main: Suhrkamp 2008; Huneman / Vorms 2018; Eyal 2021, S. 250 ff.; Sven Ove Hansson, Science and Pseudo-Science. In: *The Stanford Encyclopedia of Philosophy* (URL: https://plato.stanford.edu/archives/fall2021/entries/pseudo-science/ [25.8. 2023]); unten Kap. 3, Anm. 27.

8 So in den *Sustainable Development Goals* der Vereinten Nationen, in UNESCO-Programmen oder bei der Sicherung geistigen Eigentum (vgl. URL: https://www.wipo.int/portal/en/index.html [6.9.2023]). Vgl. auch Bauer / Heinemann / Lemke 2017, S. 30 ff., 471 ff.

9 Vgl. Hartmut Böhme, Fetischismus und Kultur. Eine andere Theorie der Moderne. Reinbek bei Hamburg: Rowohlt 2006, S. 13 ff.

10 Vgl. z. B. SPIEGEL online vom 2.9.2022: «Homöopathie-Streit bei den Grünen bricht neu auf.» Eindrücklich in seiner Zirkularität ist das von der seinerzeitigen Berliner Gesundheitssenatorin Ulrike Gote hiergegen vorgebrachte Argument: «Basis für die Gesundheitsversorgung ist die Wissenschaft. Und Homöopathie ist nachweislich nicht wissenschaftlich.» (URL: https://www.spiegel.de/politik/deutschland/gruene-homoeopathie-streit-bricht-neu-auf-a-e141f77c-4410-49cd-a3e2-873754ca4195 [14.8.2023]).

11 Vgl. aber unten S. 135 ff.

12 Dies ist das Kernargument des Kritischen Rationalismus: Popper [1934] 2005. Vgl. Beck 1986, S. 266 ff.; Carrier 2006; Poser 2012, S. 126 ff.; Geert Keil, Wenn ich mich nicht irre. Ein Versuch über menschliche Fehlbarkeit. Ditzingen: Reclam 2019.

13 Was die Be*forschung* solcher Frage-Antwort-Konstellationen durch Wissenschaft selbstverständlich keineswegs ausschließt.

14 Vgl. oben Anm. 8.

15 Man mag etwa an die Frage des Übergangs einer ‹Leitwissenschaft›-Funktion von der Physik auf die Biologie denken, an Geltungskämpfe zwischen Natur- und Geisteswissenschaften oder zwischen sogenannt quantitativer und qualitativer sozialwissenschaftlicher Forschung.

16 Vgl. zur Übersicht Carrier 2006.

17 Merton 1985, S. 99; vgl. Carrier 2006, S. 173 ff.

18 Vgl. Innerarity 2013, S. 55 ff.

19 Zwischen Wissensproduktion und Wissensanwendung liegt eine kategoriale Differenz vor, die man sich zum Beispiel daran klarmachen kann, dass

in der medizinischen Forschung der Irrtum als Bedingung der Möglichkeit des Erkenntnisfortschritts nicht nur zugelassen ist, sondern (als – wie der forschungspolitische Jargon sagt – ‹im positiven Sinne risikoreich›) geradezu privilegiert werden muss, während er im ärztlichen Handeln haftungsrechtliche Folgen zeitigen kann. Oder daran, dass im gerichtlichen Verfahren grundgesetzliche Normen ausgelegt, im verfassungsgerichtlichen Verfahren auch weiterentwickelt, allein im rechtswissenschaftlichen Diskurs zudem aber in Frage gestellt werden können müssen; ein schönes Beispiel für Letzteres ist Dreier 2009.

20 Vgl. etwa Kuhn 1969; Luhmann 1992, S. 215 ff., 296 ff. u. ö.; Lorraine Daston, The Historicity of Science. In: Glenn W. Most (Hg.), Historicization – Historisierung. Göttingen: Vandenhoeck 2001, S. 201–221; Carrier 2006, S. 141 ff.; Poser 2012, S. 142 ff.

21 Vgl. dazu exemplarisch Stichweh 1984; Luhmann 1992, S. 446 ff.; Weingart / Carrier / Krohn 2015, S. 41 ff., 182 ff.; Rudolf Stichweh, Disziplinarität, Interdisziplinarität, Transdisziplinarität – Strukturwandel des Wissenschaftssystems (1750–2020). In: Tobias Schmohl / Thorsten Philipp (Hgg.), Handbuch Transdisziplinäre Didaktik. Bielefeld: transcript 2021, S. 433–448.

22 Zur zugrunde liegenden Theorie von Institutionalität vgl. Karl-Siegbert Rehberg, Symbolische Ordnungen. Beiträge zu einer soziologischen Theorie der Institutionen. Baden-Baden: Nomos 2014.

23 «Bibliometrisch ist es heute leicht, eine Zahl von >10 000 *specialties* und *subspecialties* in der Wissenschaft zu identifizieren.» (Rudolf Stichweh, Die Unhintergehbarkeit von Interdisziplinarität: Strukturen des Wissenschaftssystems der Moderne. In: Balz Engler [Hg.], Disziplin – Discipline. Fribourg: Academic Press 2014, S. 5–14, Zitat S. 10) – Vgl. Knorr-Cetina 2002, bes. S. 12 ff.; Weingart 2003, S. 127 ff.; Marquard 2004; Hagner 2012, S. 23 ff.; Carrier 2013; Innerarity 2013, S. 61 ff.; Helen E. Longino, Werte, Heuristiken und Politik des Wissens. In: Gerhard Schurz / Martin Carrier (Hgg.), Werte in den Wissenschaften. Neue Ansätze zum Werturteilsstreit. Berlin: Suhrkamp 2013, S. 209–232, hier S. 226 ff.; Oreskes 2019, S. 55 ff.; Schneider 2020; Ladwig 2022, S. 323 ff.; Vogelmann 2022, S. 315 ff.; Lorraine Daston, Ein Traum von Einheit. Wie die Wissenschaftler der Moderne versucht haben, ihre Welt zu ordnen. In: Frankfurter Allgemeine Zeitung vom 24.11.2022.

24 Immanuel Kant, Der Streit der Facultäten. In: Ders., Werkausgabe. Frankfurt / Main: Suhrkamp 1977, Bd. XI, S. 261–393. – Das Fehlen derartiger Letztinstanzen innerhalb des Wissenschaftssystems ist ein Modus der Stabilisierung fortgesetzten wissenschaftlichen Streits als Produktivitätsbedingung von Erkenntnisfortschritt. Wobei es selbstverständlich so ist, dass im Wissenschaftssystem unentwegt epistemische Entscheidungen getroffen werden – auch solche mit kaum reversiblen sozialen Folgen für Berufsweg, Reputation, Einkommen etc. der Wissenschaftler: im *Peer Review*, bei

Personal-, Finanz- oder Strukturentscheidungen, im wissenschaftlichen Diskurs überhaupt. Nur stehen eben diese Entscheidungen, so sozial folgenreich sie auch immer sein mögen, jedenfalls in epistemischer Hinsicht sämtlich unter einem prinzipiellen Revisionsvorbehalt.

25 Stichweh 1984, S. 52. – Dies gilt im Übrigen, obwohl einzelne Fachwissenschaftlerinnen politisch oder medial nicht selten eben als solche repräsentativen Vertreter der Wissenschaften überhaupt in Szene gesetzt werden; obwohl es in anglophonen Ländern regierungsamtliche *Senior science advisors* gibt; obwohl auch das deutsche Wissenschaftssystem durchaus Funktionsrollen (Präsidenten von Forschungseinrichtungen oder Akademien zum Beispiel) oder symbolische Auszeichnungen (Nobelpreise) bereithält, die es zuweilen nahelegen mögen, ihre Inhaberinnen als Sprecher der Wissenschaften überhaupt zu missdeuten; obwohl es die politische Pose des Universalspezialisten gibt; vgl. unten S. 85 ff.

26 Dies gilt auch für den durchaus nicht seltenen Fall, dass die einschlägig zuständigen wissenschaftlichen Expertinnen in der Sache übereinstimmen. Denn ‹Expertenkonsens› ist gerade kein epistemisches, sondern vielmehr ein sozio-institutionelles Argument. (Mehrheit der Fachleute, ‹Herrschende Meinung› etc.); vgl. Strohschneider 2020, S. 154 ff. in kritischer Auseinandersetzung mit Oreskes 2019; unten Kap. 8, Anm. 32.

27 In der Tradition brachte man das mit den großen Worten von Autonomie und Freiheit der Wissenschaft zum Ausdruck; vgl. etwa Helmut Schelsky, Einsamkeit und Freiheit. Idee und Gestalt der deutschen Universität und ihrer Reform. Reinbek bei Hamburg: Rowohlt 1963; Torsten Wilholt, Die Freiheit der Forschung. Begründungen und Begrenzungen. Berlin: Suhrkamp 2012.

3. Vom Ende moderner Wissenschaften

1 Der aus dieser «Spannung zwischen wissenschaftlicher und politischer Rationalität» (Mayntz 2009, S. 9) hervorgehende Zielkonflikt wird keineswegs grundsätzlich beseitigt, aber doch praktisch entschärft, wo wissenschaftliches Wissen in die epistemische und soziale ‹Robustheit› des Beratungswissens von Expertise umgearbeitet wird; vgl. Weingart / Lentsch 2008, S. 17, 50 ff.; Döhler 2022; unten S. 161 ff.

2 Luhmann 1997, S. 853.

3 Luhmann 1975, S. 55; vgl. auch Luhmann 2008, S. 36 ff. Ausführlicher dazu Strohschneider 2020, S. 205 ff.

4 Luhmann 1975, S. 55. Luhmann hat in diesem Begriffsrahmen Normen überhaupt als «kontrafaktisch stabilisierte Erwartungen» bestimmt (Luhmann 2008, S. 39). – Selbstverständlich bewertet diese abstrakte Typologie die beiden Erwartungsstile nicht als *per se* gut oder schlecht. Und es ist klar, «dass in allen Sozialsystemen normative und kognitive Erwartungen miteinander und nebeneinander bestehen.» (Luhmann 1975, S. 56)

5 Vgl. oben Kap. 1, Anm. 29. – Eine in diesem Zusammenhang aufschlussreiche Fallstudie findet sich auch bei Pielke 2007, S. 116 ff. («When scientists politicize science»).

6 Scientists for Future, Offener Brief, URL: https://de.scientists4future.org/offener-brief-ein-moratorium-fuer-die-raeumung-von-luetzerath/ (6.9.2023). – Nur am Rande sei die folgende Beobachtung vermerkt. Wenn der *Offene Brief* «substanzielle wissenschaftliche Zweifel an der akuten Notwendigkeit einer Räumung» feststellt, dann invertiert diese Argumentation ein strukturelles Muster, das aus anderen Zusammenhängen bekannt ist. Dass Handlungsnotwendigkeit erst bei Zweifelsfreiheit vorläge, ist die perfide Strategie der «merchants of doubt»: Sie bringen ein Grundprinzip der Wissenschaften, den Zweifel, politisch gegen die Geltungsfolgen eines Forschungsstandes in Stellung. So hat seit den fünfziger Jahren die Tabakindustrie ihre Geschäftsmodelle gegen Erkenntnisse der Krebsforschung verteidigt, heutzutage geht die Erdölindustrie teilweise auf vergleichbare Weise gegen die Klimaforschung vor; dazu Oreskes / Conway 2010.

7 URL: https://www.deutschlandfunknova.de/beitrag/scientists-for-future (6.9.2023); https://at.scientists4future.org/mitmachen/ (6.9.2023).

8 Vgl. oben S. 35, 39 f.

9 Bruce Glavovic / Iain White / Tim Smith, Scientists call for a moratorium on climate change research until governments take real action. In: E – mc^2 Energy Matters to Climate Change, 12.1.2022, URL: https://www.e-mc2.gr/en/news/scientists-call-moratorium-climate-change-research-until-governments-take-real-action (18.8.2023).

10 «Der Einwand von Experten, dass in der Demokratie ohne Kompetenz entschieden würde, zeigt die demokratische Inkompetenz der Experten.» (Möllers 2008, S. 45) – Das erdsystem-, klima- und lebenswissenschaftliche Wissen der *science activists* scheint elaborierter als ihre sozialwissenschaftliche Kompetenz. Dies dürfte sich nicht zuletzt damit in Zusammenhang bringen lassen, dass der Übergang von der Studentenbewegung zur Frauen-, Anti-Atomkraft- und Umweltbewegung einherging mit einer thematischen Schwerpunktverschiebung entsprechender Gegenexpertisen von abstrakten politökonomischen Reflexionstheorien zu zunehmend spezialisiertem naturwissenschaftlichem Wissen; vgl. Rucht 1988, S. 294 f.

11 Vgl. dazu etwa Schneider 2020; Strohschneider 2020, S. 160 ff.; Augstein 2022; Vogelmann 2022, S. 318 ff.; sowie – als kleine Auswahl aus der Tagespresse – etwa Deniz Yücel, «Follow the Science!» ist auch keine Lösung. In: Die Welt vom 6.3.2021; Alan Posener, «Follow the Science!» In: Die Welt vom 10.3.2021; Peter Dabrock, Folgt der Wissenschaft? In: Frankfurter Allgemeine Zeitung vom 13.12.2021.

12 URL: https://www.deutschlandfunknova.de/beitrag/scientists-for-future (6.9.2023).

13 URL: https://climatejustice.global/@scientistrebellion_GER/109853221036618218 (6.9.2023).

14 Vgl. Oreskes / Conway 2010, S. 169 ff.; Stephan Lewandowsky, Climate Change Disinformation and How to Combat it. In: Annual Review of Public Health 42 (2021), S. 1–21; Kumkar 2022, S. 111 ff.; Vogelmann 2022, S. 565 ff.; sehr materialreich Wikipedia, URL: https://de.wikipedia.org/wiki/Klimawandelleugnung (14.8.2023); im vorliegenden Text Einleitung, Anm. 2, und Kap. 5, Anm. 18. Grundsätzlicher Robert N. Proctor / Londa Schiebinger (Hgg.), Agnotology. The Making and Unmaking of Ignorance. Stanford, CA: Stanford UP 2008.

15 Nur zum Beispiel: Der *Intergovernmental Panel on Climate Change* (*IPCC*) seit 1988; die Verhandlungsstränge des internationalen Nachhaltigkeitsprozesses der Vereinten Nationen seit 1992 (*Rio-Prozess*); der *European Green Deal* der Europäischen Union; der *Inflation Reduction Act of 2022* in den USA; die *Nachhaltigkeitsstrategie* der deutschen Bundesregierung; vgl. auch Manstetten et al. 2021, S. 2 f. et pass.

16 Kumkar 2022, S. 169; vgl. auch Nassehi 2020; Nassehi 2021; Wagner 2022.

17 Hoffmann 2013, S. 55 f. usw.

18 Diesen Sachverhalt kann ich lediglich als solchen notieren; vgl. aber zum Beispiel Poser 2012, S. 31 ff., sowie die einschlägigen Artikel zu Logical Empiricism, Scientific Realism, The Unity of Science usw. in: *The Stanford Encyclopedia of Philosophy (*https://plato.stanford.edu/*)*.

19 Besonders markant dort, wo Wissenschaft von der Analyse ihrer populistischen und sonstigen Verächter auf den Kampf gegen sie umstellt (zum Beispiel Otto 2016; Wikforss 2021); dazu auch Schneider 2020, S. 13 ff. usw.; Vogelmann 2022, S. 309 ff.

20 Vgl. Habermas 1973 (S. 13: «‹Szientismus› meint den Glauben [!] der Wissenschaft an sich selbst […].»); Soeffner 2004, S. 15 ff.; Bourdieu 2010, S. 65 ff.; Peter Schöttler, Szientismus. Zur Geschichte eines schwierigen Begriffs. In: NTM Zeitschrift für Geschichte der Wissenschaften, Technik und Medizin 20 (2012), S. 245–269; Feige 2020; Schneider 2020; Olivia Mitscherlich-Schönherr, Kluges Handeln in der Krise – eine kleine Phänomenologie politischer Klugheit. In: Augstein 2022, S. 117–139; Münch 2022, S. 14 ff. usw.

21 Hoffmann 2013, S. 58; vgl. auch Blamberger / Freimuth / Strohschneider 2018.

22 Bourdieu 2010, S. 65 ff.

23 Vgl. Lorraine Daston / Peter Galison, Objektivität. Frankfurt / Main: Suhrkamp 2007; Carrier 2013.

24 So der Titel des 1935 erschienenen Klassikers der Wissenschaftsforschung von dem polnischen Mikrobiologen Ludwik Fleck (Fleck [1935] 1980); vgl. auch oben Kap. 2, Anm. 2.

25 Hoffmann 2013, S. 59 f.

26 Vgl. Marquard 2004; Peter Strohschneider, Versuch über die Universität. Selbstbezug und Fremdbezug der Wissenschaften. Konstanz: UVK 2015, S. 29 ff.; vgl. auch oben Kap. 2, Anm. 23.

27 Demzufolge wäre es in der Sache belanglos, wer außerhalb der Wissenschaften für diese spricht. Ebenso gäbe es auf die Frage, was zu den Wissenschaften zähle und was nicht, jederzeit eine klare Antwort. Statt Übergangszonen, wie sie zum Beispiel unter Problemtiteln wie ‹Wissenschaftsbasierung›, *Research and Development* (*R & D*), automatisierte Forschung mittels KI, *artistic research* oder auch Pseudo-Wissenschaft diskutiert werden, gäbe es eindeutig gezogene Grenzlinien; vgl. oben Kap. 2, Anm. 7, 19.

28 Vgl. Strohschneider 2014, S. 179 f. (mit einem anders akzentuierten Ausdruck des Digitalitäts-Kritikers Evgeny Morozov).

29 Vgl. Carrier 2006, S. 152 ff.; Pielke 2007, S. 76 ff.; David Kaldewey, Wahrheit und Nützlichkeit. Selbstbeschreibungen der Wissenschaft zwischen Autonomie und gesellschaftlicher Relevanz. Bielefeld: transcript 2013; Julian Hamann / David Kaldewey / Julia Schubert, Ist gesellschaftliche Relevanz von Forschung bewertbar und wenn ja, wie? [Erster Preis]. In: Österreichische Akademie der Wissenschaften (Hg.), Forschung und Gesellschaft 14. Wien: Selbstverlag 2019, S. 13–27.

30 Vgl. oben S. 49 f.

31 Grundlegend Beck 1986, S. 254 ff.

32 Vgl. dagegen oben S. 40 f.

33 Vgl. Poser 2012, S. 37 ff.; Lorraine Daston, The Naturalistisc Fallacy is Modern. In: Isis 105 (2014), S. 579–587.

34 Hoffmann 2013, S. 55 ff. hat das Funktionieren solcher Redeweisen schön beschrieben.

4. Szientistische Politik

1 Vgl. unten Kap. 8.

2 Vgl. unten Kap. 7.

3 Vgl. Bogner 2021 sowie unten Kap. 5, Anm. 19.

4 Vgl. Christian Geinitz, Der gefallene Professor. In: Frankfurter Allgemeine Zeitung vom 12.11.2022.

5 Lauterbach 2022, S. 11 (hiernach auch die folgenden Zitate im Text).

6 Der Begriff stammt von Karl Polanyi, The Great Transformation. New York – Toronto: Farrar & Rinehart 1944. Er findet im Klimadiskurs breite Verwendung, in Deutschland vor allem seit dem Jahresgutachten 2011 des Wissenschaftlicher Beirats der Bundesregierung Globale Umweltveränderungen: Welt im Wandel. Gesellschaftsvertrag für eine Große Transformation. Berlin: Selbstverlag 2011; vgl. Strohschneider 2014, S. 175 f.; Manstetten et al. 2021, bes. S. 19 ff.

7 Mehr Fortschritt wagen. Bündnis für Freiheit, Gerechtigkeit und Nachhaltigkeit. Koalitionsvertrag 2021–2025 zwischen der Sozialdemokratischen Partei Deutschlands (SPD), BÜNDNIS 90 / DIE GRÜNEN und den Freien Demokraten (FDP). Berlin, 24. November 2021.

8 Umgekehrt ging das Demokratisierungsversprechen der sozialliberalen Koalition mit Versuchen einer Ent-Szientifizierung von Politik in dem Sinne einher, dass die Struktur wissenschaftlicher Beratungsgremien kritisch überprüft wurde; vgl. Döhler 2022, S. 492 f.
9 Vgl. z. B. Naomi Klein, Die Entscheidung – Kapitalismus vs. Klima. Frankfurt / Main: Fischer 2015; Amitav Ghosh, Die große Verblendung. Der Klimawandel als das Undenkbare. München: Blessing 2017.
10 Lauterbach 2022.
11 Vergleichbares hat Griem 2022 am Beispiel von Maja Göpel beschrieben.
12 Zit. nach DER SPIEGEL vom 10.9.2022, S. 33.
13 So an den Sitzungen der Ständigen Impfkommission (ZDF heute vom 14.10.2022, URL: https://www.zdf.de/nachrichten/politik/corona-lauterbach-impfen-impfkampagne-herbstwelle-100.html [18.8.2023]), die es sich demnach gefallen lässt, mit dem zu Beratenden selbst über die Beratung zu beraten.
14 Lauterbach 2022, S. 218. Erläutert wird dieses tatsächlich «zentrale Problem» der Expertenauswahl von Lauterbach daran, wie in der Corona-Pandemie «[e]inige Wissenschaftler, die man vielleicht als Außenseiter beschreiben kann» und auch «führende Ärztefunktionäre» andere gesundheitspolitische Empfehlungen gaben als «[m]aßgebliche Berater der Regierung sowie das RKI [...].» Was aber ist und wer bestimmt Maßgeblichkeit? Und wie ist ein derartiges Entscheidungsproblem überhaupt möglich, wenn, wie Lauterbach voraussetzt, ‹die› Wissenschaft eine derart hochintegrierte Einheitsordnung ist (vgl. oben S. 56 ff., 72), dass es gar nicht darauf ankommen dürfte, wer für sie spricht?
15 Zit. nach DER SPIEGEL vom 10.9.2022, S. 33.
16 Sonst müsste zum Beispiel auffallen, dass seit dem ersten Auftreten von COVID-19 zu viele einschlägige Paper publiziert wurden, als dass ein einzelner Leser den Überblick über die Forschung behalten könnte; über 50 000 Publikationen bis Mitte 2022 ermittelten etwa Nora Turoman et al., Constructing and Implementing PRECHECK: A Checklist to Evaluate Preprints on COVID-19 and Beyond. In: MetaArXiv, 30 Aug. 2022, DOI: 10.31222/osf.io/nb928.
17 Die nämliche Struktur in inverser Form ist oben S. 65 ff. unter dem Titel «Wissenschaftsverzicht» beschrieben.
18 Dieser Beschleunigungsimperativ geht an der Sache vorbei, schon insofern er nur eine homogene Zeitstruktur kennt (vgl. Manstetten et al. [2021], S. 15 ff.), und er ist auch kategorial schief formuliert. Es sind keineswegs die Wissenschaften, welche Politik unter Zeitdruck setzen, sondern der von ihnen beschriebene katastrophische Wandel der geophysikalischen und biochemischen Umwelt. Auch trifft nicht zu, dass Politik stets langsamer sei als Wissenschaft. Nicht selten unterliegt sie einem Zeitdruck, der umgekehrt die Forschung als viel zu schleppend erscheinen lässt. In einer solchen Situation fanden sich zum Beispiel in den ersten Wochen der Coro-

na-Pandemie die Epidemiologie oder zwei Jahre später Geschichts- und Politikwissenschaft angesichts des russischen Angriffs auf die Ukraine.

19 Luhmann 2008, S. 192.

5. Mehrheit und Dauerreflexion

1 Nullmeier 2021, S. 33, 32. Dieses Argument ließe sich wohl auch als Kritik einer «deliberativen Expertokratie» rekonstruieren; vgl. dazu Michelsen / Walter 2013, S. 189 ff. (Zitat S. 209); Mouffe 2007, S. 108 ff.; Möllers 2020, S. 79 ff., 128.

2 «Das Grundrecht auf freie Meinungsäußerung ist als unmittelbarster Ausdruck der menschlichen Persönlichkeit in der Gesellschaft eines der vornehmsten Menschenrechte überhaupt [...]. Für eine freiheitlich-demokratische Staatsordnung ist es schlechthin konstituierend, denn es ermöglicht erst die ständige geistige Auseinandersetzung, den Kampf der Meinungen, der ihr Lebenselement ist [...]. Es ist in gewissem Sinn die Grundlage jeder Freiheit überhaupt [...].» (Bundesverfassungsgericht, Urteil des Ersten Senats vom 15. Januar 1958–1 BvR 400/51 –, Rn. 31) Zur systematischen Bedeutung dieses sog. Lüth-Urteils zusammenfassend Grimm 2022, S. 140 ff.

3 Nullmeier 2021, S. 33.

4 Das gilt in synchroner Perspektive, aber auch in diachroner. Dann lässt sich von Historisierung sprechen (vgl. Peter Strohschneider, (Ent-)Historisierung. In: Esther Gardei / Hans-Georg Soeffner / Benno Zabel [Hgg.], Vergangenheitskonstruktionen. Erinnerungspolitik im Zeichen von Ambiguitätstoleranz. Göttingen: Wallstein 2023, S. 45–54). Es droht dann «die Gefahr der Geschichte», dass sie nämlich «mehr und mehr nur noch als Kontingenzbeweis» dient (Niklas Luhmann, Das Kunstwerk und die Selbstreproduktion der Kunst. In: Hans Ulrich Gumbrecht / K. Ludwig Pfeiffer [Hgg.], Stil. Geschichte und Funktion eines kulturwissenschaftlichen Diskurselements. Frankfurt / Main: Suhrkamp 1986, S. 620–672, Zitat S. 657). Zur Vergleichspraxis vgl. Dirk Baecker, Wozu Kultur? Berlin: Kadmos 2000, v. a. S. 46 ff.

5 Ausführlicher Strohschneider 2020, S. 93 ff. Vgl. Mouffe 2014, S. 21 ff.; Rebentisch 2022; Vogelmann 2022, S. 139 ff., 332 ff. et pass.

6 Ausgehandelt wird das vor allem anhand von Vorstößen (oder ihres Scheiterns), die Verfassung normativ gehaltvoller zu machen, z. B. durch Präzisierung der Ziele staatlichen Handelns; vgl. dazu Möllers 2008, S. 113; Voßkuhle 2008, S. 20 f.; Grimm 2022, bes. S. 109 ff., 307 f. Die mit dem gesellschaftlichen Pluralismus verbundene Einsicht, dass eine axiologische, normative oder epistemische Aufladung des Demokratiekonzeptes schöner ist, wenn sie meinen eigenen, als wenn sie den Präferenzen anderer folgt, sie hindert nicht immer neue Versuche solcher Aufladung.

7 Niklas Luhmann, Legitimation durch Verfahren. Frankfurt / Main: Suhrkamp 1983.

8 Vgl. grundsätzlich Möllers 2008, S. 43 ff.; Fischer 2014; Rorty 2023, v. a. S. 139 ff.
9 Dreier 2018, S. 108. Vgl. auch Möllers 2020, bes. S. 216 ff.
10 Kelsen [1929] 2018, S. 17 et pass.
11 Vgl. Dreier 2018, S. 107; Isensee 2015, S. 183: «Die Wahl ist rechtlich gesicherte Willkür.»
12 Kelsen [1929] 2018, S. 132. Vgl. auch Möllers 2008, S. 44 ff.; Fischer 2014, S. 114 f.; Vogelmann 2022, S. 345 ff.
13 Nullmeier 2021, S. 36.
14 Felix Wassermann, «Experten haben festgestellt ...» Epistemische Autorität in der Demokratie. In: Mittelweg 36 27 (2018), H. 6, S. 84–103, Zitat S. 84.
15 Vgl. Münkler 2020, S. 13 (dieses Buch gibt S. 9–203 einen informativen Überblick über die einschlägigen philosophischen, politik- und rechtswissenschaftlichen Theoriestränge).
16 Gärditz 2021, S. 450; vgl. Gärditz 2023, v. a. S. 73 ff.; Isensee 2015; Münkler 2020, S. 17 f., 35 f.; Reinhardt 2022. Besonders betont die liberale Theorie diese Rationalität, vgl. Mouffe 2007, S. 17 ff., sowie 2014, S. 23 ff.; Möllers 2020, S. 67, 79 et pass.
17 Andreas Voßkuhle, Das Rationalitätsversprechen des demokratischen Verfassungsstaates in der ‹Post-Truth-Era›. In: Barbara Frenz / Dieter Lenzen (Hgg.), Transfer total? Wissenschaft zwischen Kernaufgaben und neuem Erwartungsdruck. Berlin: Schleyer-Stiftung 2022, S. 21–35, hier S. 21 f.; ebenso Voßkuhle 2008, S. 14 f.; Fischer 2014, S. 128.
18 Vgl. Michael Butter, «Nichts ist, wie es scheint». Über Verschwörungstheorien. Berlin: Suhrkamp 2018; Huneman / Vorms 2018; Philipp Manow, Die politische Ökonomie des Populismus. Berlin: Suhrkamp 2018; Schneider 2020, S. 46 ff.; Strohschneider 2020, S. 20 ff.; Terzić 2020; die Beiträge in: Aus Politik und Zeitgeschichte 71 (2021), H. 35–36: «Verschwörungstheorien»; Kumkar 2022; Paul Mason, Faschismus. Und wie man ihn stoppt. Berlin: Suhrkamp 2022; Simon Rothöhler, Investigative Ästhetik. Ermittlungen gegen die dunkle Epistemologie des Post-Truth-Zeitalters. In: Merkur 76 (2022), H. 876, S. 56–66; Vogelmann 2022, S. 312 ff., 366 ff.; vgl. oben Kap. 3, Anm. 14, und unten S. 135 ff.
19 Nullmeier 2021, S. 31. – Damit ist zugleich die systematische Stelle bezeichnet, an der sich meine Argumentation von derjenigen Bogners 2021 unterscheidet, mit der sie im Übrigen eine Reihe von Gemeinsamkeiten teilt: Der springende Punkt ist meines Erachtens weniger eine «Epistemisierung des Politischen», als vielmehr jene epistemische Schließung, die hier szientistisch heißt. So gesehen ergibt sich zudem der theoretische Vorteil, Epistemisches (Wahrheitsreferenz, Wissensansprüche, Fakten etc.) und Politisches (Wertreferenz, Macht, Normen etc.) nicht dichotomisch konstruieren zu müssen; vgl. auch Bogner / Menz 2021. Zur Kritik Kumkar 2022, S. 171 ff.
20 Grimm 2022, S. 21, 81.
21 Vgl. auch Mouffe 2007, S. 157 ff.

22 Gärditz 2021, S. 450. Vgl. auch Gärditz 2023; Martin Hartmann, Wider eine falsch verstandene Skepsis. In: Merkur 75 (2021), H. 861, S. 45–55.

23 Vgl. Isensee 2015, S. 190 ff.; Hans Vorländer, Demokratie. Geschichte, Formen, Theorien. München: Beck ³2019, S. 60 ff.; Münkler 2020, S. 34 ff. – Heutzutage spielen die Leidenschaften in der Kritik deliberativer durch agonistische Demokratiekonzepte wieder eine Schlüsselrolle; vgl. Mouffe 2007, S. 34 ff.

24 Vgl. Manow 2020, bes. S. 29 ff.

25 Knappe Übersicht bei Gunnar Hindrichs, Sozialneid und Melancholie. In: Merkur 77 (2023), H. 884, S. 49–61, hier S. 50 ff.

26 Vgl. Münkler 2020, S. 34 ff.; Bogner 2021, S. 41 ff. (zu hierher gehörigen Vorschlägen von Jason Brennan und Helmut Willke).

27 Sie gewinnt derzeit besondere Virulenz, denn in dem Maße, in welchem Generationengerechtigkeit im Sinne der vom *Bundesverfassungsgericht* in seinem Klimaurteil 2021 festgestellten ‹intertemporalen Freiheitssicherung› (Bundesverfassungsgericht, Beschluss des Ersten Senats vom 24. März 2021–1 BvR 2656/18 –, Rn. 116 ff.) mitbedacht wird, entsteht ein Demokratiedefizit, sollten die am stärksten vom Klimawandel Betroffenen demokratisch nicht partizipieren können; vgl. auch Klaus Günther, Die Zeitlichkeit der Freiheit. Rechtsphilosophische Anmerkungen zum Klimabeschluss des Bundesverfassungsgerichts. In: Merkur 76 (2022), H. 875, S. 18–32; Celikates 2022, S. 13; Gärditz 2023, S. 184 ff.

28 Vgl. Dieter Grimm, Europa ja – aber welches? Zur Verfassung der europäischen Demokratie. München: Beck 2016, bes. S. 95 ff.; jüngst Philipp Manow, Der Geist der Gesetze. In: Merkur 77 (2023), H. 891, S. 5–14.

29 Art. 79 Abs. 3; vgl. Dreier 2009.

30 Vgl. oben S. 53 ff.

31 Reinhardt 2022, S. 97.

32 Vgl. dazu den Aufsatz «Ist die Dauerreflexion institutionalisierbar?» des einflussreichsten Soziologen der frühen Bundesrepublik: Schelsky 1965, S. 250–275; dazu auch Nassehi 2021, S. 154, 255 ff.; Müller / Séville 2022 a.

33 Habeck 2021, S. 275 (hiernach auch die folgenden Zitate im Text).

34 Müller / Séville 2022 b, S. 104. – Soziologisch grundsätzlich schon Georg Simmel, Soziologie. Untersuchungen über die Formen der Vergesellschaftung. Frankfurt / Main: Suhrkamp 1992, S. 284 ff.; politikwissenschaftlich zentral in der ‹Agonistik› von Mouffe 2007 sowie 2014; philosophisch neuerdings Rebentisch 2022 und dazu Eva Geulen, Streit-Zeit. Überlegungen zu Arendts Essayistik aus Anlass von Juliane Rebentischs Arendt-Buch. In: ethik und gesellschaft 2022, H. 1 (file:///C:/Users/49151/Downloads/EuG-1-2022-rez-15.pdf [16.8.2023]).

35 Vgl. auch Möllers 2008; Strohschneider 2020; Heidenreich 2022.

36 Vgl. Kelsen [1929] 2018, S. 132; vgl. oben Kap. 5, Anm. 12.

37 Müller / Séville 2022 b, S. 104, zeigen, dass in der Fähigkeit zur Selbstkorrektur «das Selbstverständnis der Partei [Bündnis 90 / Die Grünen] als

einer lernenden Organisation» nicht nur mit «ein[em] spezifische[n] Demokratieverständnis als einer lernenden Ordnung» konvergiert, sondern zugleich auch «mit der Selbstdarstellung des Spitzenpersonals als lernenden Führungsfiguren.»

38 Habeck 2021, S. 19 f.

39 Vgl. auch Fischer 2014, S. 124 ff.

40 Müller / Séville 2022 a (in Anspielung auf den oben Kap. 5, Anm. 32 erwähnten Aufsatz Schelskys).

41 Müller / Séville 2022 a, S. 84, 85; vgl. allgemein Erik Schilling, Authentizität. Karriere einer Sehnsucht. München: Beck 2020.

42 Wie weitgehend dieses Prinzip gilt, erkennt man daran, dass es sogar den konstitutionellen Rahmen demokratischer Politik selbst erfasst. Dies zeigt sich beispielsweise an den Selbstkorrekturen, denen das *Bundesverfassungsgericht* im Laufe seiner weiteren Rechtsprechung nicht wenige frühere Entscheidungen unterzogen hat (vgl. Grimm 2022), oder an dessen Institut der Sondervoten, die «oft kommende Mehrheiten antizipiert haben» und in denen «die Möglichkeit einer anderen Entscheidung formelle Anerkennung findet.» (Christoph Möllers in: Frankfurt Allgemeine Zeitung vom 27.1.2023 [Rezension von Gertrude Lübbe-Wolff, Beratungskulturen. Wie Verfassungsgerichte arbeiten, und wovon es abhängt, ob sie integrieren oder polarisieren. Berlin 2022].)

43 Müller / Séville 2022 b, S. 105; vgl. auch Séville 2022.

44 Vgl. Müller / Séville 2022 b, S. 108 ff., und dazu Habeck 2021, S. 233 ff. et pass.

45 Vgl. oben Einleitung, Anm. 5.

46 Vgl. Staab 2022, S. 72 ff., 128 ff.,

6. Herrschaft der Wissenschaft

1 Lauterbach 2022, S. 23 (hiernach wiederum die folgenden Zitate im Text).

2 Vgl. oben S. 90 f.

3 Arendt 2016, S. 341; vgl. dazu Vogelmann 2022, S. 337 ff.

4 Zit. nach Frankfurter Allgemeine Sonntagszeitung vom 2.10.2022.

5 Ebd.

6 Vgl. Rehberg 1995, S. 13 mit Anm. 16.

7 Schmitt [1922] 2004, S. 11; vgl. auch Carl Schmitt, Der Begriff des Politischen. Text von 1932 mit einem Vorwort und drei Corollarien. Berlin: Duncker & Humblot ^{7}2002, S. 39. Möllers 2020, S. 157, hat das mit der Bemerkung kommentiert, über die vielschichtige Komplexität politischer Ordnungen täusche «der Begriff der Souveränität, der große Reduktionist der politischen Theorie, hinweg[].»

8 Vgl. Rehberg 1995, S. 13 f.; Hasso Hofmann, «Souverän ist, wer über den Ausnahmezustand entscheidet.» In: Der Staat 44 (2005), H. 2, S. 171–186; Frankenberg 2020, S. 119 ff.

9 Diese «Prätentionen der Regellosigkeit» haben ihre eigenen Traditionen; dazu besonders perspektivenreich Rehberg 1995. Vgl. auch unten S. 125, 128 f.

10 Zit. nach Frankfurter Allgemeine Sonntagszeitung vom 2.10.2022.

11 Schmitt [1922] 2004, S. 67. Vgl. auch Reinhardt 2022, S. 97 f. (mit Verweis auf Walter Bagehots Konzept [1867] eines «government by discussion»).

12 Rehberg 1995, S. 14 (darin zitiert Schmitt [1922] 2004, S. 63).

13 Vgl. oben S. 40 f.

14 Vgl. allgemein auch Hirschi 2018; Gärditz 2018.

15 Vgl. Manow 2020.

16 Michelsen / Walter 2013, S. 157.

17 Blühdorn 2013, S. 158. – Gemeint ist ein Einstellungswandel, wonach Politik und Staat weniger als Form der langfristigen Integration von Gesellschaft verstanden werden, sondern eher als ein Lieferdienst auch für spontane Bedürfnisse nach Art der digitalen Plattformökonomie von *Amazon*. Weil die Bürger an ihn Steuern zahlen, erwarten sie vom Staat als Kunden und Konsumenten Leistungen, die ‹nur wenige Klicks entfernt› sein sollten. Politiker werden zu *Delivery Heros*. Zu dem, was sie ‹liefern› müssen, gehören nicht nur die allgemeine Daseinsvorsorge von Infrastrukturen oder Sicherheit und Ordnung, sondern neuerdings vor allem auch ‹Schutzschirme› finanzieller Art, welche selbst okkasionelle Unwägbarkeiten abfedern – Börsenabstürze, Umsatzeinbußen durch Tierseuchen, Preiserhöhungen bei Energie und Lebensmitteln u. v. a. m. In diesem Erwartungsspektrum finden sich auch Erziehungs- und Bildungsleistungen oder technokratische Schutzfunktionen; dazu sogleich. Enttäuschen die Outcomes staatlichen Handelns derartige Liefererwartungen, dann kann ziemlich umgehend die Attraktivität der politischen Ordnung zu schwinden drohen. Vgl. auch Blühdorn 2013, S. 216 ff.; Amlinger / Nachtwey 2022; Heidenreich 2022; Philipp Lepenies, Verbot und Verzicht. Politik aus dem Geiste des Unterlassens. Berlin: Suhrkamp 2022, S. 178 ff. et pass.

18 Vgl. Staab 2022.

19 Thunberg 2019, S. 63 (hiernach auch die folgenden Zitate im Text); zur Semantik des Scheidewegs Wolfgang Harms, Homo viator in bivio. Studien zur Bildlichkeit des Weges. München: Fink 1970.

20 Vgl. oben Kap. 6, Anm. 9.

21 Staab 2022, S. 125 (hiernach auch die folgenden Zitate im Text); vgl. auch Klaus Hurrelmann / Erik Albrecht, *Fridays for Future* als Sinnbild ihrer Generation. In: Haunss / Sommer 2020, S. 227–236.

22 Blühdorn 2013, S. 233, ebd. S. 235 ff. auch zur Geschichte ökologischer Demokratieskepsis. Vgl. weiterhin Stehr / Adolf 2015, S. 195 ff.; Nico Stehr, Prima Klima ohne Demokratie. In: Frankfurter Allgemeine Zeitung vom 1.12.2015; Schäfer / Zürn 2021, S. 204 ff. et pass.

23 Lauterbach 2022, S. 79, vgl. S. 77 f.

24 Vgl. oben Kap. 5, Anm. 27.

25 Münch 2022, S. 51 ff.; vgl. auch Stichweh 2014, S. 46. – Eine schärfere Deutung wird allerdings sagen, dass die Fürsorge für die Kinder keinen Autokratismus rechtfertigen kann, weil sich noch jeder mit eben dieser Fürsorge zu rechtfertigen suchte.

26 Vgl. auch Hartmut Rosa, Beschleunigung: Zur Heuristik des Ausnahmezustands. In: Korte / Scobel / Yildiz 2022, S. 263–288; Strohschneider 2020, S. 187 ff.

27 Peter Graf Kielmansegg, Politik und Apokalypse. In: Frankfurter Allgemeine Zeitung vom 16.9.2019.

28 Vgl. oben Kap. 6, Anm. 9.

29 Kielmansegg (a. a. O.); Greta Thunberg hat ausdrücklich «Panik» zum Ziel ihres Aktivismus erklärt: Thunberg 2019, S. 48.

30 Thomas Steinfeld, Flugscham für Kampfflieger? In: Süddeutsche Zeitung vom 22.8.2019.

31 Vgl. auch oben Kap. 6, Anm. 22.

32 Vgl. Mouffe 2007, v. a. S. 57 ff., 75 ff., 91 ff., sowie 2014, S. 204 ff.; Blühdorn 2013, S. 230 ff., bes. S. 247 ff.; Séville 2017, S. 177 ff., 252 ff.; Strohschneider 2020, S. 192 ff.

33 Anthony Giddens / Ralf Fücks, [Interview] «Wir brauchen eine Radikalität der Mitte». In: Böll Thema 2010, H. 1, S. 4–7, hier S. 6; vgl. Giddens 2009, S. 71, 114.

34 Giddens 2009, S. 116 f.

35 Vgl. auch Frankenberg 2020, S. 117 ff.; Strohschneider 2020, S. 192 ff.; vgl. auch Kap. 5, Anm. 26.

7. Machtkonkurrenz und Heterodoxie

1 Vgl. Lea Arnold, Unabhängige Wirtschaftspolitik. Wissenschaftliche Politikberatung seit 1968 am Beispiel der Fünf Wirtschaftsweisen. Wiesbaden: Springer 2010. – Eine Heuristik von Formen der politischen Infragestellung wissenschaftlichen Wissens bei Barlösius / Ruffing 2021.

2 Think Tanks wie das Freiburger *Öko-Institut e. V.* oder die *Agora Energiewende gGmbH* würden davon zu berichten wissen: In der Affaire um den damaligen Staatssekretär im *Bundesministerium für Wirtschaft und Klimaschutz*, Patrick Graichen, im Frühjahr 2023 war zu beobachten, wie die Verflechtung institutioneller und persönlicher Beziehungsnetze sich als politisches Instrument auch der Delegitimierung umwelt- und klimawissenschaftlicher Gegenexpertise nützen lässt. Das ist bei Lichte besehen wenig überraschend. In den tiefgreifenden gesellschaftlichen, ökonomischen und politischen Kämpfen, mit denen die ökologische Transformation unserer Zivilisation verbunden ist, besitzen zunächst die etablierten Interessen die einflussreicheren Lobbystrukturen; was soll Etabliertheit auch anderes besagen? Neue Interessen können dies unter anderem durch ‹Wissensvorsprünge› (auch mithilfe der Institutionalisierung von Gegenexpertisen:

Publikationsorgane, Forschungsinstitute, Think Tanks usw.) wettzumachen versuchen, durch einen epistemischen Vorteil also, der dann seinerseits als ideologisch oder lobbyistisch bekämpft werden kann. – Vgl. Rucht 1988, bes. S. 298 f.; Bogner / Menz 2002, S. 392 ff.; Weingart 2003, S. 99 ff.; Barlösius / Ruffing 2021, S. 119 ff.; Laux 2021; Kumkar 2021.

3 Vgl. Oreskes / Conway 2010; Kumkar 2022, S. 139 ff.

4 Vgl. oben Kap. 1, Anm. 7.

5 Vgl. Strohschneider 2020, S. 84 ff.; Barlösius / Ruffing 2021, S. 125 ff.; Bogner 2021, S. 13 ff., 92 ff., 111 ff.; die Materialsammlung auf Wikipedia: Wissenschaftsleugnung (URL: https://de.wikipedia.org/wiki/Wissenschaftsleugnung [9.8.2023]).

6 Im strikten Gegensatz zum ‹Volk› der liberalen Demokratie (dazu Kelsen [1929] 2018, S. 22 ff., Zitat S. 35). Vgl. Michael Wildt, Volk, Volksgemeinschaft, AfD. Hamburg: Hamburger Edition 2017; Durnová (2019), S. 348 ff., sowie Strohschneider 2020, bes. S. 51 ff. (jeweils mit weiteren Hinweisen).

7 Zitiert nach URL: https://en.wikiquote.org/wiki/Michael_Gove (6.9.2023).

8 Vgl. etwa Soeffner 2018, S. 136 f.; Eyal 2021, S. 21 ff.; Wikforss 2021, S. 146; Vogelmann 2022, S. 324 f.; und ebenso Strohschneider 2020, S. 84.

9 Soeffner 2018, S. 137.

10 Vgl. Gärditz 2021; Hirschi 2021, S. 171 ff.; Sheila Jasanoff (Hg.), Boston Review Forum 20: Uncertainty. Cambridge, MA: Boston Review 2021; Thießen 2021; Augstein 2022; Wagner 2022; Weingart 2022, S. 30 ff.; sowie die unten Kap. 7, Anm. 13 und 27 genannte Literatur.

11 Bayerische Staatsregierung, Bericht aus der Kabinettssitzung vom 17. März 2020, URL: https://www.bayern.de/bericht-aus-der-kabinettssitzung-vom-17-maerz-2020/?seite=1617 (6.9.2023).

12 Vgl. auch Strohschneider 2020, S. 115 ff.; weitere Belege bei Kumkar 2021, S. 94 mit Anm. 19; oben Einleitung S. 9 f.

13 Vgl. etwa Strohschneider 2020, S. 105 ff.; Silke Beck / Julian Nardmann, Wissenschaftliche Rückendeckung für politische Alternativlosigkeit? Kontroversen um Expertisen in der deutschen Corona-Politik. In: Büttner / Laux 2021, S. 187–214; Bogner / Menz 2021; Hirschi 2021; Schäfer / Zürn 2021, bes. S. 155 ff.; Thießen 2021, S. 69 ff.; Amlinger / Nachtwey 2022, S. 247 ff.; Münch 2022; Barbara Prainsack, Politik und Wissenschaft in der Gesundheitskrise. In: Augstein 2022, S. 11–24.

14 Vgl. Hirschi 2021, S. 173 ff.; Thießen 2021, S. 80 ff.; Bogner 2022. – In der Schweiz wurde der parlamentarische Prozess sogar kurzfristig ausgesetzt; vgl. Amlinger / Nachtwey 2022, S. 249.

15 Bogner 2021, S. 21; Bogner 2022; grundsätzlicher Séville 2017.

16 Kielmansegg (a. a. O.).

17 Simon Teune, Die Querdenken-Proteste als Herausforderung für die Bewegungsforschung. In: ipb beobachtet 9.2.2022, URL: https://protestinstitut.eu/publikationen/die-querdenken-proteste-als-herausforderung-fuer-die-bewegungsforschung/ (6.9.2023), S. 6, 8; vgl. auch Schneider 2020,

S. 46 ff.; Terzić 2020; Pantenburg / Reichardt / Sepp 2021, S. 24 ff.; Kumkar 2021; Eva Horn, Die Besserwisser. In: Frankfurter Allgemeine Zeitung vom 30.5.2021; sowie Barlösius / Ruffing 2021, bes. S. 125 ff.

18 Im Horizont von Pierre Bourdieus Begriffsverwendung nütze ich ‹Heterodoxie› als einen lockeren Verständigungsausdruck für Auffassungskomplexe, die nicht dem in einer Gesellschaft mehrheitlich geteilten epistemischen *common ground* zugeordnet werden; vgl. auch Michael Schetsche / Ina Schmied-Knittel (Hgg.), Heterodoxie. Konzepte, Traditionen, Figuren der Abweichung. Köln: von Halem 2018.

19 Amlinger / Nachtwey 2022, S. 252.

20 Vgl. auch URL: https://www.sueddeutsche.de/politik/querdenken-chronologie-bundestag-1.5279496 (6.9.2023).

21 Vgl. Hans Vorländer, Der Wutbürger – Repräsentative Demokratie und kollektive Emotionen. In: Harald Bluhm / Karsten Fischer / Marcus Llanque (Hgg.), Ideenpolitik. Geschichtliche Konstellationen und gegenwärtige Konflikte. Berlin: Akademie 2011, S. 467–478; Blühdorn 2013, S. 187 ff.; Thorsten Eggers, Der Begriff «Wutbürger» im mediopolitischen Diskurs. Frankfurt / Main: Wochenschau 2022.

22 Vgl. Reichardt 2021.

23 Vgl. Karl-Siegbert Rehberg / Franziska Kunz / Tino Schlinzig (Hgg.), PEGIDA – Rechtspopulismus zwischen Fremdenangst und ‹Wende›-Enttäuschung? Analysen im Überblick. Bielefeld: transcript 2016; Hans Vorländer / Maik Herold / Steven Schäller, PEGIDA. Entwicklung, Zusammensetzung und Deutung einer Empörungsbewegung. Wiesbaden: Springer 2016.

24 Vgl. Stefan Goertz, «Querdenker». Ein Überblick. Wiesbaden: Springer 2022, bes. S. 17 ff.; Christoph Schönberger / Sophie Schönberger, Die Reichsbürger. Ermächtigungsversuche einer gespenstischen Bewegung. München: Beck 2023.

25 URL: https://querdenken-711.de/manifest/ (6.9.2023); https://diebasis-partei.de/ (6.9.2023).

26 Umfangreiches Belegmaterial in den Beiträgen zu Reichardt 2021.

27 Die wichtigsten dieser Arbeiten sind Carolin Amlinger, Über das Querdenken. Der epistemische Widerstand der Corona-Proteste. In: Zeitschrift für Fantastikforschung 8 (2020), H. 1, S. 20–26; Amlinger / Nachtwey 2022; Frei / Schäfer / Nachtwey 2021; Hans Vorländer (Hg.), Corona und Rechtspopulismus. Jahresstudie. Mercator Forum Migration und Demokratie. Dresden: Selbstverlag 2021; Pantenburg / Reichardt / Sepp 2021; Pantenburg / Sepp 2021; Reichardt 2021; Sepp 2022. Vgl. zudem Thießen 2021, S. 129 ff.; Kumkar 2022, S. 198 ff., 239 ff.

28 Sepp 2022, S. 21.

29 Frei / Schäfer / Nachtwey 2021, S. 251.

30 Christine Hentschel, «Das große Erwachen»: Affekt und Narrativ in der Bewegung gegen die Corona-Maßnahmen. In: Leviathan 49 (2021), H. 1, S. 62–85, hier S. 77.

31 Sepp 2022, S. 20.
32 Ebd.
33 Ladwig 2022, 322.
34 Man hat auch von «Wissen, hausgemacht» oder «Hausverstand» gesprochen; vgl. insbesondere Pantenburg / Reichardt / Sepp 2021; Pantenburg / Sepp 2021; Reichardt 2021.
35 Kumkar 2022, S. 158.
36 Sepp 2022, S. 20.
37 Sepp 2022, S. 22.
38 Insofern trage ich meine Beobachtungen und Argumente selbstverständlich nicht von einem neutralen, übergeordneten Beobachtungspunkt aus vor. Sie sind vielmehr ihrerseits Ausdruck einer Orthodoxie, gegen welche die heterodoxe Dissidenz der Querdenker revoltiert; vgl. Kap. 7, Anm. 18.
39 Kumkar 2021, S. 94
40 Alexander Bogner mündlich (zitiert nach Barlösius / Ruffing 2021, S. 126).
41 Kumkar 2022, S. 34.
42 Kumkar 2022, S. 113.
43 Zur kulturkämpferischen Gegenspannung von (populistisch-autokratischer) Wissenschaftsaversion und Szientismus vgl. auch Christopher Bickerton / Carlo Invernizzi Accetti, Populism and technocracy: opposites or complements? In: Critical Review of International Social and Political Philosophy 20 (2017), H. 2, S. 186–206; Strohschneider 2018 und 2020, S. 175 ff.; Feige 2020; Schneider 2020, bes. S. 9 f., 46 ff., 65 ff.; Bogner 2021, S. 92 ff. et pass.; Hirschi 2021, S. 163 ff.; Séville 2022.
44 Nullmeier 2021, S. 32; vgl. oben S. 90 f.
45 Vgl. dazu die These von Amlinger / Nachtwey 2022.
46 Joseph Vogl, Kapital und Ressentiment. Eine kurze Theorie der Gegenwart. München: Beck 2021, S. 177. Vgl. auch Terzić 2020, S. 203 ff.
47 Vgl. Kumkar 2022, S. 175, 286 ff.
48 Vgl. auch Mouffe 2014, S. 27 ff.

8. Pluralismus der Expertise

1 Zur Beschreibung dieses Feldes vgl. Weingart / Lentsch 2008, bes. S. 58 ff.
2 Eine einflussreiche Typologie hat Pielke 2007 entworfen.
3 Die Politikberatungsforschung (vgl. dazu auch unten Anm. 18) nimmt damit einen Buchtitel des US-amerikanischen Politikwissenschaftlers Aaron Wildavsky auf: Speaking Truth to Power. The Art and Craft of Policy Analysis. Boston: Little 1979. – Eine ausführliche Kritik von Voraussetzungen und Implikationen dieses *linear model* bei Pielke 2007, bes. S. 12 ff., 76 ff., 118 ff., 143 ff.
4 Sibylle Anderl, Rational denken und einander zuhören. In: Frankfurter Allgemeine Zeitung vom 12.11.2022.
5 Von wo sie nach Jahrzehntausenden auf die Erde zurückkehrt, um dort von

Dinosauriern verspeist zu werden: *Don't look up* mit Jennifer Lawrence, Leonardo DiCaprio, Cate Blanchett und Meryl Streep. Regie: Adam McKay. Netflix 2021; Drehbuch unter URL: https://deadline.com/wp-content/uploads/2022/01/Dont-Look-Up-Read-The-Screenplay.pdf (6.9.2023).

6 Zur Kritik etwa Habermas 1968, S. 120 ff.; Weingart 2003, S. 93 ff.; Mayntz 2009; Münkler 2020, S. 177 ff.; unten Anm. 18.

7 Vgl. Trisha Greenhalgh / Jill Russell, Evidence-Based Policymaking. A Critique. In: Perspectives in Biology and Medicine 52 (2009), H. 2, S. 304–318; unten Anm. 12. – Die positivistische Metapher ‹Evidenzbasierung› lehnt sich an die Methodik der sogenannten *Evidence Based Medicine* an und ist in der Regel normativ gemeint. Der Rückgriff auf wissenschaftliche Evidenz verspricht eine Befreiung der Politik von anderen Einflussgrößen wie gesundem Menschenverstand, Ideologien, Anekdoten, Intuitionen, Partikularinteressen oder Machtkalkül; vgl. Sabine Weiland, Evidenzbasierte Politik zwischen Eindeutigkeit und Reflexivität. In: Technikfolgenabschätzung – Theorie und Praxis 22 (2013), H. 3, S. 9–15; Buch et al. 2019; Wikipedia: Evidence-based policy, URL: https://en.wikipedia.org/wiki/Evidence-based_policy (6.9.2023). Wenigstens im anglisierten Wissenschaftsdeutsch verschleiert das Wort einerseits den erkenntnistheoretischen und methodologischen Voraussetzungsreichtum wissenschaftlichen Wissens; ‹Evidenz› ist hier ein Ausdruck der ‹Faktengewalt› und der Gewissheitspolitiken (vgl. Hoffmann 2013, bes. S. 55 ff.; Straßheim 2021, S. 69 ff.; oben S. 68 ff.; zur außerordentlich komplexen Begriffsgeschichte von ‹Evidenz› z. B. Ansgar Kemmann: Evidentia, Evidenz. In: Gert Ueding [Hg.], Historisches Wörterbuch der Rhetorik. Bd. 3. Tübingen: Niemeyer 1996, Sp. 33–47; Gabriele Wimböck / Karin Leonhard / Markus Friedrich [Hgg.], Evidentia. Reichweiten visueller Wahrnehmung in der Frühen Neuzeit. Münster: Lit Verlag 2007). Andererseits belässt die Architekturmetapher der ‹Basis› im Unklaren, ob Politik durch ‹Evidenz› nur informiert oder vielmehr determiniert wird, sie nivelliert also die Unterscheidung von notwendigen und hinreichenden Voraussetzungen politischen Entscheidens.

8 Vgl. oben S. 52 f.

9 URL: https://www.dfg.de/dfg_profil/gremien/senat/arbeitsstoffe/ (6.9.2023); vgl. Weingart / Lentsch 2008, S. 72 ff.

10 Etwa auch große Teile des Systems der sogenannten Ressortforschungseinrichtungen auf Landes- wie Bundesebene gehören dazu; vgl. Weingart / Lentsch 2008, S. 164 ff.; Eva Barlösius, «Forschen mit Gespür für politische Umsetzung» – Position, interne Strukturierung und Nomos der Ressortforschung. In: dms – der moderne staat – Zeitschrift für Public Policy, Recht und Management 2 (2009), H. 2, S. 347–366; Weingart / Carrier / Krohn 2015, S. 72 ff.; Gärditz 2023, S. 169 ff.

11 Vgl. Weingart / Carrier / Krohn 2015, S. 295 ff. Man hat diesbezüglich u. a. auch von regulatorischer (vgl. auch Eyal 2021, S. 31 ff.), post-normaler oder *mode II*-Wissenschaft gesprochen (vgl. Weingart 2003, S. 134 ff.; Carrier

2006, S. 157 ff.; Laurens K. Hessels / Harro van Lente, Re-thinking new knowledge production: A literature review and a research agenda. In: Research Policy 37 [2008], S. 740–760; Weingart / Lentsch 2008, S. 19 ff.; Maasen / Dickel 2016, S. 228 f.). Weiterhin auch Stichweh 2020, S. 166 f.; Weingart 2022, S. 21 ff.

12 Vgl. Voßkuhle 2008, S. 23 ff. et pass.; Wilma F. Strydom et al., Evidence-based Policymaking: A Review. In: South African Journal of Science 106 (2010), H. 5/6, DOI: 10.4102/sajs.v106i5/6.249; Innerarity 2013, S. 200 ff.; Gernot Rieder / Judith Simon, Datatrust: Or, the political quest for numerical evidence and the epistemologies of Big Data. In: Big Data & Society (2016), H. 1, S. 1–16; Steffen Mau, Das metrische Wir. Über die Quantifizierung des Sozialen. Berlin: Suhrkamp 2017; Jon Baron, A Brief History of Evidence-Based Policy. In: The Annals of the American Academy of Political and Social Science 678 (2018), S. 40–50; Oliver Schlaudt, Die politischen Zahlen. Über Quantifizierung im Neoliberalismus. Frankfurt / Main: Klostermann 2018; Buch et al. 2019; Eyal 2021, bes. S. 272 ff.; Döhler 2022; Münch 2022.

13 Weingart / Carrier / Krohn 2015, S. 296 (mit etwas anderer Akzentuierung des Ausdrucks ‹instrumentell›).

14 Beck 1986.

15 Vgl. auch Pielke 2007, S. 33 ff., 137. – Im Grunde ist es dieser Umstand, der beklagt wird, wenn die Diagnose auf den Tod der Expertise oder einen Krieg gegen die Wissenschaft lautet; vgl. Tom Nichols, The *Death of Expertise.* The Campaign Against Established Knowledge and Why It Matters. New York: Oxford UP 2017; Otto 2016; dazu Schneider 2020, S. 13 ff.

16 Ronald Hitzler / Anne Honer / Christoph Maeder (Hgg.), Expertenwissen. Die institutionalisierte Kompetenz zur Konstruktion von Wirklichkeit. Opladen: Westdeutscher Verlag 1994.

17 Zur Begriffsgeschichte vgl. Münkler 2020, S. 80 ff.; Eyal 2021, S. 43 ff. Zur Sachgeschichte Hirschi 2018.

18 Vgl. nur Habermas 1968, S. 120 ff.; Bogner / Menz 2002; Weingart 2003, S. 93 ff.; Pielke 2007; Grunwald 2008; Weingart / Lentsch 2008; Mayntz 2009; Falk et al. 2010; Innerarity 2013, S. 93 ff.; Pira Spruijt et al., Roles of Scientists as Policy Advisers on Complex Issues: A Literary Review. In: Environmental Science & Policy 40 (2014), S. 16–25; Weingart / Carrier / Krohn 2015, S. 83 ff., 293 ff.; Svenja Falk et al. (Hgg.), Handbuch Politikberatung. Wiesbaden: Springer 2019; Gärditz 2021 und 2023; Straßheim 2021; Münch 2022.

19 Luhmann 1997, S. 785.

20 Kumkar 2021, S. 93.

21 Vgl. Eyal 2021, S. 286 ff.; Bogner 2022. – Zum Beispiel gibt es im System der deutschen Wissenschaftsakademien zwischen der *Leopoldina* als *Deutscher Nationalakademie,* der *Union der Länderakademien* und der *acatech – Akademie für Technikwissenschaften* ein ebenso formalisiertes wie

geltungssteigerndes Verfahren der Abstimmung gemeinsamer Empfehlungen. Die aufwendigste und einflussreichste derartige Aggregations- und Autorisationsinstanz von wissenschaftlichem Wissen ist auf globaler Ebene vermutlich das *IPCC* (vgl. dazu Silke Beck, Von der Beratung zur Verhandlung – Der Fall IPCC. In: Jost Halfmann / Falk Schützenmeister [Hgg.], Organisationen der Forschung. Der Fall der Atmosphärenwissenschaft. Wiesbaden: Springer 2009, S. 120–144; Hoffmann 2013, S. 99 ff., 153 ff.; Hirschi 2021, S. 166 ff.). Zum grundsätzlichen Pluralismus von Wissenschaft vgl. oben S. 56 ff.

22 Vgl. unten Anm. 26.

23 Vgl. u. a. Weingart / Lentsch 2008, S. 46 ff.; Münkler 2020, S. 67 ff., 95 ff., 183 ff.

24 Vgl. Hardwig 1991; Pielke 2007; Oreskes 2019, S. 55 ff.; Eyal 2021, S. 112 ff.

25 Eine Fülle empirischer Beobachtungen bieten die Beiträge in Büttner / Laux 2021; vgl. auch Weingart 2022.

26 In der Bundesrepublik ist es auch für die institutionell etablierten Formate der Politikberatung kennzeichnend, dass wissenschaftliche und nicht-wissenschaftliche Expertise sowie Lobbyismus gekoppelt werden; dazu Münkler 2020, S. 100 f., 192 f., 599 ff., 659. Vgl. auch unten Kein Abschluss, Anm. 13.

27 Luhmann 1997, S. 785 f.

28 Vgl. etwa die Beiträge in Korte / Scobel / Yildiz 2022.

29 Vgl. auch Stichweh 2020, S. 165 f.; Eyal 2021, S. 332 ff.

30 Möllers 2008, S. 112.

31 Schelsky 1965, S. 439 ff.; dazu Bogner / Menz 2002, S. 387 ff.; ausführlich Séville 2017, S. 49 ff. Vgl. auch gleichzeitig, aber differenzierter für die Vereinigten Staaten Don K. Price, The Scientific Estate. Cambridge, MA: Harvard UP 1965.

32 Vgl. Oreskes 2019 und dazu Strohschneider 2020, S. 152 ff.; sowie z. B. oben Kap. 4, Anm. 14. – Der juristische Ausdruck der ‹Herrschenden Meinung› ist jedenfalls dann anders gelagert, wenn er nicht auf den Konsens der Rechtswissenschaftlerinnen, sondern auf institutionelle Festlegungen der Judikatur abstellt; vgl. Kap. 2, Anm. 26.

33 Vgl. Beck 1986, v. a. S. 262 ff.; Bogner / Menz 2002, S. 393 ff.; Büttner / Laux 2021, und darin bes. auch Straßeim 2021; Eyal 2021, S. 58 ff. – Nicht also für eine besondere strategische Option (vgl. Rucht 1988; Kumkar 2021, S. 92 ff.; Kumkar 2022, S. 116 ff.) verwende ich hier den Ausdruck ‹Gegenexpertise›, sondern für ein allgemeines Prinzip von Politikberatung in der pluralistischen Demokratie.

34 Auf diesen Märkten kann sich die autoritative Rückbindung der wissenschaftlichen Expertise an die akademische Wissensproduktion lockern, ihre politische Funktionalität mag steigen, und es kommt zu neuartigen Überlagerungen von epistemischem Wettstreit mit sozialer und ökonomischer *performance*. Vgl. Weingart / Carrier / Krohn 2015, S. 298; Falk et al. 2010, S. 98 ff., 112 ff.; Münkler 2020, S. 82 (jeweils mit weiterer Literatur).

35 Diese Erwartung wird z. B. dort gepflegt, wo Beratungsgremien so zusammengesetzt sind, dass sie gerade die Pluralität der verschiedenen Expertenpositionen abbilden sollen; vgl. Weingart / Carrier / Krohn 2015, S. 303 f.; Münkler 2020, S. 192 ff., 658 ff.

36 Vgl. Münkler 2020, S. 78 ff.

37 Pielke 2007, S. 33; vgl. auch Eyal 2021, S. 230 ff.

38 Kumkar 2021, S. 94. Vgl. Hirschi 2018; Kumkar 2022, S. 123 ff.; Straßheim 2021, S. 70 et pass.

Kein Abschluss

1 Vgl. Strohschneider 2020.

2 Kumkar 2021, S. 92. – Gerade weil Kumkars Bestimmung der von ihm unter dem Ausdruck ‹alternative Fakten› zusammengefassten Formen querdenkerischer, denialistischer Heterodoxie als ‹unbestimmte Negation› (vgl. Kumkar 2021, S. 96 ff.; Kumkar 2022, S. 134 ff. 278 ff.; sowie oben S. 147 ff.) etwas Wichtiges trifft, wirkt es missverständlich, sie zugleich als einen Sonderfall mit Formen der bestimmten Negation und Kritik unter dem Ausdruck ‹Gegenexpertise› zusammenzufassen.

3 Vgl. Nassehi 2021.

4 Ich spiele an auf den Titel *Dreams of a Final Theory* (London: Hutchinson 1993) des Physiknobelpreisträgers Steven Weinberg. Dagegen ebenso konzise wie elegant Daston (wie Kap. 2, Anm. 23).

5 Dazu sehr grundsätzlich und prägnant schon Dahrendorf 1972.

6 Vgl. Beck 1986, S. 293 f.

7 Helmuth Plessner, Die Stufen des Organischen und der Mensch. Einleitung in die philosophische Anthropologie. Berlin: Göschen [3]1975, S. 127 ff., 324 ff.

8 Vgl. Nassehi 2021, S. 30 ff. et pass.

9 Rorty 1991, S. 111; den philosophischen Begründungsrahmen hat Rorty zuletzt unter dem programmatischen Titel *Pragmatismus als Antiautoritarismus* (Rorty 2023) perspektivenreich entfaltet.

10 Niklas Luhmann, Selbststeuerung der Wissenschaft. In: Jahrbuch für Sozialwissenschaft 19 (1968), H. 2, S. 147–170, hier S. 152.

11 Nassehi 2021, S. 325; vgl. auch Manstetten et al. 2021.

12 Nur zwei Beispiele: Der Vorteil von Windkraftanlagen ist klimapolitisch klarer als unter Gesichtspunkten des Vogelschutzes; jedenfalls unter den deutschen Landschaftsverhältnissen sind die Flächennutzungskonkurrenzen zwischen ökologischen Schutzzonen, Lebensmittelproduktion sowie Photovoltaik- und Windkraftanlagen nicht einfach durch die Hinzunahme bisher ungenutzter Flächen zu entspannen.

13 Vgl. Nassehi 2021, S. 316 ff. – Es ist hier nicht der Platz, dies zu illustrieren. Doch will ich aus der Erfahrung eigener Mitwirkung auf ein praktisches Beispiel für die hier im Allgemeinen nur angedeuteten Möglichkeiten hin-

weisen: die *Zukunftskommission Landwirtschaft* (URL: https://www.bmel.de/DE/themen/landwirtschaft/zukunftskommission-landwirtschaft.html [6.9.2023]). Diese Kommission der Bundesregierung hat unter anderem auf den Einsatz von agrarpolitischen Kampf-Begriffen (wie etwa ‹konventionell statt ökologisch› oder ‹Extensivierung statt Intensivierung›) verzichtet, sich selbst auf Perspektivübernahme (‹In der Denke der oder des anderen denken!›) verpflichtet, die normative Stilisierung eingewöhnter Gefechtslinien mit ihren sachlichen Vereinfachungs- und polemischen Steigerungseffekten umgangen und so Raum geschaffen für den breit getragenen Entwurf einer politischen Transformation des Agrar- und Ernährungssystems, dem in diesem hochgradig konfliktträchtigen Wirtschafts- und Gesellschaftsbereich zunächst keine Chancen eingeräumt worden wären; vgl. Peter Strohschneider, Ökologisierung von Landwirtschaft – zur gesamtgesellschaftlichen Agenda. In: Saori Dubourg et al. (Hgg.), Deutschlands Neue Agenda. Die Transformation von Wirtschaft und Staat in eine klimaneutrale und digitale Gesellschaft. Berlin: Ullstein 2021, S. 198–204.

Literaturverzeichnis

Internetquellen, Beiträge aus der Tagespresse sowie nur einmal zitierte Werke sind direkt am gegebenen Ort nachgewiesen.

Amlinger / Nachtwey 2022	Carolin Amlinger / Oliver Nachtwey, Gekränkte Freiheit. Aspekte des libertären Autoritarismus. Berlin: Suhrkamp 2022.
Arendt 2016	Hannah Arendt, Zwischen Vergangenheit und Zukunft. Übungen im politischen Denken I. München: Piper [4]2016.
Augstein 2022	Rudolf Augstein Stiftung (Hg.), Follow the science – aber wohin? Wissenschaft, Macht und Demokratie im Zeitalter der Krisen. Berlin: Ch. Links 2022.
Barlösius / Ruffing 2021	Eva Barlösius / Eva Ruffing, Die Infragestellung wissenschaftlichen Wissens und wissenschaftlicher Expertise. Eine sozialwissenschaftliche Heuristik. In: Büttner / Laux 2021, S. 113–134.
Bauer / Heinemann / Lemke 2017	Susanne Bauer / Torsten Heinemann / Thomas Lemke (Hgg.), Science and Technology Studies. Klassische Positionen und aktuelle Perspektiven. Berlin: Suhrkamp 2017.
Beck 1986	Ulrich Beck, Risikogesellschaft. Auf dem Weg in eine andere Moderne. Frankfurt / Main: Suhrkamp 1986.
Blamberger / Freimuth / Strohschneider 2018	Günter Blamberger / Axel Freimuth / Peter Strohschneider (Hgg.), Vom Umgang mit Fakten. Antworten aus Natur-, Sozial- und Geisteswissenschaften. Paderborn: Fink 2018.
Blühdorn 2013	Ingolfur Blühdorn, Simulative Demokratie. Neue Politik nach der postdemokratischen Wende. Berlin: Suhrkamp 2013.
Bogner 2021	Alexander Bogner, Die Epistemisierung des Politischen. Wie die Macht des Wissens die Demokratie gefährdet. Ditzingen: Reclam 2021.
Bogner 2022	Ders., Konsenspolitik. Wie die Wissenschaft in der Krise zum politischen Akteur wird. In: Augstein 2022, S. 25–42.
Bogner / Menz 2002	Alexander Bogner / Wolfgang Menz, Wissenschaftliche Politikberatung? Der Dissens der Experten und die Autorität der Politik. In: Leviathan 30 (2002), H. 3, S. 384–399.

Bogner / Menz 2021 — Dies., Wissen und Werte im Widerstreit. Zum Verhältnis von Expertise und Politik in der Corona-Krise. In: Leviathan 49 (2021), H. 1, S. 111–132.

Bora 2022 — Alfons Bora, Medialität des Wissens. In: Schuppert / Römhildt / Weingart 2022, S. 295–324.

Bourdieu 2010 — Pierre Bourdieu, Meditationen. Zur Kritik der scholastischen Vernunft. Frankfurt / Main: Suhrkamp 2010.

Buch et al. 2019 — Claudia M. Buch et al., Verstehen – Entwickeln – Testen – Verbessern: Rahmenbedingungen für evidenzbasierte Politik. In: Wirtschaftsdienst 99 (2019), H. 2, S. 106–112.

Büttner / Laux 2021 — Sebastian Büttner / Thomas Laux (Hgg.), Umstrittene Expertise. Zur Wissensproblematik der Politik. Baden-Baden: Nomos 2021.

Carrier 2006 — Martin Carrier, Wissenschaftstheorie zur Einführung. Hamburg: Junius 2006.

Carrier 2013 — Ders., Werte und Objektivität in der Wissenschaft. In: Information Philosophie 2013, H. 4, S. 8–13.

Celikates 2022 — Robin Celikates, System Change, Not Climate Change? Ziviler Ungehorsam im Zeichen der Klimakatastrophe. In: Aus Politik und Zeitgeschichte 72 (2022), H. 21–22: «Ökologie und Demokratie», S. 9–14.

Dahrendorf 1972 — Ralf Dahrendorf, Ungewißheit, Wissenschaft und Demokratie. In: ders., Konsens und Freiheit. Auf dem Wege zur Dienstklassengesellschaft. München: Piper 1972, S. 292–315.

Döhler 2022 — Marian Döhler, Die Verwaltung in der Konkurrenz um robustes Wissen. In: Schuppert / Römhildt / Weingart 2022, S. 487–509.

Dreier 2009 — Horst Dreier, Gilt das Grundgesetz ewig? Fünf Kapitel zum modernen Verfassungsstaat. München: Carl Friedrich von Siemens Stiftung 2009.

Dreier 2018 — Ders., Staat ohne Gott. Religion in der säkularen Moderne. München: Beck 2018.

Durnová 2019 — Anna Durnová, Der ‹March for Science› als Schauplatz der gesellschaftlichen Polarisierung zwischen Elite und Volk: ein interpretativer Beitrag zur Analyse von Postfaktizität. In: Zeitschrift für Politikwissenschaft 29 (2019), S. 345–360.

Eyal 2021 — Gil Eyal, Krise der Expertise. Zürich: Edition Patrick Frey 2021.

Falk et al. 2010 — Svenja Falk et al., Politikberatungsforschung. In: Irene Gerlach et al. (Hgg.), Politikwissenschaft in Deutschland. Baden-Baden: Nomos 2010, S. 97–121.

Feige 2020 — Daniel Martin Feige, Werden wir von Virologen regiert? Über Wissenschaftsfeindlichkeit und Wissenschaftsgläubigkeit in Zeiten von Covid-19. In: Philosophische Rundschau 67 (2020), S. 120–125.

Fischer 2014 — Karsten Fischer, Liberaler Agnostizismus, oder: Der Vorrang der Freiheit vor der Wahrheit. Eine politische Sinngeschichte. In: Oliver Flügel-Martinsen et al. (Hgg.), Deliberative Kritik – Kritik der Deliberation. Wiesbaden: VS 2014, S. 103–134.

Fleck [1935] 1980 — Ludwik Fleck, Entstehung und Entwicklung einer wissenschaftlichen Tatsache. Einführung in die Lehre vom Denkstil und Denkkollektiv. Frankfurt / Main: Suhrkamp 1980.

Fopp 2021 — David Fopp, Gemeinsam für die Zukunft – Fridays For Future und Scientists For Future. Vom Stockholmer Schulstreik zur weltweiten Klimabewegung. Bielefeld: transcript 2021.

Frankenberg 2020 — Günter Frankenberg, Autoritarismus. Verfassungstheoretische Perspektiven. Berlin: Suhrkamp 2020.

Frei / Schäfer / Nachtwey 2021 — Nadine Frei / Robert Schäfer / Oliver Nachtwey, Die Proteste gegen die Corona-Maßnahmen. Eine soziologische Annäherung. In: Forschungsjournal Soziale Bewegungen 34 (2021), H. 2, S. 249–258.

Gärditz 2018 — Klaus Ferdinand Gärditz, Politisierte Wissenschaft als Machttechnik. Besprechung von Caspar Hirschi, Skandalexperten – Expertenskandale. In: Wissenschaftsrecht 51 (2018), S. 244–268.

Gärditz 2021 — Ders., Wissenschaftliche Rationalität, politische Willensbildung und rechtlich-institutionelle Wissensverantwortung. Die Pandemie als Anschauungsfall. In: Büttner / Laux 2021, S. 449–467.

Gärditz 2023 — Ders., Hoflieferanten. Wie sich Politik der Wissenschaft bedient und selbst daran zerbricht. Stuttgart: Hirzel 2023.

Giddens 2009 — Anthony Giddens, The Politics of Climate Change. Cambridge: Polity Press 2009.

Griem 2022 — Julika Griem, Wissenschaftskommunikation. Zum Beispiel Maja Göpel. In: Merkur 76 (2022), H. 883, S. 17–31.

Grimm 2022 — Dieter Grimm, Die Historiker und die Verfassung. Ein Beitrag zur Wirkungsgeschichte des Grundgesetzes. München: Beck 2022.

Grunwald 2008 — Armin Grunwald, Technik und Politikberatung. Frankfurt / Main: Suhrkamp 2008.

Habeck 2021 — Robert Habeck, Von hier aus anders. Eine politische Skizze. Köln: Kiepenheuer & Witsch 2021.

Habermas 1968 — Jürgen Habermas, Technik und Wissenschaft als ‹Ideologie›. Frankfurt / Main: Suhrkamp 1968.

Habermas 1973 — Ders., Erkenntnis und Interesse. Mit einem neuen Nachwort. Frankfurt / Main: Suhrkamp 1973.

Hagedorn et al. 2019 — Gregor Hagedorn et al., The concerns of the young protesters are justified. In: GAIA 28 (2019), H. 2, S. 79–87.

Hagner 2012 — Michael Hagner, Wissenschaft und Demokratie oder: Wie demokratisch soll die Wissenschaft sein? In: ders. (Hg.), Wissenschaft und Demokratie. Frankfurt / Main: Suhrkamp 2012, S. 9–50.

Hardwig 1991 — John Hardwig, The Role of Trust in Knowledge. In: The Journal of Philosophy 88 (1991), S. 693–708.

Haunss / Sommer 2020 — Sebastian Haunss / Moritz Sommer (Hg.), Fridays for Future – Die Jugend gegen den Klimawandel. Konturen der weltweiten Protestbewegung. Bielefeld: transcript 2020.

Heidenreich 2022 — Felix Heidenreich, Demokratie als Zumutung. Für eine andere Bürgerlichkeit. Stuttgart: Cotta 2022.

Hirschi 2018 — Caspar Hirschi, Skandalexperten, Expertenskandale. Zur Geschichte eines Gegenwartsproblems. Berlin: Matthes & Seitz 2018.

Hirschi 2021 — Ders., Expertise in der Krise. Zur Totalisierung der Expertenrolle in der Euro-, Klima- und Coronakrise. In: Büttner / Laux 2021, S. 161–186.

Hoffmann 2013 — Christoph Hoffmann, Die Arbeit der Wissenschaften. Zürich: diaphanes 2013.

Huneman / Vorms 2018 — Philippe Huneman / Marion Vorms, Is a Unified Account of Conspiracy Theories Possible? In: Argumenta 3 (2018), H. 2, S. 247–270.

Innerarity 2013 — Daniel Innerarity, Demokratie des Wissens. Plädoyer für eine lernfähige Gesellschaft. Bielefeld: transcript 2013.

Isensee 2015	Josef Isensee, Die Rationalität des Staates und die Irrationalität des Menschen. Prämissen der Demokratie. In: Archiv des öffentlichen Rechts 140 (2015), H. 2, S. 169–197.
Kelsen [1929] 2018	Hans Kelsen, Vom Wesen und Wert der Demokratie. Ditzingen: Reclam 2018.
Korte / Scobel / Yildiz 2022	Karl-Rudolf Korte / Gert Scobel / Taylan Yildiz (Hgg.), Heuristiken des politischen Entscheidens. Berlin: Suhrkamp 2022.
Kuhn 1969	Thomas S. Kuhn, Die Struktur wissenschaftlicher Revolutionen. Frankfurt / Main [2]1969.
Kumkar 2021	Nils C. Kumkar, Unbestimmte Negation: Gegenexpertise als alternative Fakten. In: Büttner / Laux 2021, S. 90–110.
Kumkar 2022	Ders., Alternative Fakten. Zur Praxis der kommunikativen Erkenntnisverweigerung. Berlin: Suhrkamp 2022.
Ladwig 2022	Bernd Ladwig, Die Normativität der Wissenschaften. Zu Frieder Vogelmanns ‹materialistischer› Erkenntnistheorie. In: Leviathan 50 (2022), H. 2, S. 312–333.
Lauterbach 2022	Karl Lauterbach, Bevor es zu spät ist. Was uns droht, wenn die Politik nicht mit der Wissenschaft Schritt hält. In Zusammenarbeit mit Lothar Frenz. Berlin: Rowohlt 2022.
Laux 2021	Thomas Laux, Vom Protest zur Produktion von Expertise. Die Umweltbewegung und die Herausbildung eines Feldes der Expertise zur Umwelt- und Energiepolitik in Deutschland. In: Büttner / Laux 2021, S. 269–293.
Luhmann 1975	Niklas Luhmann, Soziologische Aufklärung 2. Aufsätze zur Theorie der Gesellschaft. Opladen: Westdeutscher Verlag 1975.
Luhmann 1992	Ders., Die Wissenschaft der Gesellschaft. Frankfurt / Main: Suhrkamp 1992.
Luhmann 1997	Ders., Die Gesellschaft der Gesellschaft. Frankfurt / Main: Suhrkamp 1997.
Luhmann 2008	Ders., Die Moral der Gesellschaft. Frankfurt / Main: Suhrkamp 2008.
Maasen / Dickel 2016	Sabine Maasen / Sascha Dickel, Partizipation, Responsivität, Nachhaltigkeit. Zur Realfiktion eines neuen Gesellschaftsvertrages. In: Dagmar Simon et al. (Hgg.), Handbuch Wissenschaftspolitik. Wiesbaden: VS [2]2016, S. 225–242.

MacLeod 1997 — Roy MacLeod, Science and Democracy: Historical Reflections on Present Discontents. In: Minerva 35 (1997), S. 369–384.

Manow 2020 — Philipp Manow, (Ent-)Demokratisierung der Demokratie. Ein Essay. Berlin: Suhrkamp 2020.

Manstetten et al. 2021 — Reiner Manstetten et al., Grundlagen sozial-ökologischer Transformation: Gesellschaftsvertrag, Global Governance und die Bedeutung der Zeit. Eine konstruktive Kritik des WBGU-Gutachtens «Welt im Wandel. Gesellschaftsvertrag für eine Große Transformation». Mannheim: ZEW (Discussion Paper No. 21-034) 2021.

Marquard 2004 — Odo Marquard, Einheitswissenschaft oder Wissenschaftspluralismus? In: ders., Individuum und Gewaltenteilung. Philosophische Studien. Stuttgart: Reclam 2004, S. 124–137.

Mayntz 2009 — Renate Mayntz, Speaking Truth to Power: Leitlinien für die Regelung wissenschaftlicher Politikberatung. In: Der moderne Staat 16 (2009), H. 1, S. 5–16.

Merton 1985 — Robert K. Merton, Entwicklung und Wandel von Forschungsinteressen. Aufsätze zur Wissenschaftssoziologie. Frankfurt / Main: Suhrkamp 1985.

Michelsen / Walter 2013 — Danny Michelsen / Franz Walter, Unpolitische Demokratie. Zur Krise der Repräsentation. Berlin: Suhrkamp 2013.

Möllers 2008 — Christoph Möllers, Demokratie – Zumutungen und Versprechen. Berlin: Wagenbach 2008.

Möllers 2020 — Ders., Freiheitsgrade. Elemente einer liberalen politischen Mechanik. Berlin: Suhrkamp 2020.

Mouffe 2007 — Chantal Mouffe, Über das Politische. Wider die kosmopolitische Illusion. Frankfurt / Main: Suhrkamp 2007.

Mouffe 2014 — Dies., Agonistik. Die Welt politisch denken. Berlin: Suhrkamp 2014.

Müller / Séville 2022 a — Julian Müller / Astrid Séville, Ist Dauerreflexion kommunizierbar? Das Habeck-Paradox. In: Merkur 76 (2022), H. 873, S. 82–87.

Müller / Séville 2022 b — Dies., Paradoxe Kopplungen: Die Wertekommunikation von Bündnis90/Die Grünen als Ansprache und Fürsprache einer neuen Mittelklasse. In: Leviathan 50 (2022), H. 1, S. 90–117.

Münch 2022 Richard Münch, Die Herrschaft der Inzidenzen und Evidenzen. Regieren in den Fallstricken des Szientismus. Frankfurt / Main – New York, NY: Campus 2022.

Münkler 2020 Laura Münkler, Expertokratie. Zwischen Herrschaft kraft Wissens und politischem Dezisionismus. Tübingen: Mohr Siebeck 2020.

Nassehi 2020 Armin Nassehi, Das große Nein. Eigendynamik und Tragik des gesellschaftlichen Protests. Hamburg: kursbuch.edition 2020.

Nassehi 2021 Ders., Unbehagen. Theorie der überforderten Gesellschaft. München: Beck 2021.

Nullmeier 2021 Frank Nullmeier, Wahrheit, Öffentlichkeit und Meinung. In: Vogelmann / Nonhoff 2021, S. 23–43.

Oreskes 2019 Naomi Oreskes, Why trust science? Princeton, NJ – Oxford: Princeton UP 2019.

Oreskes / Conway 2010 Naomi Oreskes / Erik M. Conway, Merchants of Doubt. How a Handful of Scientists Obscured the Truth on Issues from Tobacco Smoke to Global Warming. New York, NY: Bloomsbury 2010.

Otto 2016 Shawn Otto, The War on Science. Who's Waging It. Why It Matters. What We Can Do About It. Minneapolis, MI: Milkweed 2016.

Pantenburg / Sepp 2021 Johannes Pantenburg / Benedikt Sepp, Wissen, hausgemacht. Selbstverständnis, Expertisen und Hausverstand der ‹Querdenker›. In: Büttner / Laux 2021, S. 468–482.

Pantenburg / Reichardt / Sepp 2021 Johannes Pantenburg / Sven Reichardt / Benedikt Sepp, Corona-Proteste und das (Gegen-)Wissen sozialer Bewegungen. In: Aus Politik und Zeitgeschichte 71 (2021), H. 3–4: «Wissen», S. 22–27.

Pielke 2007 Roger A. Pielke Jr., The Honest Broker. Making Sense of Science in Policy and Politics. Cambridge: Cambridge UP 2007.

Popper [1934] 2005 Karl Popper, Logik der Forschung. Tübingen: Mohr ^{11}2005.

Poser 2012 Hans Poser, Wissenschaftstheorie. Eine philosophische Einführung. Stuttgart: Reclam 2012.

Rebentisch 2022 Juliane Rebentisch, Der Streit um Pluralität. Auseinandersetzungen mit Hannah Arendt. Berlin: Suhrkamp 2022.

Rehberg 1995	Karl-Siegbert Rehberg, «Ausnahmezustand» und «Außeralltäglichkeit» – Prätentionen der Regellosigkeit. Soziologische Anmerkungen zu einem Scheinwiderspruch. In: Heinz Herbert Mann / Peter Gerlach (Hgg.), Regel und Ausnahme. Aachen – Leipzig – Paris: Thouet 1995, S. 11–38.
Reichardt 2021	Sven Reichardt (Hg.), Die Misstrauensgemeinschaft der «Querdenker». Die Corona-Proteste aus kultur- und sozialwissenschaftlicher Perspektive. Frankfurt / Main – New York, NY: Campus 2021.
Reinhardt 2022	Jörn Reinhardt, Die Rationalisierung des Parlaments: Elemente einer rekonstruktiven Parlamentarismuskritik. In: Schuppert / Römhildt / Weingart 2022, S. 89–113.
Rorty 1991	Richard Rorty, Kontingenz, Ironie und Solidarität. Frankfurt / Main: Suhrkamp 1991.
Rorty 2023	Ders., Pragmatismus als Antiautoritarismus. Berlin: Suhrkamp 2023.
Rucht 1988	Dieter Rucht, Gegenöffentlichkeit und Gegenexperten. Zur Institutionalisierung des Widerspruchs in Politik und Recht. In: Zeitschrift für Rechtssoziologie 9 (1988), H. 2, S. 290–305.
Schäfer / Zürn 2021	Armin Schäfer / Michael Zürn, Die demokratische Regression. Die politischen Ursachen des autoritären Populismus. Berlin: Suhrkamp 2021.
Schelsky 1965	Helmut Schelsky, Auf der Suche nach Wirklichkeit. Gesammelte Aufsätze. Düsseldorf – Köln: Diederichs 1965.
Schmitt [1922] 2004	Carl Schmitt, Politische Theologie. Vier Kapitel zur Lehre von der Souveränität. Berlin: Duncker & Humblot ^{8}2004.
Schneider 2020	Peter Schneider, Follow the Science? Ein Plädoyer gegen wissenschaftsphilosophische Verdummung und für wissenschaftliche Artenvielfalt. Berlin: Tiamat 2020.
Schützeichel 2007	Rainer Schützeichel (Hg.), Handbuch Wissenssoziologie und Wissensforschung. Konstanz: UVK 2007.
Schuppert / Römhildt / Weingart 2022	Gunnar Folke Schuppert / Roland A. Römhildt / Peter Weingart (Hgg.), Herrschaft und Wissen. Baden-Baden: Nomos 2022.

Sepp 2022 — Benedikt Sepp, Kritik als identitäre Pose. Von der Studentenbewegung zu den «Querdenkern». In: Merkur 76 (2022), H. 882, S. 15–24.

Séville 2017 — Astrid Séville, «There is no alternative». Politik zwischen Demokratie und Sachzwang. Frankfurt/Main – New York, NY: Campus 2017.

Séville 2022 — Dies., Demokratische Herrschaft und Wissen. In: Schuppert / Römhildt / Weingart 2022, S. 65–88.

Soeffner 2004 — Hans-Georg Soeffner, Auslegung des Alltags – Der Alltag der Auslegung. Zur wissenssoziologischen Konzeption einer sozialwissenschaftlichen Hermeneutik. Konstanz: UVK [2]2004.

Soeffner 2018 — Jan Soeffner, Truth Politics. Warum wissenschaftliche Expertise und parlamentarische Demokratie gleichzeitig in die Krise geraten sein könnten. In: Blamberger / Freimuth / Strohschneider 2018, S. 131–141.

Staab 2022 — Philipp Staab, Anpassung. Leitmotiv der nächsten Gesellschaft. Berlin: Suhrkamp 2022.

Stehr / Adolf 2015 — Nico Stehr / Marian Adolf, Ist Wissen Macht? Erkenntnisse über Wissen. Weilerswist: Velbrück 2015.

Stichweh 1984 — Rudolf Stichweh, Zur Entstehung des modernen Systems wissenschaftlicher Disziplinen. Physik in Deutschland 1740–1890. Frankfurt / Main: Suhrkamp 1984.

Stichweh 2014 — Rudolf Stichweh, Wissensordnungen und Wissensproduktion im 21. Jahrhundert. In: Merkur 68 (2014), H. 779, S. 336–344.

Stichweh 2020 — Ders., Wissen und das politische System. In: Anna Margaretha Horatschek (Hg.), Competing Knowledges – Wissen im Widerstreit. Berlin: de Gruyter 2020, S. 159–170.

Straßheim 2021 — Holger Straßheim, Paradoxien und Pendel: Umstrittene Expertise in der Weltgesellschaft. In: Büttner / Laux 2021, S. 67–89.

Strohschneider 2014 — Peter Strohschneider, Zur Politik der Transformativen Wissenschaft. In: André Brodocz et al. (Hgg.), Die Verfassung des Politischen. Wiesbaden: Springer 2014, S. 175–192.

Strohschneider 2018 — Ders., Wahrheit und Macht. Populistische und szientokratische Kurzschlüsse. In: Blamberger / Freimuth / Strohschneider 2018, S. 1–10.

Strohschneider 2020	Ders., Zumutungen. Wissenschaft in Zeiten von Populismus, Moralisierung und Szientokratie. Hamburg: kursbuch.edition 2020.
Terzić 2020	Zoran Terzić, Idiocracy. Denken und Handeln im Zeitalter des Idioten. Zürich: diaphanes 2020.
Thießen 2021	Malte Thießen, Auf Abstand. Eine Gesellschaftsgeschichte der Coronapandemie. Frankfurt / Main: Campus 2021.
Thunberg 2019	Greta Thunberg, Ich will, dass ihr in Panik geratet. Meine Reden zum Klimaschutz. Frankfurt / Main: Fischer 2019.
Vogelmann 2022	Frieder Vogelmann, Die Wirksamkeit des Wissens. Eine politische Epistemologie. Berlin: Suhrkamp 2022.
Vogelmann / Nonhoff 2021	Ders. / Martin Nonhoff (Hgg.), Demokratie und Wahrheit. Baden-Baden: Nomos 2021.
Voßkuhle 2008	Andreas Voßkuhle, Das Konzept des rationalen Staates. In: Gunnar Folke Schuppert / Andreas Voßkuhle (Hgg.), Governance von und durch Wissen. Baden-Baden: Nomos 2008, S. 13–32.
Wagner 2022	Peter Wagner, Neuartige Probleme und die Widerständigkeit der Realität: Über das Ausbleiben angemessener politischer Entscheidungen. In: Korte / Scobel / Yildiz 2022, S. 203–225.
Weingart 2003	Peter Weingart, Wissenschaftssoziologie. Bielefeld: transcript 2003.
Weingart 2022	Ders., Herrschaft und Wissen im Stresstest der Pandemie. In: Schuppert / Römhildt / Weingart 2022, S. 15–41.
Weingart / Carrier / Krohn 2015	Peter Weingart / Martin Carrier / Wolfgang Krohn, Nachrichten aus der Wissensgesellschaft. Analysen zur Veränderung der Wissenschaft. Weilerswist: Velbrück ^{2}2015.
Weingart / Lentsch 2008	Peter Weingart / Justus Lentsch, Wissen – Beraten – Entscheiden. Form und Funktion wissenschaftlicher Politikberatung in Deutschland. Weilerswist: Velbrück 2008.
Wikforss 2021	Åsa Wikforss, Hörensagen. Wahrheitsfindung in einer faktenfeindlichen Welt. Hamburg: Harper Collings 2021.